마을이 꿈을 꾸면 도시가 춤을 춘다

마을이 꿈을 꾸면 도시가 춤을 춘다

이원돈 지음
(부천 약대동 새롬교회 목사,
신나는가족도서관 관장)

동연

살맛나는 부천을 위한 이야기

김종해
(가톨릭대 사회복지학과 교수, 푸른부천21실천협의회 회장)

도시는 우리에게 이중적으로 다가옵니다.

한편으로는 화려함과 윤택함으로, 다른 한편으로는 단절과 어려움으로 다가옵니다. 특히나 고향을 떠나 일자리를 찾아 도시로 온 사람들에게 도시는 낯설기만 합니다.

부천이 도시로 커온 모습은 양귀자 씨의 소설 『원미동 사람들』을 보면 잘 그려져 있습니다. 이런 부천에서 마을을 만들기 위해 노력한 사람들이 있습니다.

어찌 보면 부천은 별로 매력이 없는 도시 같아보입니다. 유명한 명승지나 시설도 없고 서로 다른 지역에서 모여들어 이웃도 없어보입니다. 그런데도 부천에서 살면서 활동하는 분들은 부천에 대한 애착심이 매우 강합니다. 그것은 살면서 부천을 살맛나는 마을로 만들기 위해 노력해왔기 때문일 것입니다.

이제 우리는 부천을 만들어나가는 또 하나의 이야기, 부천의 역사를 들을 수 있습니다.

약대동에서 시작해서 부천 전역으로 퍼져나가는, 공부방을 비롯하여 작은도서관, 마을만들기 등 우리의 삶과 관련된 모든 분야에서 누가 문제를 해결해주는 것에 의존하지 않고 주민들이 스스로 조직하여 참여하고 문제를 해결하고 이를 전체 부천에 전파해나가는 이야기입니다. 이 이야기들이 가치가 있는 것은 우리의 이야기이기 때문일 것입니다. 스스로 문제를 설정하고 이를 해결하기 위한 방법을 찾아내고 실천해나가는 과정을 꾸밈없이 기록한 이야기들이라는 점에서 어디에서든지 마을을 꿈꾸는 사람들에게 많은 시사점을 줄 수 있을 것입니다.

이 이야기들이 의미가 더 큰 이유는 이 노력들이 거버넌스의 모습을 보여주기 때문입니다.

주민들의 주도로 문제해결이 시작되고 여기에 푸른부천21의 모습도 보이고, 부천 시의 행정이 같이 하는, 부천 시와 부천 시민이 나란히 가는, 거버넌스에 의해 부천을 살맛나는 모습으로 만들어나가는 과정이라는 점에서 의미가 더 클 것입니다.

그동안 자신이 사는 동네를 살맛나는 마을로 만들기 위해 꾸준히 실천해온 약대동 사람들, 그리고 이들과 함께하신 이원돈 목사님, 오세향 사모님, 김경희 선생님과 부천의 많은 분들의 노력과 수고에 존경과 감사의 마음을 드립니다.

특히 푸른부천21이 첫 10년을 마무리하고 두 번째 10년을 준비하는 시점에서 이런 이야기들이 정리되어 발표되는 것은 푸른부천21이 새로운 길을 만들고 실천해나가는 데 중요한 자료로 활용될 수 있을 뿐만 아니라 유용한 지침서가 될 수 있다는 점에서 더욱 감사드립니다.

여기에 실린 이야기들이 많은 사람들의 가슴에 작은 감동과 변화를 가져오고 나아가 부천 전체에 퍼져나가기를 기대해봅니다.

새롬교회가 꿈을 이루어가니,
한국교회가 춤을 춘다

이근복 목사
(한국기독교교회협의회 선교훈련원 원장)

먼저 25년이란 길고 척박한 여정에서 포기하지 않고 꿈을 품고 목표를 향하여 달려온 이원돈 목사님과 사모님, 성도들과 실무자들에게 경의를 표하며 축하드립니다.

최근 한기총 사태로 더욱 불거진 한국교회의 문제들을 보면서 우울하였고, 목회현장에서 열심히 사역하는 동료들을 생각하니 마음이 아팠습니다. 그러다가 이메일로 보내준 새롬교회의 책 원고에서 힘을 받았습니다. 한국교회의 새로운 길을 확인하는 기쁨이 생겼습니다.

20년 동안 활동하지 않은 교회협 선교훈련원을 다시 세우며, 저와 실무자들은 한국교회의 새로운 발전방안은 '지역공동체를 형성하는 것'이라고 뜻을 모았습니다. 참회기도문을 발표하고 잘하겠다는 성명서를 낸다고 한국교회에 대한 이미지가 바뀌는 것이 아니라, 교회가 본질을 회복하는 것이 관건입니다. 그래서 '교회와 사회복지연구모임'의 형성에 배경임 부장이 참여하여 서울 은평구의 두 교회를 컨설팅하고, 한 곳에 어린이도서관과 카페를 여는 데 결정적인 역할을 함으로 성암교회가 지역주민들의 자부심이 되는 데 기여하였습니다. 또 "지역사회와 교회"라는 주제로 인천, 대전, 전주, 부산에서 심포지엄을 하였고, 지난 1월 말에는 일본의 활발한 지역공동체운동을 살피기 위해 일본을 방문했습니다. 또 선교훈련원은 2011년 올해 2학기 '신학생들을 위한 공동수업'(공개신학강좌, 100여 명이 학점수업)의 주제를 "지역사회와 교회"로 잡았습니다. 신대원장협의회에서 이 주제로 결정하였는데 신학자들도 지역사회와 교회의 깊은 관련성에 공감하고 있다는 증거입니다.

우선 『마을이 꿈을 꾸면, 도시가 춤을 춘다』는 책 제목에 깊이 동감합니다. 지역에 대하여 교회가 꿈을 꾸고 믿음으로 추진하면, 주민들이 기뻐 춤추고 지역사회와 함께 교회가 살아나는 것이 분명합니다. 새롬교회는 지역사회에 대한 꿈의 실천으로 교회의 본질인 공동체성과 공공성을 잘 구현하고 있습니다. 한국교회가 비본질적인 성장주의와 성공주의, 물질주의와 거대화에 빠져 있을 때, 새롬교회는 작은 신앙공동체의 소중함을 깊이 인식하고 실천함으로써 한국교회의 새로운 대안으로 자리 잡게 되었습니다. 새롬교회가 미래교회는 '작지만 창조적이고 영향력 있는 교회'라고 성찰하고 작은 교회의 생명 살리기에 앞장서고 있는 것은 참 소중한 사역입니다. 이런 새롬교회는 하루아침에 이루어진 것이 아닙니다. 그동안 새롬교회는 지역과 아동, 가족과 마을에 대한 깊은 이해 속에서 사랑을 실천해왔고, 이제는 선교와 복지중심의 생명교회 패러다임을 꿈꾸고 있습니다.

앞으로 새롬교회가 50년을 향하여 새로운 꿈을 꾸며, 지역사회를 향한 귀한 경험과 나눔과 섬김의 가치를 널리 펼칠 수 있기를 바라고, 한국교회도 개혁에 대하여 왕성하게 꿈을 꾸고 지역주민들과 함께 춤을 출 수 있도록 우리 선교훈련원도 귀한 사역에 동행하겠습니다.

아이들이 신나면 마을이 꿈을 꾸고, 마을이 꿈을 꾸면 도시가 춤을 춘다!

이원돈

필자는 KSCF(한국기독학생회총연맹) 간사로 있던 시절, 사무실에서 우연히 당시 학사단 기독 대학생들의 약대동지역 조사보고서를 보고 '이런 서민지역에서 목회하고 싶다'는 생각을 품었다. 이 꿈을 계속 품고 있다가 몇 년 뒤 뜻이 맞는 청년 몇 명이랑 약대동에 교회를 세웠다.

우리는 청년기의 예수님을 '축제의 왕'으로 기억하며, 우리도 갈릴리 마을과 같은 약대동 마을에서 예수 공동체를 세우고 예수님 잔치와 축제를 만들고 싶었던 것이다. 그렇게 해서 우리가 처음 만난 분들이 바로 서민지역인 약대동의 아이들과 가정들이었다.

약대동에서의 20여 년 역사를 정리하면 지역과 아동의 시대에서 출발하여 가정과 마을의 시대, 생명과 지구촌의 시대로 나가는 과정이 자연스럽게 정리가 된다.

1980년대에 100여 개의 작은 교회들이 서울의 봉천동, 인천의 송림동, 부천의 약대동, 안산, 안양 등 서민지역에서 개척을 시작했다. 새롬교회는 약대동이라는 부천의 서민지역에서 교회를 세우면서 가장 먼저 서민

가정 맞벌이 부부를 위한 탁아소와 공부방을 세웠다. 공부방을 예로 든다면 1986년경엔 전국의 공부방은 50-60여 개였다. 그러나 이후 공부방 운동이 시작하자 폭발적 반응을 일으켜 현재 전국의 공부방은 3000개가 넘고 지역마다 공부방이 없는 곳이 없을 정도로 한국사회의 가장 중요한 복지 전달체계로 자리 잡았다.

당시 공부방이 설립되는 곳마다 아이들에게 교육이 전달되고 복지와 문화가 전달되고 복음이 전달되는, 놀라운 하나님의 은혜의 통로와 장이 었기에 성장하여 오늘에 이른 것이다.

그리고 또 인상적인 기억은 작은 마을도서관이 도시의 작은도서관 운동으로 발전하면서 마을에서 열광적인 환영을 받는 모습이었다. 그래서 우리는 약대동 마을 도서관의 이름을 '신나는가족도서관'으로 지었다.

사실 약대동 신나는가족도서관은 IMF 시기, 지역의 가족이 해체되는 시기에 예수 가정을 꿈꾸면서 지은 이름이다. 여기서 예수 가정은 단순히 혈연적 가정이 아니라 사회적 가정, 지역적 가정, 그리고 공동체적 가정을 의미한다. 가족도서관이란 이름을 지은 목적은 이 같은 가정 해체의 시기에 이와 같은 사회적 가정, 지역적 가정, 공동체적 가정의 의미를 확장시키는 데 있었다. 이후 삶의 이야기 공동체로서 약대동 가족도서관은 지역의 가족과 아동을 지원하는 센터들(학교, 어린이집, 방과 후 탁아 시설 : 공부방)과 연결되어 하나의 지역 공동체를 세우는 역할과 기능을 다하게 된다.

우리가 목회 10년차 들어가면서 놀란 것이 하나 있었는데 그것은 마을 사람들의 최종 목적이 돈을 벌어 이 약대동을 떠나려는 것이라는 사실이었다. 그리고 초창기의 약대동에 있던 가정 중 잘사는 분들은 좋은 동네로, 어려운 분들은 가정이 전부 붕괴되고 해체되어 마을을 떠나는 모습을 보았다.

우리는 깨달았다. '마을이 변화되지 않고서는 교회도 목회도 선교도 전도도 필요 없구나!' 그래서 교회와 가정과 마을 전체를 새로운 목회 대상으로 생각하면서 가정과 마을 전체를 돌보는 마을만들기를 시작하였다. 이렇게 마을을 발견하는 동시에 우리는 부천지역과 시민사회를 만나면서 많은 것을 배우고 나눈다.

우리는 약대동에서 가정지원센터부터 시작하여 마을만들기까지 진행하면서 가족이 해체되고 마을을 떠나는 모습을 보고 예수님의 갈릴리 목회를 다시 묵상해보았다.

그리고 2010년 들어서면서 마을에서 희망을 보기 위해 인문학적 성서 읽기와 마을의 희망의 인문학을 시작했다.

그를 통해 지금 이 시대의 이 나라를 성찰하여 두 마디로 요약하면 괴물과 난장이의 나라이다. 조세희 선생의 소설 속 난장이는 강제철거를 당한 후 삶의 희망을 빼앗긴 채 굴뚝 속에서 자살했고 2009년 용산의 세입자들은 옥상에서 철거에 저항하다 불에 타죽었다. 오늘의 한국 사회의 역병은 바로 이것이다.

우리는 고립, 자폐, 우울, 침묵, 소통의 실패 등 현대사회의 이 역병을 규명하고 치유해야 했다. 그래서 우리는 수요인문학 카페라는 약대동 마을 인문학 모임을 시작하였다. 우리가 수요인문학 카페에서 읽은 『마당으로 나온 암탉』이라는 성인동화의 주인공 잎싹이처럼 우리도 안정되어 있으나 꿈이 없는 양계장이 아니라 마당으로 나가고 싶다는 꿈을 꾼다.

우리는 그동안 마을마다, 동네마다 일어서는 부천의 작은도서관 운동을 통해 마을과 시민의 힘을 배웠고, 부천의 서민지역 곳곳에 자리 잡아가는 부천 작은 공부방 운동과 작은도서관 운동을 통해 마을과 지역을 살리는 가장 중요한 교육과 복지 전달자가 누구인지를 보고 배울 수 있었다. 2000년 이후에는 부천의 마을마다 13개의 작은 마을 도서관이 형성되고, 처음의 4-5개의 지역아동센터가 20여 개 그리고 최근 60여개로 확장되어가는 변화를 보고, 작은 마을 교회와 마을 도서관, 마을의 지역아동센터의 중요성과 네트워크를 생각하게 되었다. 그리고 마을 단위로 작은도서관, 지역아동센터, 작은 교회들이 평생학습이라는 고리로 연결될 수 있는 가능성을 보았다.

그리고 지금은 이러한 교회와 마을 도서관과 지역아동센터가 연결되면서 마을과 도시를 잇는 평생학습공동체와 아름다운 마을만들기 등의 꿈으로 이어지고 있다.

사실 약대동 마을만들기는 예수님의 갈릴리 선교를 바라보고 꿈꾸며 시작한 것이다.

마을만들기의 이 책의 모든 글은 예수님 당시의 갈릴리 마을과 같은 약대동의 주민들과 새롬교회 교인들 그리고 부천지역의 시민사회의 일꾼들이 발로 쓴 내용들을 옮겨적은 것뿐이다. 모든 영광과 감사를 그분들에게 돌리고 더불어 추천사를 써주신, 부천지역의 대표적인 민관 파트너십의 상징으로 시민사회를 이끌어가는 푸른부천21의 회장님으로 수고하고 계신 김종해 회장님(가톨릭대 교수)과, 한국기독교교회협의회(kncc) 선교훈련원 원장으로서 한국 교계의 에큐메니칼 연합운동의 새바람을 불어넣고 계신 선배 이근복 목사님, 그리고 책으로 출판하기에 대단히 난삽하고 복잡하게 정리되어 있었던 원고를 정리하여 책으로 빛을 보게 하신 동연출판사 김영호 장로님께도 감사의 마음을 전한다.

책을 쓰면서 성서의 갈릴리 마을과 부천의 약대동 마을이 겹쳐보이고 약대동 골목골목의 길들이 보이면서 교회와 공부방, 도서관이 붓이 되고, 마을의 골목 도서관, 공원, 놀이터들이 꿈을 꾸고 꿈틀꿈틀 다시 부활하여 움직이기 시작하는 것을 느낄 수 있었다. 그리고 그곳에는 오늘도 길거리 밴드(풍물패)와 골목 벽화, 골목 축제, 마을 놀이터 녹색가게, 녹색장터 등이 어울려 있고, 마을 전시회, 공원 음악회 등이 열리는 것 같다. 교회 도서관, 공부방이 붓이 되고, 마을이 캔버스가 되어 2000년 전 갈릴리에서 빵 다섯 개와 물고기 두 마리로 5000명을 먹이고도 열두 광주리가 남았던 그 놀라운 축제의 이야기가 오늘 우리 약대동에는 다시 일어나고 있는 것이었다.

그래서 약대동 마을은 내 마음속에서 덩실덩실 춤을 추며 노래한다. 우리는 그동안 예수님이 피리를 불면 함께 춤추고 싶어했다. 그래서 지금도 예수님이 피리를 부시면 우리는 춤을 추고 그가 곡을 하시면 우리도 함께 울 것이다.

"아이들이 신나면 마을이 꿈을 꾸고,
마을이 꿈을 꾸면 도시가 춤을 춘다!"

차례

제 I 부 갈릴리마을 약대동에 잔치를 열다

제 II 부 마을만들기와 새롬공동체

제III부 생명목회와 지역 선교 : 교회가 꿈을 꾸면 마을이 산다

제 I 부

갈릴리마을
약대동에 잔치를 열다

1장

약대동, 갈릴리마을

1. 약대동을 만나기까지

> "이 세대의 사람을 무엇으로 비유할꼬 비유컨대 아이들이 장터에 앉아
> 서로 불러 가로되 우리가 너희를 향하여 피리를 불어도 너희가 춤추지 않
> 고 애곡을 하여도 너희가 울지 않았다 함과 같다" (눅 7:32)

철들고 나서 받은 예수님의 첫 인상을 들라 하면 나는 단연 이 본문을
꼽는다. 예수님은 당시 사람들을 도무지 춤추는 능력과 곡하는 능력을
상실한 세대로 진단하셨다. 그러고는 자신이 바로 갈릴리 일대의 백성들
과 함께 몸소 큰 춤을 추신 춤의 왕이 되셨다.

> "이 세상이 창조되던 그 아침에 나는 아버지와 함께 춤을 추었다. 춤춰라
> 어디서든지 멋있고 힘차게 춤춰라."

"세례 요한이 와서 떡도 먹지 아니하고 포도주도 마시지 아니하매 너희 말이 귀신들렸다 하더니 인자가 와서 먹고 마시매 너희 말이 보라 먹기를 탐하고 포도주를 즐기는 사람이요 세리와 죄인의 친구로다."(눅 7:33-34)

세례 요한이 먹지도 마시지도 않는 금욕주의자라면 예수님은 즐겨 먹고 마시는 잔치꾼이요, 세례요한의 분위기가 도끼가 나무뿌리에 닿았다며 임박한 심판을 요구하는 장의사 분위기라면 예수님은 즐겨 먹고 마시며 가나안에서 물을 포도주로 만들면서 결혼식 잔치를 준비하는 신랑의 분위기이다. 세례 요한이 광야에서 낙타 가죽을 걸치고 야생 꿀을 먹으며 고행과 단식을 하였다면 예수는 갈릴리에서 어부와 농민들과 즐겨 먹고 마시며 밥상공동체를 만드셨던 것이다. 확실히 세례 요한이 광야에서 심판을 준비하는 분위기라면 갈릴리에서 예수님의 분위기는 결혼식 잔치를 준비하는 분위기요, 별명이 세리와 죄인의 친구일 만큼 예수님은 사람들과 친구 되기를 좋아하셨던 것 같다.

예수님은 세례요한이 보낸 사람에게 이렇게 말씀하신다.

"소경이 보며 앉은뱅이가 걸으며 문둥이가 깨끗함을 받으며 귀머거리가 들으며 죽은 자가 살아나며 가난한 자에게 복음이 전파된다 하라!"(마 11:5)

예수님이 죄인과 세리의 친구가 되고, 그들과 함께 밥상공동체를 만드시고, 앉은뱅이, 문둥이, 귀머거리를 고치시고, 가난한 자들에게 복음을 전하자 갈릴리 일대에는 희망이 살아났다. 새로운 믿음이 전염병처럼 퍼져나갔던 것이다. 그리하여 예수꾼은 언제든지 잔치를 준비하는 사람이요, 언제든지 사람을 초대하는 사람이요, 언제든지 춤을 출 준비가 되어 있는 춤꾼이 되어야 하는 것이다.

예수님은 갈릴리 일대에서 믿음의 춤을 추셨을 뿐만 아니라 잔치를 준비하셨다.

예수님이 무슨 잔치를 준비하셨는가. 그것은 천국 잔치이다. 빵 다섯 개와 물고기 두 마리로 5000명이 먹고도 남는 잔치요, 50명씩 100공동체든지 100명씩 50공동체든지 공동체로 나누어 서로 즐겨 나누고 먹고 마시며 열두 광주리가 남는 잔치인 것이다.

마지막으로 자신의 몸을 세상의 밥과 떡으로 나누어주실 때, 자신의 피를 세상의 음료로 나누어주실 때, 다시는 목마르지 않고 다시는 배고프지 않는 영원한 생명의 양식이 되는 잔치, 이것이 바로 예수님이 준비하신 천국 잔치인 것이다.

그러므로 우리도 이러한 시대에 맞는 잔치를 준비하고 또 춤을 추어야 한다. 비록 우리의 주변 상황이 장터에 편 갈라앉아 피리를 불어도 춤추지 않고, 곡을 하여도 울지 않는 상황일지라도, 우리의 갈릴리에서 잔치를 준비하고 춤을 추어야 한다. 춤의 왕 예수님처럼 좀 썰렁할지라도, 즐겨먹고 마시는 자라고 비난을 받을지라도, 세리와 죄인의 친구라고 놀림을 받을지라도 그 춤과 잔치를 멈추어서는 안 된다. 조그마한 밥상공동체가 잔치 집으로 변할 때까지, 물이 포도주로 변할 때까지, 빵 다섯 개와 물고기 두 마리로 5000명이 먹는 기적이 일어날 때까지 이 믿음의 춤과 천국 잔치를 멈추어서는 안 되는 것이다. 우리 예수꾼의 삶의 스타일이 바로 이와 같아야 하는 것이다.

예수님이 갈릴리 일대에서 추신 춤은 믿음의 춤이다. 이 믿음의 춤으로 숙명론, 운명론이 사라지고, 새로운 믿음이 전파되고, 믿음이 전파되는 곳마다 앉은뱅이가 일어나고, 문둥병자가 깨끗해지고, 귀머거리가 들으며, 죽은 자가 살아나고, 가난한 자에게 복음이 전해지기 시작하였다. 그리고 복음이 전해지는 곳마다 믿음의 공동체가 세워졌다.

필자는 청년기의 예수님을 이러한 말씀과 치유와 기적의 축제의 왕으로 기억하며 가나안 혼인 잔치와 같은 새 포도주 맛이 나는 예수 잔치와 하나님 나라 축제를 만들기 위해 예수님의 명령에 따라 당시 예수님의 갈릴리 마을과 같은 서민지역인 약대동 마을로 간 것이다. 우리는 청년기 예수꾼의 삶의 스타일이 바로 예수님과 같아야 한다고 생각하며 이러한 예수의 춤을 출 곳을 찾았던 것이다.

2. 지역과 마을을 사랑하신 예수님

청년기의 예수님 앞에는 세 가지 장소가 있었다. 대제사장. 사두개인. 젤롯당 등이 모여 있는 수도 예루살렘이 그 첫 번째 장소이고, 세례 요한이 머물러 있는 광야가 두 번째 장소이다. 그리고 소외되고 가난한 백성이 있는 갈릴리가 세 번째 장소이다.

예수님은 그 청년기에 먼저 광야로 나간다. 그곳에서 세례 요한에게 세례를 받으시고 40일 동안 기도하신다. 수련의 기간이 필요했기에 머문 이 광야 생활 40일 동안 자신의 하나님나라 선교에 대한 기도와 비전을 세우신 것 같다.

그리고 예수님은 세례 요한을 떠나 새로운 곳으로 가신다. 그곳이 바로 예수님의 3년간 공생애의 핵심적 장소인 '갈릴리' 라는 마을이다. 예수님의 공생애의 가장 많은 시간을 보내신 곳이 바로 갈릴리 마을이고, 이 예수님의 갈릴리 선교는 바로 우리 교회의 전도와 선교의 원형을 제공해 주고 있다.

필자는 KSCF(한국기독학생회총연맹) 간사로 있던 시절, 사무실에서 우연히 약대동지역 조사보고서를 보고 '이런 빈민 지역에서 목회하고 싶다'는 생각을 품어왔고 그 뒤 뜻 맞는 청년 몇 명과 함께 약대동에 교회를 세웠다.

1970년대 말과 80년대 초 많은 진보적 기독청년 · 학생들과 진보적 기독인들은 그야말로 한국 기독교를 택할 것인가, 버려야 할 것인가 고뇌할 정도로 기독교의 정체성을 붙잡고 극단적인 고민 속에서 방황하고 있었다. 이때 이러한 고민을 뚫고 나갈 수 있는 길이 하나 생겼는데 그것은 이러한 고민 속에서 성장한 진보적 젊은 목회자들이 한편으로는 광주의 아픔과 많은 민중들의 부르짖음을 경험하고, 또 한편으로는 지역공동체와 지역사회에 관한 사회적 욕구를 경험하며 전국의 여러 민중현장(공단과 빈민지역)에서 교회를 개척하기 시작하였다는 것이다.

우리 당시 젊은 청년들과 목회자들은 이러한 시기에 아래와 같은 신앙고백과 시대 진단을 가지고 당시 지역 현장으로 내려갔다. 잠시 그 당시의 고백을 들어보자.

내몰림과 따돌림의 시대 교회의 가난한 자 섬기기를 꿈꾸다

오늘의 시대의 특징을 한마디로 요약한다면 '내몰림'과 '따돌림'이다. 오늘 백만 명이 훨씬 넘는 어른들이 실직이라는 내몰림의 공포에 시달리고 있고, 아이들은 아이들대로 따돌림의 공포에 시달리고 있다. 오늘 기업의 구조조정과 퇴출로 직장을 잃은 실업자들이 총 200만 명에 육박하고 있으며, 1년 전 자신이 중산층이라고 생각했던 사람들 가운데 30.5%가 서민층으로 전락했다고 여기고 있다. IMF 이후 유일하게 증가하는 통계 수치가 있는데 그것이 바로 부부의 이혼 건수이고(1.5배), 가장의 실직이 가정파탄으로 이어지고, 가정이 해체되어 아이들이 친척집, 어린이집 등에 맡겨지는 소위 IMF형 고아들이 늘고 있는 형편이다. 한마디로 IMF 이후 우리 경제의 버팀목인 중산층이 급속히 붕괴되고 있다.

한국 사회의 중산층이 붕괴되고 있고, 가정이 해체 현상을 보이고 있다는 것이다. 그런데 문제는 가정의 해체 현상의 가장 큰 희생양이 바로 우리의 가난한 이웃의 어린 자녀들이라는 것이다. 한마디로 오늘 우리의 상황은 목자 잃은 양떼와 같다. 그러나 이러한 상황 속에서 개신교 단체인 '한국교회 미래를 준비하는 모임'의 후원으로 한국갤럽이 지난 5, 6월 6대 도시 비종교인 천여 명을 대상으로 실시한 여론 조사 결과는 지난 10년간 불교(2.6%)가 기독교(1.5%)보다 성장했으며, 젊은 층을 중심으로 타 종교에 비해 기독교 이탈율이 가장 높고, 비신자 87.6%가 교회의 대 사회 활동이 없다고 판단하고 있음을 보여주었다.

여론 조사에서 나타난 한국교회의 이미지는 대 사회 봉사보다는 헌금 강조와 교세 확장에만 치중하고 있다는 것이다. 이 여론 조사의 결론은 작금의 한국교회의 성장이 정체기를 맞은 중요한 이유 중 하나는 대 사회적 공신력 추락에 있다는 것이다. 다시 말해서 한국교회가 이웃을 섬기고 봉사한다는 사회적 공신력을 이미 상실하였고, 이것이 한국교회 성장 지체의 가장 큰 원인이 되고 있다는 뜻이다. 이제 우리는 교회 자체의 유지와 양적 성장에만 관심을 갖는 온갖 기복적 신앙 양태들이, 가난한 자들의 기복적인 심리를 이용한 싸구려 축복과 싸구려 은사의 과소비 현상들이, 가난한 지역의 서민들로 하여금 자신의 정체성에 혼란을 일으키게 하고 있음을 깊이 깨달아야 한다. 이는 우리의 교회가 가난한 지역의 주민들에게 헛된 것을 바라게 하고 헛된 것을 꿈꾸게 하여 오히려 자신이 직면해야 할 현실로부터 도피할 구실을 주는 허위의식과 환상의 도피처로 전락될 수는 없는 일이기 때문이다.

이상하게도 우리 교인들은 교회가 섬겨야 할 섬김과 나눔의 현장이 우리의 삶의 현장과는 멀리 떨어진 곳에 있는 줄로 착각하며 살아왔다. 이제 우리는 자신의 삶과 일터가 있는 지역 사회가 우리의 섬김과 나눔의 사역이 새롭게 시작되어야 할 바로 그곳임을 새롭게 깨달아야 하겠다. 여기에 우리의 교회가 새로워져야 하는 이유와 가난한 지역을 향한 지역 선교의 보다 구체적인 선교적 전략이 요청되고 있는 이유가 있다. 예수님 당시에 예수님을 따르던 무리 중에는 과부, 고아, 실직자 등 죄인이나 병자 취급을 받던 사람들이 많았다.

예수님은 이들을 새로운 가정 즉 하나님 가정의 품으로 받아들이셨다. 다시 말해서 예수님은 과부와 고아와 죄인과 병자들의 가족을 세우신 것이다. "누구든지 하늘에 계신 내 아버지의 뜻대로 하는 자가 내 형제요 자매요 모친이니라." (마 12:50)

오늘 한국교회는 우리의 가난한 지역에서 가난한 이들의 상처를 고치고 싸매는 예수 운동을 일으켜야 한다. 예수님의 복음이 전파되는 곳마다 조그만 밥상 공동체가 잔칫집으로 변하고, 물이 포도주로 변하고, 빵 다섯 개와 물고기 두 마리로 오천 명이 먹는 섬김과 나눔의 기적이 일어날 수 있다. 무너지고 해체되어가는 가정이 예수 가정으로 다시 부활되고, 무너져 가는 지역 사회가 예수 마을로 다시 부활되어야 한다. 실업자들 속으로 들어가 실업자들을 돕는 자원봉사자가 되고, 노숙자를 위한 잠자리를 만들고, 급식 운동을 펼치는 섬김의 손길이 되어야 한다. 그럼으로써 지역 사회와 연결되어 이들을 후원하고 섬기는 예수 가정, 예수 마을이 곳곳에 세워져야 할 때인 것이다. 섬김과 나눔이라는 기독교 복음에 입각한 자원봉사 운동이 들불처럼 일어날 때 교회는 생명력을 얻을 것이다.

〈빛과 소금〉, 1999. 11. 이원돈.

1980년대 당시 젊은 목사들은 이러한 신앙고백으로 가난한 서민현장으로 내려가기 시작하였다. 당시 교회는 젊은 진보적인 목회자와 신앙인들에게는 온갖 기복적 신앙 양태들이 난무하는 곳으로 보였다. 또한 의식이 있는 젊은 크리스천들은 교회의 가난한 자들의 기복적인 심리를 이용한 싸구려 축복과 싸구려 은사의 과소비 현상들이 가난한 지역의 서민들로 하여금 자기 정체성에 혼란을 일으키게 하고 있음을 깊이 깨닫고 있었다.

또한 당시 우리의 문제의식은 이제 우리는 지역 공동체와 그 지역사회에서 가난한 하나님의 백성들이 직면한 삶의 문제, 생존의 문제, 가치관과 정체성 혼란의 원인과 그 대책과 치유의 방법 등을 교회의 가장 중요한 목회적, 선교적 과제로 삼아야 할 시기를 맞이하고 있다는 문제의식이었다.

특별히 우리 교회는 우리의 가난한 형제자매들이 진정 일하는 사람으로서 자신의 정체성과 건강성을 회복할 수 있도록 우리의 모든 선교적 역량을 집중할 때이며 이를 위해 교회는 섬기고 나누고 봉사하고 땀 흘리는 모습을 보여야 하고, 선교하는 모습을 보여야 한다는 문제의식이 강하였다.

또한 우리는 섬김과 나눔 운동을 신학화하고 개교회의 평신도를 지역의 사랑의 현장으로 인도하는 이러한 새로운 선교적, 목회적 실천은 개 지역교회의 선교의 질을 높이고 그동안의 베푸는 자기중심의 나눔과 섬김 운동의 새로운 전환점을 일으킬 수 있으리라고 보았다.

이것이 우리의 교회가 새로워져야 하는 이유와 보다 구체적인 선교적 전략을 가지고 가난한 서민 현장에 목회자와 교인과 교회가 직접 뛰어들어야 한다는 분명한 이유가 되었고, 그러한 신앙고백과 각오로 우리는 지역과 마을의 목회와 선교 현장으로 내려가고 있었던 것이다.

부천의 가난한 동네 약대동에 조그마한 새롬교회가 세워지다

새롬교회가 막 교회를 세우려고 한 부천 약대동은 주로 20-30대의 정착하지 못한 맞벌이 부부와 토박이 세대로 구성되어 있었다. 주민들의 직업은 공장 노동자, 일용공, 부업 등으로 다양했으며 특별히 기혼 여성이 직장생활과 가정 부업으로 가계를 이끌어가고 월 소득이 40-80만 원 (부부 합계, 새롬어린이집공부방 가정 통계) 정도였다. 또 주거 형태는 단칸방 전월세가 대부분인 전형적인 영세 서민의 지역이었다.

새롬교회는 그 창립(1986. 6. 8) 당시부터 이 약대지역의 무주택 전월세를 사는 맞벌이 부부와 아이들에게 복음을 전하고 선교하는 것을 가장 큰 부르심의 뜻으로 알고 교회의 창립에 앞서 이 약대지역의 무주택 맞벌이 부부의 아이들을 보호, 교육할 목적으로 새롬어린이집을 개원(1986. 4. 5)하였다. 그리고 매일 아침 8시부터 저녁 6시까지 취학 전 맞벌이 무주택 가정의 아이들을 보호, 교육하기 시작하였다.

새롬공부방은 '새롬어린이집'을 졸업한 아동의 맞벌이 부부들의 요청과 지역주민들의 요구에 따라 새롬교회에서 교회 옆에 '새롬 만남의 집'을 마련함으로써 1990년 1월에 개소식을 가졌다.

이러한 교회의 선교적 분위기 속에서 1989년 2월 교회의 집사님 가정이 사재를 털어 약대동의 마을 도서관이라 할 수 있는 '약대글방'을 세워 5000여 권의 책으로 약대동 주민을 맞이하였다. 이곳을 통해 자칫 소비적이고 향락적인 문화로 흐르기 쉬운 공단 주변지역에서 책을 함께 읽고, 여러 지역 모임과 소식과 정보를 알림으로써 건강한 시민문화 형성과 기독교 문화의 확산에 기여하였다.

1990년에 4월28일 교회 제직회에서는 그동안 이처럼 자연스럽게 자라난 이 '새롬어린이 집', '새롬공부방', '약대글방' 등 세 지역선교를 묶어 '새롬교회 지역선교위원회'를 구성하고 이웃과 지역에 하나님 나라의 기쁜 소식을 알리고 봉사하는 선교사업의 질을 높이기 위해 월 1회씩 목회자와 선교 일꾼들이 함께 모여 기도하고 공부하기로 했다.

지난 세월을 돌이켜볼 때 참으로 감사한 일은 아주 작은 선교의 겨자씨 하나가 땅을 뚫고 싹을 내었을 뿐 아니라 힘차게 자라고 있다는 믿음이 생겼다는 사실이었다.

"누구든지 그리스도를 믿으면 새사람이 된다"(고후 5:17)

3. 마을도 꿈을 꿀 수 있을까?

"5년 전 어느 겨울, 우리 동네엔 아주 작은 교회가 생겼다. 뚝딱거리는 소리와 함께 약대 동산에 십자가가 세워지고, 그때 3학년이었던 나는 이 작은 교회의 식구가 되었다. 황소대가리 진수, 배추머리라 놀리는 영미, 제일 큰 목소리로 노래하는 영임이와 함께 우린 다정한 선생님들과 즐거운 시간을 보냈다.

교회를 다니면서 재미있었던 일이 무척 많았다. 그 중에서도 가장 즐거웠던 일은 여름성경학교 연극을 할 때이다. 열심히 대사를 외우고 친구들과 역할분담을 하면서 정신없이 웃고 즐기면서 지낸 일이다. 앞으로 나는 어떤 사람이 될지 모르겠다. 그렇지만 열심히 교회에도 나오고 많은 친구들도 사귀고 싶다."

이 글을 쓴 친구는 새롬 주일학교 1회 졸업생으로 지금은 성인이 되어 있어야 할 아이다. 그런데 그 친구는 공장에 다녔고, 아버지가 술을 너무 좋아하셔서 부득이 어머니와 동생과 떨어져 살았다.

내가 부천 약대동에 들어온 건 15년 전 결혼을 하면서였다. 구두 신고 출근해서 장화 신고 나온 곳이 약대동의 자그마한 탁아소였다. 그곳은 구옥들이 많았고 심지어 기와집에 초가집까지 그리고 그 뒤에는 아파트……. 아무튼 무척이나 어수선한 동네였다.

탁아소 앞에는 다닥다닥 닭장 집이 있었고, 그 아이들이 우리 탁아소와 공부방의 주 고객이었다. 초등학교를 졸업한 아이들의 대부분이 공장에 다녔기 때문에 교복 입은 아이들이 거의 없는 지역……. 그곳의 아이들은 어떤 표정과 어떤 생각을 품고 살고 있었을까…….

그곳의 아이들은 땟국물을 묻히고 신나게 노는 생명력 질긴 골목 아이들이었다. 아이들은 참 신비롭다. 집이 가난하건, 병이 있건 간에 지치지 않는 생명력과 활기찬 웃음이 샘솟는다. 많은 통계 자료와 학문적 연구 조사에서 빈곤 가정이나 결손 가정의 아이들을 대단히 어둡고 부정적으로 묘사하지만, 그것은 한편 사실이고 또 사실이 아니기도 하다.

가난하게 살다 보면 여러 가지 어려움이 생기니까 그 말은 사실이지만 그렇다고 그 아이들이 모두 그늘에 가려 어둡거나 생각이 삐뚤어지는 건 아니다.

나는 15년 동안 그 아이들과 지내면서 우리가 그렇다고 믿어왔던 대부분의 학설과 통계가 거짓일 수 있다는 놀라운 사실을 발견하게 되었다.

약대동은 이동률이 굉장히 심한 곳이었다. 대부분 시골에서 올라와 공장에 다니거나 일용직을 하면서 형편이 좀 나아지면 다른 동네로의 탈출을 꿈꾸는 곳이기 때문이다. 그래서 정들만 하면 다들 이사를 가버렸다. 또 대부분은 맞벌이요, 당연히 저소득 가정이었다. 아이들은 방치되기 일

약대동에 첫 발을 디디고(1986.·6. 8)

쑤였고 학교에 다니는 아이들은 학습 부진에 영양 공급이 제대로 되지 않
았다.

젊은 남녀가 동거하면서 아이를 일찍 낳기도 하여 20대 초반의 부모들도
꽤 있었고, 남자들이 술을 많이 먹고 부인에게 손찌검을 하거나 자녀를 학
대하는 경우도 다반사였다.

이곳에서 나의 새로운 인생의 장이 열리기 시작했다.

나는 탁아소의 어린 아이를 등에 업고 연탄불을 갈면서 20여 명의 밥을
하는 씩씩한 탁아소 선생이 되었던 것이다.

약대동 공부방의 명물 황소대가리

　공부방에서 아이들과 함께 지내던 1990년대 초, 나에게 처음으로 개인
지도의 경험을 하도록 해준 친구가 황소대가리 진수였다. 황진수가 그 아
이의 이름이었는데, 아이들이 황소대가리 형이라고 곧잘 부르곤 했던 6학
년 남자아이였다. 현수라는 동생과 함께 우리 공부방에 다녔다. 그 당시
우리 공부방은 학원비가 없어 방과 후 교육을 보내기 어려워하던 저소득
맞벌이 가정의 아이들이 주 고객이었다. 공부방이라는 명칭 또한 공부방이
없는 아이들을 위한 곳이라는 의미에서 붙여진 것이었으니까…….

　진수는 6학년인데 한글을 못 익힌 까막눈이었다. 그래서 아마 나에게 맡
겨진 것 같았다. 내가 성질이 좀 불같고 아이들에게 곧잘 무섭게 대하던 터
라 아마 적임자(?)라고 생각하신 듯했다.

진수와 공부를 하는 시간은 둘 모두에게 정말 고된 작업이었다. 진수는 글도 못 읽을 뿐 아니라 성격이 난폭해 아이들을 곧잘 때리곤 했다. 진수의 아버지는 막노동하시는 분이었는데 곧잘 아이들을 때려서 진수의 눈탱이가 밤탱이가 되어서 오는 적도 종종 있었다. 동생 현수는 살살거릴 줄도 알아서 그렇게 맞지 않았는데 진수는 곧이곧대로 대들기도 하고 고집도 세서 아마도 더 맞았던 것 같다. 엄마는 친엄마가 아니고 새엄마였는데 자주 점집에 마실 다니고(가난한 동네에는 점집이 많은데 아줌마들 마실 장소이기도 했다), 그다지 가정생활에 충실한 분 같지는 않았다.

하여간 늘 씨름을 하며 한글 공부를 하던 어느 날 진수가 그냥 넘어가지 못할 쌍소리를 계속하기에 둘이 한판(?) 붙은 적이 있다. 그전에는 대충 참고 넘어갔지만 이번에는 나도 끝장을 보려고 결심을 하였다.

진수는 나에게 엄청 혼이 났다. 아마도 제 친구들 같았으면 주먹을 날렸을 터인데 선생인 나를 어쩔 수도 없고……, 제 성질에 못 이기고 화가 치밀어 오른 것 같다. 순간 진수가 부엌으로 가더니 식칼을 들고 온다. 난 너무 놀랐다. 그러더니 식칼을 나에게 쥐어주고는 자기를 죽여달라는 것이다. 처음에는 식칼로 나를 어쩔까 봐 겁나서 놀랐는데 알고 보니 자기 성질을 스스로 감당할 수 없어서 그랬던 거다. 갑자기 내 가슴에 크나큰 슬픔이 몰려왔다.

세상에…… 초등학교 6학년밖에 안 되는 아이가 저렇게까지 할 때는 저 가슴속에 얼마나 큰 아픔과 상처가 있었을까. 그런 생각을 하니 주체할 수 없는 눈물이 폭포처럼 쏟아졌다.

나는 진수를 끌어안고 통성기도를 했다. 뭐라고 했는지 기억도 안 난다. 하나님을 부르기도 하고, 진수한테 사랑한다고 하기도 하고, 혼을 내기도 하고, 미안하다고 하기도 하고, ……. 둘이 끌어안고 울면서 그렇게 30분 이상을 보냈다.

'그 이후로 진수는 놀라운 학습의 발전을 보였다'고 하면 소설 같은 결말일 터이고, 여전히 한글엔 젬병이었지만 그래도 내 말이라면 순종했다. 초등학교를 졸업하고 아버지를 따라 전라도로 이사 간 뒤 늘 그 아이가 궁금했다.

몇 년이 지난 어느 크리스마스이브에 183센티로 훌쩍 커버린 진수가 나타났다. 깍두기 머리를 하고 장미꽃과 케익을 들고 찾아온 것이다. 고등학교도 자퇴하고 오토바이를 타다 다리도 다치고, 교도소에도 다녀온 모양이었다. 그 이후 교도소에 또 들어간 듯하더니 그곳에서 편지가 몇 번 왔다. 여전히 맞춤법은 틀리지만 정겨운 말투였고 정성스러웠다. 진수는 아마도 약대동의 어린 시절을 잊지 못하며 나름 소중하게 여겼던 것 같다. 공부방 다니던 시절이 그립다고도 했다. 그리고 선생님 덕분에 잘 보냈다면서 날

위로했다.

　전라도에 간 후 10대의 대부분을 방황하면서 산 듯싶었다. 그래도 다 커
버린 아이가 찾아오니 너무 감사했다. 얼마나 반갑고 고마운지 눈물이 나
왔다. 이후 생모도 만나보고 이일저일 하면서 사는 듯했다. 설이나 추석,
크리스마스에는 꼬박꼬박 전화를 한다. 이번 연초에도 전화를 받았다. 말
투가 훨씬 의젓해졌다. 가슴 한편이 아리다.

　진수를 생각하면 늘 그날의 사건이 또렷하게 떠오른다. 자주 볼 수는 없
지만 진수가 지금까지 살아준 것, 연락해주는 것, 그것만으로도 감사하게
생각한다.

　그즈음 약대동을 함께 섬기는 일꾼들의 좌담회가 있었는데 그때 우리
는 놀라운 사실을 깨달을 수 있었다. 약대동의 어린이집, 공부방, 교회학
교 선생님들의 이야기를 들어보자.

이○○(지역만남의 집·새롬공부방 교사)　지역만남의 집이 생기게 된 동기는 어린
　　이집 1회 졸업생이 초등학교 4학년생이 되고 저학년 아이들을 맡길 곳을 찾는
　　'공부방'에 대한 지역 주민들의 요구가 생기면서 공부방의 공간을 찾는 과정
　　에서 생긴 것 같습니다. 그리고 교회에서도 교회 공간이 협소함으로 지역주민
　　들과 함께 자연스럽게 만날 수 있는 공간의 필요성을 느끼던 차에 부모님들의
　　요구와 더불어 새로운 공간을 찾게 된 것이 만남의 집이 생기게 된 동기였습니
　　다. 만남의 집을 수리하는 과정에서 건축 일을 하시는 학부모님들이 거의 한
　　달이 넘게 수고하셨고 그래서 그런지 그 후 부모님 모임이 활성화되었습니다.
　　넓은 공간에서 부모님들이 부담 없이 큰 행사를 할 수 있는 여건이 마련되어서
　　참 좋았습니다.

최○○(어린이집 교사)　저는 지금까지 말씀하신 것처럼 그러한 과정들을 다 겪지 못
　　하고 이미 정착된 상태에서 들어왔어요. 그런 과정에서 어린이집도 많이 변화
　　됐고요. 어려운 가정의 아동을 받아들이는 유아원에서 이제는 주변의 교육기
　　관과도 경쟁을 하고, 종일반을 하면서 탁아의 전문성을 가지게 되었지요. 학부
　　모들과의 관계도 생각하면서 저는 지역선교 중반기에 들어온 것 같아요. 어린
　　이 집도 변화하고 공부방도 정착이 된, 정리가 된 속에서 지역선교위원회의 필
　　요성을 느끼면서 만났던 것 같아요. 약대동은 맞벌이 부부가 밀집되어 있고 그

에 따른 방치된 아동들이 어떻게 되지 않을까 하는 불안함이 가장 고민이고 안타까운 문제예요. 부모가 바쁘다는 이유로 아이들을 돌보지 못하고 빠듯하게 살다 보니까 인간적인 정이나 여유를 잃어버리고 살아가는 엄마들을 보면서 참 안타까움을 금할 수 없습니다. 그리고 물론 다 그런 건 아니지만 결손가정의 아동은 갈수록 늘어나는데,(어린이집 10%, 공부방, 주일학교 30-40%) 그런 아이들의 경우 굉장히 조숙하고, 눈치 보고, 환경에 적응을 하지 못하여 아이답지 않은 모습을 보일 때가 많아요.

목회자 주일학교 결손 아동률이 높다고 나왔는데 상황이 어떻고, 어떻게 이 문제를 해결할 수 있을지 주일학교 총무님께서 말씀해주시기 바랍니다.

예○○(교회학교 총무) 아이들이 커갈수록 그 비율이 높아지는 것 같아요. 주일학교 같은 경우 많게는 30% 이상이 결손가정의 아이들인데 엄마가 가출을 해서 할머니, 아빠, 새엄마와 같이 살아요. 그러다 보니까 방치된 아이들이 갈 수 있는 공간은 교회나 공부방인 것 같아요. 이런 것들이 단순히 개인적인 문제라기보다는 구조적인 문제(약대지역의 특성)인 것 같고, 아이들을 바르게 성장시키긴 어려운 상황으로 결국엔 가출을 하는 경우도 있다는 것입니다. 지금 중등부 1학년 여학생도 가출하여 공장에 다닙니다.

이OO 결손가정이 늘어난다는 것은 물론 개인들에게도 문제가 있다고 생각하지만 더 큰 것은 구조적인 문제라고 생각해요. 이렇게 볼 때 아동 교육을 잘 해 봐야 소용없다는 생각이 들 때가 많아요. 왜냐하면 아이가 아무리 똑똑하고 예절바르고 바르게 성장하고 있어도 어느 날 갑자기 결손가정이 되면 모든 게 소용이 없게 되요. 그러면서 저는 부모 교육이 중요하다는 생각이 들고 그래서 어머니 교실의 필요성을 많이 느낍니다.

최OO 저희처럼 시설도 빈약하고 재정 지원도 없는 열악한 조건 속에서의 삶은 동료들에게서 힘을 얻고, 힘을 주는 관계에서 의미를 찾게 되지요. 그러나 아무런 연고 없이 일을 한다는 것은 불가능할 것이며 그런 힘을 주는 것이 지역선교위원회이고 교사모임의 역할이라 생각합니다. 주위 상황(약대지역의 여건)이 변해서 우리도 시설이 변해야 하는 것을 느끼지만 그 전에 탄탄한 교사 구조를 가져야 하고 차세대를 키워나가는 게 중요하다는 생각이 듭니다. 그것이 잘 이루어질 때 '새롬'이 굳건히 설 수 있으리라 생각해요.

목회자 저는 이제까지의 이야기가 세 가지로 요약할 수 있다고 생각합니다. 어린이집, 공부방을 중심으로 한 교육공동체, 만남의집 중심의 생활공동체, 교회가 중심이 되는 신앙공동체가 서로 만나야 한다고 생각합니다.

『새롬교회 6주년 자료집』(1992년) 중 지역선교위원회의좌담회에서

함께 사는 세상

당시 약대동 공부방에서는 이러한 지역적 상황과 배경에서 지역과 가정에 대한 설문조사를 해보았는데 결과는 놀라웠다. 조사 결과 전체적인 임금인상이나 물가상승 등을 고려한다면 1991년의 약대지역 생활 조건보다 조금도 나아지지 않았으며 오히려 더 나빠진 것을 알 수 있다. 월세금이 늘어났는 데 반해 저축액은 오히려 감소했음을 알 수 있다. 또한 물가상승이나 소비생활의 증가로 생활비는 훨씬 늘어났다. 이렇게 어려운 상황이 계속 되풀이되는 현실을 바라보며, 새롬공부방과 새롬어린이집의 어려운 어린이들을 돌보는 사명을 다시 한번 되새기고 지역을 위해 더욱 열심히 봉사해야겠다고 다짐했다.

새롬공부방 학생들의 생활 현황 설문 결과(1993년 8월 현재)

(단위 : 만원)

주거상황(전월세)	가구당 월평균 수입 (아빠/엄마)	순수 생활비	저축액
전세 1600	100 (70 / 30)	50	20
월세 50 / 8	85 (70 / 15)	40	12
월세 30 / 10	50 (- / 50)	70	-
전세 400	30 (- / 30)	40	-
자가	100 (100 / -)	70	30
자가	60 (30 / 30)	60	-
월세 20 / 8	40 (- / 40)	30	-
전세 700	90 (65 / 25)	70	20
월세 50 / 7	39 (- / 39)	32	7
월세 100 / 10	40 (40 / -)	40	-
월세 50 / 10	65 (40 / 25)	45	13
전세 1000	100 (100 / -)	40	30
자가	60 (60 / -)	30	15
월세 40 / 11	115 (80 / 35)	70	9
전세 : 27 % 자가 : 20 % 월세 : 53 % 전세평균: 925만 원 월세평균: 49/9만 원	평균 수입 총수입 : 69만 원 아버지 : 43만 원 어머니 : 26만 원	평균생활비 : 49만 원	평균저축액 : 11 만 원

행복하여라 가난한 사람아

서울 근교 지역에 위치한 신도시는 새로 생긴 도시답게 공원, 주차장, 상가 등이 깔끔하다. 밤이면 아파트에서 새어나오는 불빛이 정연하여 멀리서 보면 묘령의 도시 같은 느낌이다. 잘 닦여진 도로 역시 시원하다. 그러나 이 도로를 내면서 옆 동네 빈민촌의 아이들은 동산과 놀이터를 잃어야 했다. 경기도 부천 시 약대동에 있던 약대동산은 중동 신시가지를 향한 큰 길이 뚫리면서 흔적도 없이 사라져버렸다. 이 동산은 주로 새롬교회(이원돈 담임목사) 주일학교와 '새롬어린이집', '새롬공부방'의 아이들이 뛰놀던 곳이었다. 이제 그 아이들은 좁은 골목길이나 자그마한 방에 모여 놀아야만 한다. 아니, 어쩌면 공부방의 수용능력이 모자라 갈 곳 없는 아이들이 더 많을지도 모르겠다. 교회 창립 때부터 개원한 '새롬어린이집' 새롬공부방에 다니는 열두 살 난 00이는 어느 날 다음과 같은 글을 썼다. "우리 집은 방이 한 칸이어서 너무나 불편하다. 그 이유는 친구들이 집에 대하여 물어보면 자신이 없어져서다. 그래서 우리집을 아는 아이는 5학년 때 같은 반이었던 김00이다. 성희는 부모님이 열쇠나 테이프를 파는 가게를 하신다. OO네 집도 예전에는 방 한 칸에 다락 한 칸이었다. …… 난 성희에 비해서는 너무했다고 생각한다. 그 이유는 성희는 아주 솔직히 집을 이야기하지만 난 그런 용기가 안 나서이다. 하지만 지금부터라도 솔직히 말할 수 있는 용기를 가져야겠다."

단적인 예지만, 이 아이의 글을 통해서도 약대동 주민들의 생활 정도를 알 수 있다. '93년 8월에 실시한 설문조사에 의하면 주민의 50% 이상이 보증금 50만 원에 월 8~9만 원의 월세에 살고 있으며, 맞벌이 부모의 총수입이 70만 원 정도라고 한다. 그런 상황에서 아이들 교육비를 따로 마련한다는 건 더없

이 어려운 일, 따라서 유치부를 위한 어린이 집과 국민학생들을 위한 공부방이 절실히 요청되고 있었다. 이때 그 일을 맡고 시작한 곳이 새롬교회였다.

새롬교회에서는 교회 창립(1986년) 당시부터 이원돈 목사(37세)와 몇몇 뜻있는 동역자들이 약대지역의 무주택 맞벌이 부부와 아이들에게 복음을 전하고 선교하는 것을 가장 큰 부르심의 뜻으로 알고 이 일에 전념하였다. 새롬어린이집을 개원하여 지난 9년간 매일 아침 8시부터 저녁 6시까지 취학 전 아이들을 보호·교육하였으며, 그곳을 졸업한 아이들을 위해 새롬공부방을 1990년에 개원하기도 했다. 또한 박진옥 집사의 가정에서 사재를 털어 이 약대지역의 마을 도서관이라 할 수 있는 '약대글방'을 세우기도 했다. 그러던 중 이러한 프로그램의 유기적 결합과 일체성을 도모하기 위해 공부방과 어린이 집, 약대글방을 합한 '새롬교회 지역선교위원회'(위원장 김경희)를 발족하여 운영하고 있다.

"저희같이 작은 교회에서 이런 일을 할 수 있었던 것은 뜻있는 분들의 헌신과 기도 때문이었습니다. 모두 이런 일들을 자신의 생명처럼 알고 감당코자 했으니까요."

이원돈 목사가 자랑하고 싶어하는 것은 일의 성과나 결과보다 복음에 빚진 자들로 살아가는 이들의 헌신임을 그의 말을 통해서도 엿볼 수 있다. 특히 모 대학 수학과를 졸업하고서도 모든 일을 뒷전으로 한 채 아이들을 돌보고 있는 김경희 선생(34)의 삶은 약대동 주민들에게 잔잔한 감동을 주고 있다고 한다. 아이들을 돌보고 싶어 이사까지 한 김경희 선생은 대학 재학 시절부터 가난한 아이들을 위해 살고 싶어했다. 사회에 대한 눈을 뜨면서 돌을 던지는 친구도 생기고, 아예 외면하는 친구들도 있었겠지만 그가 선택한 길은 아이들과 함께, 가난과 함께 기도하며 사는 것이었다. 본래 부평에서 살았던 그는 친구인 이향림 씨가 새롬공부방에서 봉사하는 것을 보고 길을 정하게 된다.

"친구 따라 4년 정도 새롬교회를 섬겼어요. 30명 남짓 나오는 작은 교회라 일꾼이 필요한 것 같기도 하고……. 그러다 친구가 출산을 하면서 힘들어지니까 기도하면서 이 일에 대해 결정해야 되겠다 싶더라고요." 그 후, 그는 아버지와 함께하던 일도 그만두고 아예 약대동으로 이사를 해버렸다. 순전히 '아이들 보는 게 좋아서' 시작한 이 일을 지금도 그는 즐겁게 한다. 매일 12시에 출근하여 6시에 퇴근하는 일의 반복이지만 "아이들 돌보는 게 짐스럽지 않냐"는 질문에 "그랬으면 벌써 그만뒀지요"라고 반문하듯 웃으며 답변한다.

김 선생에 따르면 공부방이 개원한 당시는 단순히 부모들이 일 나간 사이 아이들에게 공부방을 제공하고 숙제지도를 해준다는 목적이었지만 막상 아이들과 생활해보니 아이들에게 필요한 것은 다른 데 있음을 알게 되었다고 한다. 5학년이 되어서도 구구단을 모르는 아이가 있었고, 3분의 1이 넘는 아이들을 한글을 제대로 몰랐으며 점심 저녁을 스스로 차려먹거나 거르는 아이들이 야근하는 부모를 기다리며 저녁 늦게까지 동네 골목에서 어울려 다니고 있었던 것이다. 뿐만 아니라 가정 내 폭력과 부모의 가출이 잦아 대리모의 역할까지 해야 하는 형편이었다. 새롬공부방에 요구되는 것은 단순한 학습지도뿐

아니라 올바른 인격형성과 정서적 안정, 전인교육의 장으로서 이 지역에 꼭 필요한 하나님의 일꾼을 양성하는 일이었다. 자연 헌신할 선생님들을 위해 새롬교회에서는 날마다 기도했는데 현재까지 김 선생님을 포함한 3명의 교사가 기도 응답으로 공부방에 보내진다. 김 선생은 장차 이들이 자라 이 지역을 책임질 '새벽이슬 같은 청년들'임을 생각할 때마다 가슴 벅차오름을 고백한다. 교회마다 점점 비어가는 청년들의 자리가 이들로 인해 채워지기를 기도하고 있는 것이다.

한 가지 재미있는 일은 김 선생이 결혼하고 나서도 남편의 적극적인 지지로 공부방 아이들을 계속 돌볼 수 있다는 점이다. 이사 온 지 1년여의 시간이 지난 뒤, 아이들에게 풍물을 가르치기 위해 풍물모임에 나갔다가 남편 허태영 (33세) 씨를 만났다고 하는데, 이원돈 목사는 "풍물 공부 열심히 다니더니 연애까지 하고 왔다"고 말하며 웃는다. 오후 4시가 되면 저학년은 집으로, 고학년은 공부방으로 모여든다. 이 시간에는 잠깐 동안이지만 모두 함께 찬양을 배우고 교제를 나눈다.

40명 정도의 아이들이 한 입으로 부르는 찬양시간을 아이들은 제일 좋아한단다. "땅 위에 모든 것들을 만드신 하나님/ 이 아름다운 세상을 우리 사랑해/ 분꽃 나팔꽃 호박꽃 초롱꽃 개망초꽃 할미꽃/ 맨드라미 봉숭아 개구리밥 모두 사랑해."

이 아이들에게는 결손가정의 아이들에게서 나타나는 구김살이나 어두움의 구석이 없는 듯했다. 집으로 돌아가면 술 마시는 아버지 때문에, 가출한 어머니 때문에 슬픔에 잠기겠지만 공부방에 있는 동안만이라도 아이들은 행복할

권리가 있다는 듯 모두 당당하게 웃고 까불며 노래한다. 그러나 무주택 맞벌이 부부에 한해 아이들을 받고 있어도 그나마 그 아이들을 모두 수용할 수 없어 갈 곳 없는 아이들이 많다고 한다. 이를 위해 새롬교회 지역선교회에서는 더 많은 수효의 아동들을 감당할 수 있도록 경기도 가정복지과에 보육시설 설립을 요청, 현재 새롬공부방 자리에 신축을 위한 예산을 경기도로부터 책정받은 상태다. 하마티면 소방도로가 없어 예산이 반려될 위기까지 갔었다고 하는데 올해 안에 건물이 올려지도록 하는 게 이들의 가장 큰 기도제목이라고. 또한 지역선교를 위해 사명감 있는 선교 일꾼과, 무주택 맞벌이 부부의 자녀들을 위한 자원봉사자의 손길도 기다리고 있다고 한다.

새롬공부방에서 찬양하는 아이들의 환한 표정은 바로 돌보는 이들의 손길이 있어야만 더 많은 아이들에게 확장될 수 있기 때문이다. 아이들을 위한,

아니, 주님을 위한 하나님의 일꾼이 더 많아져 어느 어린이가 자신의 글에서 밝힌 다음의 소망이 이루어지기를 빌어본다. "공부방에서는 새로운 아이들이 오면 별명도 지어준다. 나는 그런 게 참 좋다. 나의 별명은 박쥐이다. '나의 신문'도 만들고, 음악도 하고, 소모임 활동도 아주 좋다. 나는 지금 4년이나 다녔다. 벌써 4년의 세월이 흘렀다니, 나는 6학년 때까지 다닐 거다. 그래서 졸업할 때는 좋은 상을 받고 싶다. 그리고 나는 5학년 남자들이 더 많이, 더 많이 들어왔으면 좋겠다."

《빛과 소금》. 1995. 4. 한근영.

4. 꿈이 더 필요한 세상

−약대동 어린이들의 친구 새롬공부방 이야기

어느 날 오후 약대동의 풍경

오후 1시를 넘기면서 삼삼오오 아이들의 무리가 노란 지붕 아래로 몰려든다. 외관상 동화에나 나올 것처럼 생긴 집은 실상 아주 오래되고 낡은 건물임을 단박에 알아챌 수 있는 아이들의 공부방이자 급식소다. 공부방 문을 들어서자마자 얼른 컴퓨터 앞으로 달려가는 아이, 제 또래와의 놀이와 수다에 열중하는 아이들로 공부방은 활기를 찾는다. 초등학교 2학년인 성환이도 이때쯤이면 공부방으로 달려온다. 아버지의 사업 실패로 이곳에 이사와 부모가 맞벌이를 하는 통에 매일 이곳에 드나드는 아이. 공부방을 알기 전에는 이 시간쯤 아무도 반겨주지 않는 집에서 식어 빠진 밥을 혼자 챙겨먹어야 했다. 지금은 점심, 저녁을 다 이곳에서 해결

한다. 그리고 선생님과 숙제며 공부도 하고 가끔은 형, 동생, 친구들과 노래도 배우고 견학도 가고, 재밌는 하루하루를 보낸다.

지난 5일 동안(8월 8~12일) 우리 사이에 아주 놀라운 일이 일어났다. 공부방 벽면이 온통 우리의 그림으로 채워져 아주 환해졌다.

노랑, 파랑, 빨강, 흰색, 검정, 녹색, 회색 등의 온갖 색깔로, 우리의 공부방이, 퀴퀴한 냄새만 나던 우리의 골목이 이제 우리의 이야기로 활기차게 움직이고 있다.

말썽꾸러기 황금 이(齒) 현수도 이번에는 우리들이 늘 노는 약대 동산을 아주 멋들어지게 그렸다. 황소 대가리 진수 형은 더운 여름에 찬물로

1990년 8월 약대동 공부방 벽화를 마치고

목욕하는 우리들의 모습을, 시원하게 그렸다. 나비 추현이는 아빠가 엄마의 도움을 받아 망치질 하시는 모습을 재미있게 그렸다. 재봉틀 재봉이는 아빠가 집에서 책상을 만들어주신 이야기를 자랑스럽게 그렸다. 종성이, 규성이는 시험을 보고 엄마에게 야단맞는 모습을 아주 실감나게 그렸고, 양파 양원이는 목수일 하시는 아빠의 모습을 땀을 흘리며 그렸다. 색연필 문정이는 빨래하고 출근하시는 엄마의 모습을 정성껏 그렸고, 소정이, 춘화, 영미, 경희는 우리 동네 이야기와 동네에서 싸우는 아이들의 모습을 작은 종이컵으로 만든 붓통을 들고 분주히 왔다갔다 하면서 그렸다. 유치부 동생들은 저기 공부방 안쪽에 자기가 제일 슬펐던 모습을 그렸는데 신나는 동화이야기같이 그렸다. 너무너무 힘들었지만, 너무너무 신이 났고, 너무너무 재미있었다.

　찌그러진 주전자 정승각 선생님 이야기가 생각이 난다. 그림 그리는 것은 신나고 재미있는 일이기도 하지만 엄마, 아빠가 공장 나가서 일하는 것과 마찬가지로 힘든 일이기도 하다고……. 이젠 우리 엄마, 아빠가 얼마나 힘들게 일하고 계신 줄 깨달았겠지. 올 여름 참으로 귀한 땀을 많이 흘리시는 여러분! 그리고 온 동네를 환하게 밝힌 새롬어린이공부방 여러분! 정말로 장하고 감사해요.

1990년 8월 8~12일, 약대동 공부방 벽화를 마치고 『강아지똥』의 그림 작가 정승각 선생님과 약대동 아이들이 함께 새롬공부방 벽화를 그렸다.

5. 부천의 갈릴리 : 약대동 신학과 약대동 신앙고백

우리가 약대동에 처음 들어갔을 때 우리는 성서의 나타난 예수님의 복음의 소식을 들으며 선교하였다. 예수님이 갈릴리에서 민중을 선교한 모습은 어떠한 것이었을까?

예수님의 갈릴리 지역선교

복음의 구체적 내용을 한마디로 요약한다면, 가난한 자에게 기쁜 소식을 전하는 것이다. 예수그리스도는 갈릴리 지역선교를 통하여 가난한 자들에게 기쁜 소식을 전하시고 최종적으로 "가난한 자가 복이 있다. 하나님 나라가 너희들의 것이다."라고 선포하셨다. 가난한 지역을 섬기는 지역교회의 선교신학이 있다면 그것은 가난한 자가 하나님의 자녀요, 최종적으로는 그들에게 복이 있다는 것이다. 다시 말해서 그들의 하나님의 자녀됨과 이 역사와 사회의 주인됨을 선포하는 일일 것이다.

　예수 그리스도는 청년기를 세례 요한과 함께 보내시다가 갈릴리 지역 현장으로 들어가셔서 가난한 민중들과 함께 살면서 3단계의 선교 전략을 갖고 최종적으로 산상수훈을 통하여 가난한 자들에게 하나님 나라의 주인됨을 선포하셨다.

　우리는 약대동에 예수님을 통해 배운 3단계 가난한 지역사회선교의 꿈을 가지고 들어갔다.

　첫째, 사귐과 나눔의 단계였다.

　제일 처음 갈릴리지역에 들어가셔서 예수님이 하신 일은 공동체가 파괴된 곳에 밥상공동체를 만드시는 일이었다. 예수님의 별명은 죄인과 세리의 친구요, 즐겨 같이 먹고 마시는 자였다. 그러한 공동체 생활로 공동체가 파괴된 곳에서 함께 먹고 마시고 나누는 식탁을 중심으로 새로운 연대성을 만든 것이 예수의 갈릴리 선교의 첫 번째 전략이었다. 이러한 식탁공동체는 오병이어 사건과 같이 나누는 사건을 통해 더욱 풍성해지고, 이러한 풍성한 기적은 최종적으로는 예수님 자기의 몸을 나누는 성만찬으로 이어진다. 또한 예수님의 비유 중에는 하나님 나라 비유가 있는데, 이 비유에서 하나님 나라는 잔칫집으로 묘사되고 있다. 이러한 나눔과 사귐의 단계를 우리의 몸으로 비유하면 바로 우리의 손에 해당될 것이다. 왜냐하면 손은 빵을 만들어 이웃에게 나누어주는 나눔의 역사를 이루는 기관이기 때문이다.

　둘째, 이러한 나눔과 사귐의 과정을 통해 이제 가난한 자들의 마음속에는 자연스럽게 새로운 공동체를 향한 새로운 믿음이 탄생된다.

그것을 성서는 "우리의 죄가 용서받을 수 있다"라는 믿음으로 표현하고 있다. 가난한 자들은 이제껏 '너희는 죄인이다, 병자다'라고 규정받아왔다. 그러나 예수님의 이 새로운 공동체를 만난 민중들 사이에는 "나는 죄인인 동시에 하나님 나라의 백성이고 시민이다"라는 새로운 믿음이 전염병처럼 퍼져나가기 시작하여 점차적으로는 율법의 사슬에서 해방된 새로운 믿음의 공동체가 하나 둘씩 갈릴리 전역에 급속도로 탄생하기 시작한다.

"에파타!(열려라!), 달리다쿰!(소녀야 일어나라) 말 못하고 듣지 못하게 하는 악령아 썩 나와라!, 무엇이 좀 보이느냐!" 하는 예수의 질문에 바디매오가 눈이 보인다 하고, 벙어리가 말하고, 들을 귀 있는 자가 듣게된다.

눈먼 자가 눈 뜨고, 귀먼 자가 듣고, 보고, 말하는 단계, 이것이 바로 두 번째 단계인 것이다. 우리 신체에서 눈과 귀와 입이 열리는 단계가 바로 두 번째 단계이다.

셋째로, 눈, 귀, 입이 새로이 열린 민중들은 여기서 멈추지 않는다. 이제 민중들은 움직이기 시작한다. 어떤 여인은 예수의 옷깃만 만져도 병이 나을 수 있다는 신념을 갖는다.(눅 8:40-48) 중풍병자와 그의 친구들은 모든 장벽에도 불구하고 지붕을 뚫고 예수에게 접근한다.(눅 5:17-26) 어떤 창녀는 부끄러움을 무릅쓰고 감히 바리새인과 식사하는 예수에게 나타나 예수의 발에 향유를 붓는다.(눅 7:36-50)

이 마지막 영역을 우리의 신체로 볼 때 발의 영역이라고 표현할 수 있다. 예수는 한곳에 머무르지 않고 이 근방의 다른 동네로 가야 한다고 하셨다. 이제 "가난한 자가 하나님 나라의 주인이다"라는 이 선포는 다른 동네로 퍼져나가야 한다. 모든 독점과 금기와 분단의 영역을 넘어 이웃에게 전달되어야 한다. 이미 시작되었고 앞으로 올 그 나라를 그 기쁜 소식을 전해야겠다는 이 믿음과 신념, 이것이 바로 우리에게 전도와 선교의 열정을 주고 특별히 예수님을 따라 예루살렘으로 행진하여 십자가 위에서 죽고 사흘 만에 다시 사는 부활의 신앙으로 우리를 무장시켜주는 것이다.

이러한 믿음을 가지고 약대동지역선교를 하면서 우리는 가난한 서민지역의 아픔과 질병을 발견할 수 있었다.

우리가 마을에서 경험한 이야기를 예수의 갈릴리 선교의 이야기와 연결해본다면 그 첫 이야기는 성서의 문둥병자 이야기와 같다.

당시 이스라엘에서 문둥병이란 무슨 병인지 몰라도 전염되지 않도록 하려면 다른 사람과 접촉해서는 안 되는 병이다. 문둥병의 무서운 것은 바로 사회로부터 고립과 격리를 의미하기 때문이었다. 사실 오늘 우리 가운데도 수많은 문둥병 환자들이 있다.

피부가 썩어 문드러져 고립 격리된 문둥병이 아니라 스스로 마음을 닫아 세상으로부터 고립되고 격리된 마음의 문둥병 환자가 많다는 것이다.

문둥병 환자 치유 후의 두 번째 치유 기사는 중풍병자를 치유하여 고립에서부터 사회적 협동의 차원으로 나오는 것을 의미한다. 이처럼 우리가 문제를 해결하려면 부담스럽다, 상처받았다를 되뇌이며 스스로 고립되어 있는 것이 아니라 몸을 부딪치며 서로 접촉하고 나갈 수밖에 없다. 그리고 이러한 협동과 연대는 바로 무리를 넘어서고 집단적 지혜가 등장하여 결국은 지붕을 뚫는 사건으로 전개되고 만다. 그리하여 개인에서 공동체로 나아가며 공동체의 몸을 만들고 관계적 몸을 만들고 그리스도의 몸을 세울 때 우리의 문제와 상처가 진정으로 나아 그 중풍병 환자가 일어나 걸을 수 있었던 것이다.

그래서 우리의 이러한 가난한 지역에서의 지역선교는 계속 확산되어야 한다고 생각했다. 어린이집, 탁아소, 공부방, 지역도서관(글방), 신협 등 지역선교는 지역에서의 가난한 주민들의 삶의 문제와 생존과 살림의 문제를 다룸으로써 신앙공동체(교회)를 세우는 기초가 된다.

이러한 지역선교는 보다 더 지역과 주민을 섬기며 주민적, 자치적 기반을 형성하며 계속 지역에 뿌리를 내려가야 한다. 이것이 21세기를 향해 본격적인 지방 자치시대를 준비하는 미래교회의 선교적 대안이 될 것이다.

둘째로, 가난한 지역에서 신앙공동체를 세우기 위해서는 더욱 목회적이고 신앙적 치유가 요청된다.

우리는 시간적, 정신적, 경제적 여유가 없어 신앙생활을 하지 못하고 있는 지역 주민들이나, 개인적 유혹이나 허위의식, 우상과 환상에서 해방되지 못하여 신앙생활을 시작하지 못하고 있는 이웃들에게 여러 가지 유혹과 잘못된 가치관과 허위의식과 싸워나갈 수 있는 신앙의 복된 내용을 지속적으로 전파할 필요가 있겠다고 생각했다.

그래서 심방과 구역예배, 상담과 같은 목회적 접근과 주민들의 애경사에 동참함으로써, 나누어지는 공동체 의식을 하나로 묶어 신앙의 기쁨과 힘과 능력을 체험할 수 있도록 신앙적인 위로와 격려를 아끼지 말아야 겠다고 생각을 했다.

셋째로, 이제 우리는 자신의 삶과 직업이 연결된 우리의 지역 현실에서 우리의 교회공동체를 중심으로 우리의 섬김과 나눔을 시작해야 할 때라고 생각했다. 우리가 약대동에서 지역사회 선교를 하면 할수록 우리의 마음 가운데에는 오늘 이 시대는 이처럼 가난한 신앙을 요구받고 있다는 생각이 깊어졌다.

21세기의 미래 교회는 심령이 가난한 영적 교회가 되어야 한다. 미래에는 겨자씨처럼 작지만 변화에 능동적인 영적 교회만이 살아남을 것이다. 21세기에는 큰 교회의 성장 논리를 모방하기보다는 모든 거품과 양적인 치장, 그리고 모든 외식적이고 위선적인 요소를 과감히 개혁하여, 섬기고 봉사하는 교회의 본질적 사명에 온 힘을 기울이는 심령이 가난한 디아코니아(섬김)형의 교회가 빛을 발할 것이다.

우리는 우리의 청년기에 예수님을 이러한 축제와 치유의 왕으로 기억하며 우리도 마을에서 이러한 예수 공동체를 세우고 예수님 잔치와 축제를 만들기 위해 우리의 갈릴리 약대동 마을에 들어갔는데, 우리가 지금까지도 꿋꿋하고 씩씩하게 약대동 마을 사역을 계속 감당할 수 있는 이유가 바로 이러한 약대동 신앙고백의 힘이라고 생각한다.

2장

가정을 해체시키는 약대동의 IMF

앞에서 이야기한 것처럼, 새롬교회는 빈곤지역인 부천 약대지역에서 창립예배를 드리기 전 지역에 가장 필요하다고 판단한 종일 탁아기관인 새롬어린이집을 1986년 4월에 창립하였다. 다른 유아원에 들어가지 못한 아동들의 보호를 우선적인 서비스 목적으로 하는 새롬어린이집은 무주택, 맞벌이가정의 아동을 우선으로 받아 출발하였다.

어린이집의 아이들이 자라서 국민학교에 입학하게 되자 부모 대신 숙제 지도를 해주고 생활을 봐주어야 하는 아동들과 부모의 요구를 받아들여 공부방이 없는 초등학생들을 위한 방과 후 보육기관인 새롬공부방을 1990년에 창립하였다.

1989년에는 지역주민(특히 청년들)의 문화공간으로 약대글방을 개소한다. 현재는 약대글방의 공간에 새롬공부방(신나는집)이 들어서 있다. 약대글방에서는 그간 청년들의 문화동아리(기타, 독서 등) 활동과 도서 대출이 있었다.

그러던 중 아이엠에프의 찬바람은 이 가난한 지역에 돌풍으로 찾아왔다. 이에 새롬지역선교위원회에서는 부스러기 선교회와 연결, 무료급식소를 개소하게 되었다.

공간은 물론 새롬공부방을 쓰고 실무자들이 각종 후원을 끌어와 아이들의 급식 및 반찬 지원을 하다 보니 취업알선, 각종 복지서비스의 소개 및 연결 등이 마치 부업처럼 일거리로 밀려오게 되었다.

교회 내에서는 자원봉사대가 조직되었고 때마침 실업극복국민운동본부의 출범 등 시대적 활동과 맞물려 밥집 선교는 호황(?)을 누리게 되었다.

새로 온 아이들은 물론 공부방의 기존 회원인 아이들과 구별되지 않았다. 같이 섞여서 밥도 먹고 공부도 하면서 하나님의 따뜻한 품안에서 안전하게 보호, 성장할 수 있던 시기였다.

더구나 범위가 중학생들까지 확대되어 저녁에는 청소년들의 급식 및 쉼터의 역할을 하였다.

선교프로그램의 운영이란게 다 그렇듯이, 우린 맨주먹으로 출발했다. 하지만 알게 모르게 하나님의 손길이 늘 함께 있었고 어렵고 난감할 때마다 필요를 척척 채워주시는, 하지만 알맞은 만큼만 정확하게 주시는 하나님의 섭리에 놀랄 뿐이다.

새롬교회의 그간 지역선교가 주로 아동중심의 선교와 교육이었다면 IMF가 터지면서 이제 가정 중심의 지역선교로 그 방향을 선회하기 시작하였다.

가족해체의 시대적 상황에 맞서 우리는 선교적 대안으로 새로운 대안가족인 '예수 가정'을 만들어가고자 했다. 가족의 치유를 목적으로 부부관계, 자녀교육, 생활과 살림의 여러 문제를 상담, 치유하며 실제적 문제를 해결할 수 있는 직업알선 등 복지서비스를 연결하는 가정지원센터를 준비하기 시작하였다.

시대가 변화해갈수록 가족의 기능은 대폭 줄어간다. 뿐만 아니라 기존 형태의 가족은 해체되고 다양한 모습으로 존재하게 될 것이다. 복지 영역에서는 '가족', '가정'을 강조한다. 시설 중심에서 탈피, 가정형 시설로 가고 있는 것이다. 이제 현재의 가족형태로는 사람들이 제대로 아동을 양육하기가 힘들어지기에 우리는 서로 돕는 그물망이 필요한 것이다.

1. 약대동의 IMF와 새롬가정지원센터

어려운 이웃집 도와주세요!

수고 많으십니다. 원장 선생님.

약대동을 사랑하시고 열심히 주의 사역을 힘써 담당하시는 모습 간간히 전해듣고 있습니다. 저희 큰 아이 어린이집 보내는 문제로 관심을 가졌다가 용기를 내서 선생님께 말씀드리려고 이렇게 글을 올리게 되었습니다. 드릴 말씀은 혹시, 도움을 주실 수 있는 기관을 소개해주실 수 있는지 해서입니다.

저희 옆집에 7월에 한 가정이 이사를 왔습니다.

아빠와 김00(6학년), 김00(4학년), 김00(9세), 김00(6세)이 가족 구성원입니다.

문제는 1. 엄마가 가출 (5개월 전 카드빚 600만 원을 지고 가출). 현재 다니던 교회 목사님과 연락 중이고, 김00(9세)만 없으면 다시 귀가할 생각도 있다고 들었음.

2. 9세 김00(여)는 정신지체 3급 판정. 말을 안 하고 5세 정도의 키에 에티오피아 난민을 연상케 함. 현재 일반 어린이집에 다니고 어린이집에서도 방치되어 있음. 두 달 동안 관찰한 바로는 아침은 안 먹고, 저녁도 못 먹음.

3. 아빠는 7시 출근해서 밤 10시에 퇴근. 나름대로 성실하게 일하고 아이들을 돌봄. 저녁은 동네 식당에서 퇴근 후 사먹음.

4. 큰아이가 동생들 통학을 돕기 때문에 자주 지각하고 둘째는 결석도 함.

5. 10월 20일에 집을 비워줘야 함(주인이 바뀌고, 200-20만원 월세).

내내 지켜보기만 하다가 요 며칠 전부터 대화를 시작했습니다.

그래서 1. 00 복지관에서 아동담당 팀장이 상담을 하고 세탁과 청소를 도와주시는 자원봉사자가 매일 오고 있습니다. 방과 후 프로그램에 참가하고 석식과 밑반찬을 제공받기로 하였습니다.

2. 동사무소에 기초 생활보호 대상자 신청을 했습니다.

3. 다니는 교회 목사님께 도움을 요청하여 가정사정을 듣게 되었습니다.

4. 00원에 입소신청을 의뢰하였습니다 (현재 자리가 없고 생보자가 아니라 어려운 상태, 아빠는 정 안 되면 30만원 이용료를 내고라도 다닐 마음).

5. 정신과 의사의 치료를 부탁 중입니다.

혹시 도움을 주실 수 있는 기관을 소개받고 싶습니다.

_000 올림

위의 편지는 이웃의 어려움을 보고 새롬교회 가정지원센터 홈페이지에 도움을 청한 어떤 선한 이웃의 편지다. 우리 교회가 어떠한 일을 하는지를 잘 나타내주는 글이라 할 수 있다.

결론적으로 2001년 새롬교회는 단순히 교육을 통한 지원보다 더 근원적인 가정의 문제를 해결하기 위한 조치로 새롬가정지원센터를 설립하게

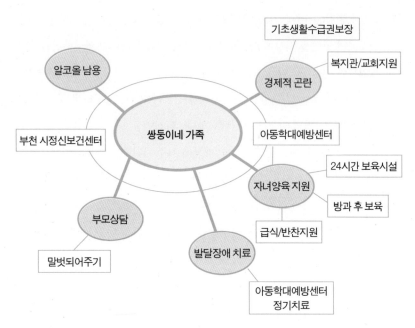

기초생활수급권보장

복지관/교회지원

알코올 남용

경제적 곤란

부천 시정신보건센터

쌍둥이네 가족

아동학대예방센터

24시간 보육시설

자녀양육 지원

방과 후 보육

부모상담

급식/반찬지원

발달장애 치료

말벗되어주기

아동학대예방센터
정기치료

▶ 새롬어린이집과 함께한 쌍둥이네 가족 서비스 연결망

되었다.

이는 약대동지역이 IMF를 맞이하면서 새롬어린이집, 약대글방, 새롬 공부방, 신나는 집의 활동을 묶어 새롬가정지원센터를 세웠는데 이는 그 동안의 지역 선교 활동의 종합화와 연계를 꾀하여 약대동지역의 가정해 체를 막기 위한 것이었다.

약대동 가정 해체의 세 가지 이야기

약대지역은 예로부터 부천에서 빈곤 지역의 하나로 지정되는데, 지금 은 막 개발이 되어 여러 계층이 혼재되어 있다. 약대동에는 가내수공업 공장들이 여러 곳에 있고 그 주변에는 다세대주택 등이 있어 근로자와 외국인 노동자들의 주거 밀집 지역이 되고 있다. 또한 어르신 가구가 많고 그에 따라 조부모 양육 가정이 많아 어르신들이 생계도 유지하고 양육도 감당하는 등 이중고를 겪고 있다. 지역에서는 공식적으로 노인 급식하는 곳이 한 군데도 없고, 결식아동 급식 프로그램은 유일하게 새롬공부방(새롬교회 부설)이 담당하고 있다.

부천 아동학대예방센터의 보고에 따르면 약대지역이 부천에서 아동학대와 방임의 사례가 가장 많은 것으로 추정되고 있는데 전문기관이 상주해 있지도 않을 뿐더러 그 사례가 다 드러나지도 않았다.

〔이야기 1〕 쌍둥이네와 함께한 4년

아빠(38. 무직. 알콜릭 중독 판명)
엄마(37. 알콜릭 판명. 무직. 생활보호대상자)
철수(11. 남. 주의 산만. 술과 담배. 도둑질)
미영(9. 여. 심한 분노. 의료 방임 – 난시)
미순(7. 여. 눈치 보기. 의복 불결. 방임)
쌍둥이(5. 남. 언어지체. 폭력. 공격성)
(모두 가명. 2002년 자료 발췌)

그 여자네 집은 애가 다섯인데 단칸방 쬐고만 구석탱이에 삽니다.

남편이란 사람은 가출해서 혼자 살고 이 여자는 내 몸 하나 못 가누는데 다섯 명의 혹부리를 달아야 했습니다.

그 여자는 알콜릭입니다. 물론 본인은 절대 아니라고 말하지요. 단지 술을 좀 좋아하는 편이라고만 하지요.

학교라곤 제대로 다닌 적도 없어서 세상 사람들에 대해 일단 방어감을 갖고 있답니다.

그래서 먼저 공격하게 되지요. 아…… 물론 이건 소위 전문가라고 하는 제가 분석하는 것일 뿐입니다. 욕을 하고 싸움을 하고……. 그래서 콤플렉스가 드러나지 않도록 그렇게 세상을 사는 방법을 터득했답니다.

문제는 다섯 아이였지요.

새롬어린이집과 공부방, 신나는 집에서는 그 여자의 다섯 아이를 몽땅 맡았습니다.

아…… 양육의 일부를 맡은 거지요. 식사는 2끼를 해결해주고 주간 보호를 하니까요.

그런데 급기야는 그 새롬에서 그 여자를 아동학대예방센터에 고발하고야 말았답니다.

그 여자는 밤에 나가버리고 말거든. 다섯 명의 아이들은 그들만이 남아서 지내야 해요. 40개월 된 동생들은 옷도 못 갈아입고 나가고요. 식사도 제대로 못했답니다. 제일 맏형은 이제 3학년인데요. 너무 버겁잖아요.

주인집에서 세를 안 낸다는 이유로 전기까지 끊어서 밤에는 아이들끼리 우두커니 앉아서 지내다 촛불을 켜놨답니다. 세상에…… 어찌 이런 일이…….

보다보다 못해서 새롬에서 그런 조치를 취한 거지요.

왈가왈부, 이래저래 궁시렁궁시렁……. 여차저차해서 지금은 아이들을 일시보호소 또는 보호시설에 보내기 위해 절차를 밟고 있답니다.

그래요~~ 새롬은 고민합니다.

앞으로 이런 일들은 많이 일어날 것입니다. 가정은 해체되고 아이들은 버려집니다.

미국의 예를 보세요. 국가가 아이들을 기르다 못해 이제는 가족보존정책으로 돌아섰잖아요? 암만 돈이 많으면 뭐 합니까? 애들이 버려지는데요.

위탁가정이요? 입양이요? 그런 가정에서도 아동학대는 일어난답니다.

자꾸 재발되고, 또 돌아오고…… 뭐 그런 거지요.

우리나라 역시 멀지 않았습니다.

이젠 우리 지역에서, 우리 모두가 책임져야 할 일인 것입니다.

그 여자의 문제도 마찬가지입니다. 애들을 잘 처리(?)한 다음에 그 여자의 인생은?

불을 보듯 뻔한 것입니다. 그 여자 또한 불행해집니다. 더욱 황폐해질 것입니다.

애들은 일시보호시설에서 잘 자라날까요? 글쎄요, 많은 연구가 부정적인 결과를 내놓고 있습니다.

애들이 문제가 있다면 아동보호시설에 보낼 수는 있습니다. 하지만 그 이후는 어떻게 될지…….

계속 고아원만 늘어야 할까요?

가정이 살아야 합니다. 가정이 건강해야 합니다.

우리 가정과 우리 애만 안전하다고 해서 그게 다는 아닙니다. 이웃의 아이가 안전하지 못하다면 그건 우리 아이도 결코 안전할 수 없다는 연쇄 고리의 법칙을 깨달아야 합니다.

이 문제를 놓고 우리 새롬의 교사들은 많은 고민을 합니다.

앞으로 새롬은 좀 더 이런 문제에 깊이 개입하려고 합니다.

좀 더 구체적으로 사람을 도울 수 있도록 노력할 것입니다.

동원이 엄마는 알콜릭이다. 동원이는 6살, 할머니 손에 이끌려 어린이집으로 왔다.

엄마가 심한 알콜릭이어서 그 남편이 병원에 수감시켜버리고 아이 혼자 동네를 돌아다니니까 아마 동네 사람들이 울 어린이집으로 데려가보라고 그랬나 보다.

그 외할머니는 내가 약대동에 와서 처음 본 슈퍼 주인이었다. 지금은 그곳에 헐려 길이 되었지만……. 할머니 얼굴이 예쁘장해서 그때부터 동네 아저씨들한테 인기가 좋았던 것 같다. 동원이 엄마도 상당한 미인이었다. 물론 늘 술에 절어 다니기 때문에 그 미모는 가려졌지만…….

엄마는 집이 있는데도 남동생과 살고 있었다. 즉 동원이 삼촌이지.

삼촌에게도 아이가 한 명 있었다. 네 살배기 아이를 열아홉 살 때 낳고 엄마가 도망갔단다.

삼촌은 유흥업소에 종사하는 사람, 즉 나이트 기도였다.

동원이 엄마는 돈이 없어 퇴원을 했는데 이상하게 집에 안 들어가고 동생 집에 머물러 있었다. 아이들과 함께 남편이 문을 안 열어준다.

아이들은 늘 의복상태가 불량하고 철지난 옷을 입으며 머리에는 이가 득실거렸다. 특히 동원이는 인지적 발달이 지체되는 현상을 보였다.

하루는 4살배기 아이가 똥을 쌌는데 입을 옷이 없어서 내가 직접 집으로 갔다. 문을 여니 술 냄새가 팍 들어온다. 코딱지만 한 방은 온통 깨진 유리로 덮여 있고 그 위에서 한 여인이 피를 묻힌 채로 잠을 자고 있었다.

동원이 엄마였다. 걸핏하면 술을 먹고 남동생이랑 주먹질이란다.

아마 그 밤도 그랬나 보다. 그러면 애들은??

그 여인의 잠든 얼굴을 보니 한숨이 절로 나왔다.

어여쁜 얼굴의 저 여인, 가슴속에 어떤 한이 있을까.

어릴 때부터 이 남자 저 남자가 들락거리는 엄마와 살면서 어떤 생각을 했을까.

가슴속에 멍울진 한이 술을 먹게 했을까.

남편은 사랑을 해줬을까.

이 생각 저 생각을 하며 유리파편을 줍고 있는 나.

옷을 주섬주섬 챙겨서 어린이집으로 돌아왔다.

시간이 흘러서 동원이를 부천아동학대예방센터에 의뢰하게 되었다.

엄마가 노발대발……. 왜 자기 아이가 학대아동이냐고. 자기가 무슨 술을 마셨냐고. 자기 아이는 멀쩡하다고 그런다.

그래, 물론 멀쩡하지.

어린이집을 당장 그만두고 이사를 가버렸다.

자존심이 상했나.

그 뒤로 센터에서 몇 번 만났는데 잘 안 된 모양이었다.

가끔 동원이를 본다.

물론 특수학급으로 갈 수밖에 없었다.

지금도 나는 생각한다.

그때 나의 최선은 무엇이었을까.

심한 알콜릭으로 정신병원에 수감된 엄마를 둔 동원이는 의복 불결 및 언어지체, 발달지체를 보였다. 엄마는 병원과 집을 왔다 갔다 하며 아이를 학대하고 방치하였다. 아동학대센터에 의뢰했지만 연결이 잘못되어 아이는 어린이집을 그만두게 되었다. 다른 기관과 연계할 때는 어린이와 가정의 전폭적인 신뢰를 얻어야 지속적인 관계가 가능하다는 교훈을 준 사례였다.

아동학대방지법이 통과된 이후 갈수록 학대 신고가 늘어간다. 특히 방임으로 추정되는 아동학대가 우리 사회에 만연해 있음을 알 수 있다. 아동방임은 경제적 위기와 의식의 문제, 지역 내 어린이의 문화시설 부재, 어린이를 선호하는 공간 부재 등 여러 가지 원인이 복합적으로 작용하는 것이다. 단지 부모 '만'의 책임으로 돌리기에는 부족하다. 우리는 지역의 어린이는 모두 우리 아이들이라는 취지 아래 공권력이나 기관의 처리보다는 이웃과 지역사회 스스로 돌보아야 한다는 생각을 공론화시키고 실천하기 위해 어머니 상담봉사학교를 프로그램으로 열었다. 부천 아동학대예방센터와 공동으로 개최될 이 프로그램은 지역 내 주부동아리로 어머니들의 성장 프로그램을 추진하여 내 아이, 내 가족, 내 이웃에게 좋은 상담자와 보호자가 될 수 있는 파트너로서 어머니를 교육, 성장시켰다. 마을마다 방임된 아이가 없어지고 어린이가 살기 좋은 동네로 만드는 운동에 우리 어머니들과 새롬어린이집은 적극 동참했다.

[이야기 3] 아이들이 교회 간 사이 이사를 가버린 무정한 엄마

두 자매 이야기이다.

언니는 5학년이고, 동생은 1학년이다.

똑 소리 나는 지연이, 귀여움이 철철 넘치는 소연이 자매.

약대동의 많은 부모가 그랬듯이 잦은 부부불화, 아빠의 가출, 바람, 술이 문제였다.

엄마는 가녀리고 아름다운 여인이었다.

엄마는 공장에 다니며 생계를 이어나갔고, 자모 모임에도 꼬박꼬박 나와서 자녀교육에 대한 열의를 보여주곤 하셨다.

그런데 일요일, 아이들이 교회 와서 행복하게 지내는 그 시간.

엄마는 이삿짐을 꾸려 떠나고 말았다.

덩그러니 빈 방.

황당하기 그지없었다.

아빠는 행방을 알 수 없었고 친할머니가 근처가 살고 계셔서 아이들은 할머니와 지내게 되었다.

이후 깔끔하던 아이들은 꾀죄죄하게 되었고 말수가 없어졌다.

할머니의 사생활 역시 예사롭지 않아서 혼자 사는 분인데 할아버지들이 들락거리고 지연이, 소연이가 보지 말아야 할 것을 보곤 했다.

그렇게 살다가 그 식구는 어디론가 이사를 가버렸다.

내가 그때 해줄 수 있는 게 뭐였을까……

내 가슴에 죄의식을 한 돌 더 얹게 만든 지연이, 소연이.

지연아, 소연아. 보고 싶다.

선생님은 믿는다.

힘들어도 너희들을 잘해낼 수 있다는 걸.

멀리서도 너희들을 응원하는 사람들이 있다는 걸 잊지 마.

그리고 하나님이 너희들을 무지무지 사랑하신다는 걸……

새롬가정지원센터 오세향 소장 인터뷰

　새롬교회가 근거지로 하고 있는 약대지역, 특히 공부방이 위치하고 있는 마을은 부천에서 가장 후미지고 가난한 지역인데 이곳에서 방치된 아동을 보호하고 교육할 목적으로 설립된 것이 바로 새롬공부방이었다. 그러나 아동의 보호와 교육보다 더욱더 심각한 문제는 부모의 이혼과 가출로 인한 가정 해체의 문제였다. 여기서 결손 가정의 탄생과 아동학대가 발생한 것이다.

　이에 대해 그는 "그동안 이 지역 아동을 위한 사업을 벌이다가 느낀 건데 이건 밑 빠진 독에 물 붓기라는 생각이 들었어요. 즉 단순한 교육 사업, 복지 사업으로는 이 지역의 문제에 궁극적인 접근이 불가능하다는 것이지요. 말하자면 아동문제를 아동문제로 보는 것이 아니라 가족구조의 문제로, 가족이라는 전체적인 시스템으로 보고 움직여주어야 한다는 것이지요."라고 대답했다. 그는 현재 돌봄이 필요한 아이들을 위한 가정지원센터 원장으로서의 역할

뿐만 아니라 인천 아동학대사례 판정위원으로도 일하고 있다.

사실 이 가정지원센터는 오 원장이 미국 주 정부마다 가족지원 시스템이 있는 것을 보고 거기서 이름을 가지고 와 지역에 있는 여러 자원들을 엮어낼 수 있는 거점으로서의 역할을 구상해본 것이다. 그녀는 약대동 마을만들기에 대해서 말하기를 "현재의 주요 사업은 주민들이 이곳 약대동을 떠나고 싶은 마을이 아니라 정착하여 살고 싶은 마을로서 느끼게 하고, 마을에 새로운 희망의 빛을 입히는 사업을 구상한 것입니다. 하지만 이의 최종 목적은 가정해체와 교육붕괴를 최전선에서 맞고 있는 저소득층 지역의 가정을 시원하고 지지하는 가정지원네트워크를 수립하는 데 있습니다."라고 하였다.

《새가정》

2. 실업과 경제난시대와 새롬지역선교위원회

1986년 6월에 창립된 새롬교회는 출발부터 의도적으로 부천의 서민지역인 약대동을 택하였고, 서민지역의 작은 자들과 함께 성장해온 작은 교회이었다.

1990년도에 들어서자 새롬교회에는 1986년 처음으로 시작한 새롬어린이집, 1989년 교회 집사님들이 시작한 약대글방 그리고 1990년도에 부천에서 최초로 시작한 새롬공부방이 지역의 선교기관으로서 튼튼히 자리 잡아가는 것이 보였다.

그래서 1990년도에 우리는 새롬 어린이집, 약대글방, 새롬공부방, 신나는집의 활동을 묶어 새롬지역선교위원회라는 이름으로 활동의 종합화와 연계를 꾀하였다.

그런데 중요한 것은 새롬교회가 1990년도에 세워진 지역선교위원회를 통해 10여 년간 약대동지역선교를 감당해왔고, 그후 IMF가 터지면서 이 지역 선교일을 더욱 전문화하기 위해 2000년도에 세워진 가정지원센터를 중심으로 약대동에 몰아친 IMF를 씩씩하게 맞이하여 나갔다는 것이다.

이처럼 2000년대에 들어서면서 새롬교회가 벌이는 선교 사업은 크게 두 가지 축으로 나뉘게 된다. 첫째는 2000년도에 세워진 가정지원센터를 중심으로 가정해체를 막아나가는 가정사역이고, 둘째는 2001년도부터 시작된 약대동 마을만들기 사업이었다. 우선 약대동에 몰아닥친 IMF에 우리가 어떻게 대응했는가로부터 이야기를 시작해보자.

실업과 경제난시대, 새롬 자모님들에게 드리는 글!

벌써 아침저녁으로 쌀쌀한 기운이 돕니다. 이제 곧 추위가 닥쳐오리라는 예보인 것입니다.

오늘도 많은 사람들이 직장을 찾아 거리를 헤매고 있고, 실직 때문에 가정이 무너지고 하늘이 무너진 것같이 마음이 무너지고 있는 실직자의 가족들과 자녀들이 있습니다.

1. 오늘 우리가 당면하고 있는 상황을 다시 한번 자세히 살펴봅시다.

우리 기업은 하루에도 백여 개가 부도를 내고 쓰러지고 있으며, 기업의 도산, 퇴출로 직장을 잃는 실업자들이 하루 4000명, 총 200만 명에 육박하고 있으며, 매일 평균 25명씩의 자살자가 속출하고 있는 형편입니다.

2. IMF 이후 9개월간의 가장 심각한 현상 중 하나는 사회의 버팀대인 중산층의 몰락과 이로 인한 가정의 붕괴입니다.

- 1년 전 자신이 중산층이라고 생각했던 사람들 가운데 30.5%가 서민층으로 전락했다고 여기고 있다고 합니다. IMF는 우리경제의 버팀목인 중산층을 급속히 붕괴시키고 있는 것입니다.
- IMF 이후 유일하게 증가하는 통계수치가 있는데 그것이 바로 부부의 이혼 건수라고 합니다. (전년 대비 1.5배)
- 가장의 실직이 가정파탄으로 이어지고, 가정이 해체되어 아이들이 친척집, 어린이집 등에 맡겨지는 소위 IMF형 고아들이 늘고 있습니다.

3. 현재 부천의 실업 인구는 경제 활동인구 35만 명 중 실직자는 3만 명으로 실업률 8%이며 가족까지 합산하면 피해 인구는 11만 명에 이릅니다. 이에 시에서는 민간, 시민의 참여 요청으로 실업극복시민운동 부천본부를 창립하

였습니다. 학교에서는 점심을 거르는 아이들이 세 달 사이에 배가 늘었다고 합니다(부천지역 6개 학교 2000여 명).

(2) "누구든지 하늘에 계신 내 아버지의 뜻대로 하는 자가 내 형제요 자매요 모친이니라."(마 12:50)

우리는 보통 가정이라면 정상적인 가정, 엄마 아빠가 다 있고, 자녀가 둘 정도 있고 그것도 아들과 딸이 골고루 있는 행복한 가정만을 생각합니다. 그러나 예수님 당시에 그를 따르던 무리에는 과부, 고아, 실직자 등 가정이 무너지고 죄인, 병자 취급받던 많은 사람들이 있었습니다.

예수님은 이들을 새로운 가정, 즉 하나님의 가정의 품으로 받아들이셨습니다. 그래서 예수 가정은 과부와 고아와 이방인과 떠돌이와 나그네의 가정이 된 것입니다. 다시 말해 예수님은 이러한 과부와 고아와 죄인과 병자들의 가족을 세우신 것입니다. 그것이 바로 하나님의 가족이고 예수 가정인 것입니다. (참고, 새롬 12주년 주제: 예수 가정, 예수 마을)

이쯤에서 우리 교회가 이번 '새롬교회 부설 아동청소년을 위한 급식 및 쉼터 새롬신나는 집'을 열기까지 지역 선교의 역사를 잠시 말씀드리겠습니다. 새롬교회의 교육과 선교의 역사는 세 단계로 나눌 수 있겠습니다.

1. 1986년 4월 : 맞벌이부부를 위한 새롬어린이 집 개교.
   1986년 6월 : 새롬교회 창립. 1989년 지역주민도서관 약대글방 개소.
   1990년 새롬공부방 개교와 지역선교위원회 창립.
   첫 번째 단계는 맞벌이 부부의 탁아로 시작하여, 그것이 방과 후 공부방으로 발전하고, 지역도서관 약대글방이 이어지면서 지역선교 위원회가 설립이 되었습니다.

2. 1990년 새롬공부방에서 출발하여 새롬공부방이 새롬어린이학교로 확대
되는 과정입니다.

1998년 부활절 '새롬어린이학교'를 개교. 새롬어린이집(취학 전 아동 교육)
과 새롬어린이학교(방과 후 공부방)로 운영.

우리 교육기관을 잘 활용하시도록 우리 교육기관의 특성을 든다면 우선
주중과 주일 학교로 나눌 수 있습니다.

주중에는 어린이집, 어린이학교로 열린 교육과 공동체 교육을 하고, 주
일에는 기독교 교육으로 교회학교가 열립니다.

그리고 주중에 취학 전 아동 교육으로는 새롬어린이집이 있고, 취학 후
방과 후 교육으로 새롬어린이학교가 있습니다.

교회 학교와 선교 공간 사이의 열림(주일학교와 주중 학교, 열린 교육, 기독교 교육,
공동체 교육이 만나 전인 교육, 대안 교육)을 지향하고 있는 것입니다.

3. 1998년 추수감사절(10월 18일)에 '아동청소년을 위한 급식 및 쉼터 새롬신
나는 집'을 연 이후의 시기입니다.

특별히 6·25 이후 최대의 국란이라는 IMF시대에 대량 실직과 실업 사
태를 맞이하며, 우리 교회에서는 지난 10년 동안 해오던 어린이집, 공부
방 등 교육과 선교 프로그램들을 더욱 활짝 열어 실직자 가정과 자녀들
을 돌보며 따뜻하게 맞이할 품을 마련하도록 노력하고 있습니다.

이를 위해 새로운 교육과 선교 기관으로서 새롬교회 부설 아동청소년을
위한 급식 및 쉼터 새롬신나는집을 개설하였습니다. 실업극복 시민운동
부천본부 창립 이후 부천지역의 첫 번째 실업 대책 사업이 바로 새롬신
나는집 개소식이었던 것입니다.

실업시대의 새로운 대안적 교육과 지역선교의 확대를 위하여!

1. 실직자 가족과 아동을 중심으로 시작한다.

2. 새롬교회 부설 무료급식소 및 청소년 쉼터를 운영한다.

1998년 추수감사절(10월18일)에 '새롬신나는 밥집'이 시작되었다.

① 기도로 첫 마음의 불길을 지속시키자! ② 지역봉사대를 통하여 자원봉사! ③ 한 숟갈의 성미로 신나는 밥집을! ④ 구역헌금은 결식아동을 위해!

3. 밥집 개소를 위해 아나바다 장터를 연다.

4. 교회는 교인들을 지역의 봉사 일꾼으로 훈련하여 결식아동을 위한 밥집을 적극 지원한다.(새롬지역봉사대: 봉사를 통한 일거리와 일자리 창출)

마지막 당부의 말씀

1. 실업의 시대, 신나게 밥을 품시다. 예수님의 오병이어 사건에 참여합시다. 신나는 밥집 표어: 항상 청소하자! 늘 설거지하라! 범사에 기뻐하라(밥을 푸자!)

2. 실업의 시대 겨울나기를 함께 준비합시다.(실업극복부천 시민운동본부)

"너희가 여기 있는 형제 중에 가장 보잘 것 없는 사람 하나에게 해준 것이 바로 나에게 해준 것이다."

3. 실업의 시대, 한 마리 잃은 양을 찾아나서는 마지막 추수의 기쁨을 누리게 하소서! 새롬 가을 신앙사경회 및 지역봉사대 발대식에 참여합시다.

11월 15일 2시 새롬 신앙사경회(강사: 총회사회부 류태선 목사님).

3. 약대동 목회 10년의 결론으로 마을만들기를 시작하다
- 가난한 지역의 현실과 당시 서민 지역 교회현실과 고민

1980년대 중반, 공단과 빈민지역에서 민중과 시민 지향적 교회가 맞은 첫 번째 과제는 교회의 공동체적 기초를 놓는 동시에 당시 사회운동과 지역운동을 지원하고 연대하는 일이었다. 또한 당시 물밀듯 밀려오는 여러 사상과 이데올로기를 나름대로 소화하며 기독교운동과 지역교회의 기초와 방향성을 잡아나가는 것도 과제였다.

새롬교회가 약대동에 개척 교회로 출발하던 1980년대 후반은 일반 도심에서 시작하는 교회들도 이미 교회 개척의 시대는 끝났다고 하던 시절이었다. 교회의 개척도 철저하게 시장 논리에 편입되고 광범위하게 수평이동이 이루어졌으며 1990년도부터 개신교는 오히려 마이너스 성장을 시작했다. 그래서 상가에 세낸 교회는 성장하기 힘들고 목이 좋은 위치의 투자가 많이 된 교회, 큰 교회에서 지원하는 교회들 말고는 점점 교회의 수적 성장이 힘들던 시대였다.

당시 새롬교회가 위치한 지역은 교회의 회중 성장사로만 본다면 가장 시장성이 없는 공단과 빈민지역이었다. 다시 말해 처음부터 의도적으로 수적 성장의 잠재력이 없는 곳에 찾아들어간 교회였다는 말이다. 당시 이러한 교회들은 단순한 양적 성장을 교회의 성장으로 보지 않는 신앙관을 가지고 있는 교회들이었다. 그리고 거의 외부적 지원이 없거나 오히려 서민지역에 교회를 세운다고 삐딱한 시선으로 보고 비난하며 박해하던 상황 속에서 개척된 교회들이었다.

이처럼 1980-90년대 한국교회의 목회 현장이 당면하고 있는 상황은

만만치 않았다. 종교마저도 자본주의적 시장경제의 원리가 적용되어 소비의 대상, 상품의 대상으로 사사화되어가는 현실 속에서 목회 현장의 지역적 변화와 지가의 상승에 따른 개척 교회의 어려움, 외적 환경과 인적, 물적 자원이 열악한 교회에 대한 대중적 외면 등이 현실이었던 것이다.

새롬교회 6주년 자료집에 수록된 새롬 5주년 때 새롬 청년들이 공연한 연극 대본 『기적의 고기잡이』에는 초기 선교 사역의 어려움과 위기 그리고 약대동 신앙 공동체의 초기 모습과 신앙고백이 잘 나타나 있다. 그 일부분을 보기로 하자.

기적의 고기잡이

1막: 어린이 청장년 마당

남1: (들어오면서) 오늘 따라 설거지가 많아 겨우 했네. 아니 왜들 이렇게 심각해요? (앉는다)

여1: 집사님 어서 오세요. 박 선생님 때문이에요.

남2: 큰일이야. 4년 동안 그렇게 애쓰시더니….

여2: 그분이 아니면 어린이집이 오늘까지 왔겠어요? 너무 너무 힘들어서 좀 쉬어야겠던데요.

여1: 글쎄 말이에요. 4년 동안 제대로 쉬는 시간 없이 밤낮으로 어린이집에 매달리더니 단단히 병이 났지 뭐예요?

남1: 어린이집 이제 잠시 문을 닫아야 하는 거 아니에요? 선생님도 너무 힘드

시고 재정도 없고…….

남2: 글쎄, 어려운 조건에 너무 일들이 많아서 갈수록 부담이 큰 것 같아요.

여2: 이럴 때일수록 우리 어른들이 합심해서 기도하고 일꾼들을 격려해야 될 때에요. 서로 힘을 좀 냅시다.

여1: 그래요. 지난 5년 동안 늘 그랬잖아요. 우리 새롬에 늘 고난과 역경이 있었지만 꿋꿋이 지켜왔던 것처럼 이번에도 하나님께 간구하고 힘을 모아야 해요.

남1: 글쎄 요즘 청년들도 잘 모이지 않고 힘들이 빠지는 것 같으니 우리가 모범을 보여야겠어요.

남2: 자! 그러면 일단 박 선생님은 좀 휴식을 취할 수 있도록 하고 이제부터 어린이집 재건을 위해서 좀 뛰어봅시다.

여2: 전 재정을 담당하죠.

여1: 전 교사들을 집중적으로 구하고요.

남1: 전 청년들을 격려해서 활기를 좀 갖도록 하죠.

2막: 청년 마당

청년1: 형! 하루 종일 뙤약볕에서 돌아다녀보았지만 한 사람도 전도하지 못했어. 나는 영 자신이 없어. 나같이 못난 놈이 누굴 전도한다는 것도 우습고…….

청년2: 공장에 가면 맨 지겨운 얼굴 얼굴들, 반복되는 일, 일들! 그러나 교회에 오면 때론 신나고 재미있고, 따뜻한 고향집 같기도 하지. 그런데 문제는 좋은 일을 하자고 나서도 따라주는 사람이 없단 말이야! 다 잘되자고 하는 일인데 되는 일이 없어! 난 안 돼!

청년3: 바로 그거야! 시몬 베드로가 예수님을 처음 만났을 때 그는 밤새도록 그물을 던졌지만 한 마리도 낚지 못했어. 그러나 예수님은 그 절망하고 좌절한 베드로에게 다가가서 싶은 곳에 그물을 던지라고 하셨어. 그 말을 듣고 베드로가 다시 한번 깊은 곳에 그물을 던졌을 때 그는 자신이 감당할 수 없을 만큼 많은 고기를 잡을 수 있었지. 이것이 바로 예수님의 고기잡이 기적의 시작이지.

청년1: 공장에 다니는 것도, 세상 돌아가는 것도 교회에 다니는 것도, 이젠 싫다 싫어! 정말 지쳤어. 더 이상 그물을 던질 힘이 있어야 던지지. 이제 또 실패하면 어떻게 하나 두렵고 무서워!

청년3: 그래도 다시 한번 그물을 던져야 해. 이번엔 깊은 곳으로! 베드로가 겁날 정도로 많은 고기를 잡은 이유가 무엇이니? 그것은 믿음이야!   우리도 베드로처럼 좌절 속에서도 한번 더 그물을 던지는 이런 믿음을 전해야 해!

청년2: 그래 형 말이 맞는 것 같기도 해. 우리가 교회 생활을 하면서부터 객지 생활에서 오는 여러 외로움을 함께 나누고, 또 청년기에 빠지기 쉬운 여러 유혹을 물리치고, 나름대로 성실히 노동하며 살려고 함께 노력하는 것도 다 교회 공동체가 있기 때문이야. 또 우리가 공동체 생활을 시작한 것은 누군가가 우리를 향해 그물을 던졌기 때문이고, 결국 우리는 새롬교회라는 그물에 걸린 고기이지. 이제는 우리가 사람을 낚는 어부로 다시 부름을 받고 있는 것이야!

청년1: 그 말이 맞긴 한데 그래도 믿음이 안 생겨.

청년3: 그래서 전도가 필요한 것이야. 이제 이 부천지역 깊은 곳에 그물을 던져보자. 우리가 놀래 자빠질 정도로 푸르고 싱싱한 팔팔 뛰는 고기가 뛰놀 거야. 그 깊고 푸른 바다를 향해 출발!

3막: 공동체 한마당

청장년1: 전도 많이 했니?

청년1: 사람은 아직 낚지 못했으나 우리의 믿음을 낚아왔습니다.

청년2: 사람들에게 전도를 하면 사람들은 늘 시간이 없어서, 피곤해서, 먹고 살기 바빠서, 다음에 다음으로 미룹니다. 전도하면서 우리의 모습이 바로 그와 같음을 발견하였습니다. 이 핑계 저 핑계, 의심, 회의와 좌절, 절망과 같은 비참한 삶의 연속이 바로 우리 삶의 모습임을 깨달았습니다.

여집사1: 그래그래. 그래서 우리도 믿음을 가지고 기도하기로 했어요. 하나님께서 선생님도 보내주시고, 재정도 채워 주실 것이라는 믿음으로 다시 시작하기로 결정했어요. 우리 청년들도 이 문제를 위해 기도해 주길 바라요.

여집사2: 우리 청년들의 이야기를 들으니까 마음이 든든하네요. 세월이 참 빨라요. 우리가 약대동으로 처음 이사와 교회를 시작할 때 주일학교 코흘리개가 이제 중학생이 되었고 어린이집을 막 시작하자마자 처음으로 들어온 아이들이 벌써 초등학교 5학년이 되어 공부방에 다니고, 청년 시절에 지역으로 들어온 우리가 이제 아이들을 낳아 가정을 이루어가니 저런 신앙 좋은 청년들이 가정을 이루어 교회의 기둥이 되어간다면 우리 새롬교회도 지역에서 튼튼한 뿌리를 내리고 성장해갈 것이라는 믿음이 생겨요.

남집사1: 우리 청·장년부가 총각, 처녀로 지역에 들어와서 결혼도 하고, 아이도 낳고, 어린이집이다, 공부방이다, 글방이다 하면서 많은 분들과 가깝게 지내왔지만 지금 가장 아쉬운 것은 전도를 별로 하지 못한 점이에요.

남집사2: 그래서 이제 깊은 곳에 그물을 던지는 기적의 고기잡이에 이어 빵 다섯 개와 물고기 두 마리로 5천 명이 함께 먹는 오병이어 사건과 같은 새로운 축제를 기도해야 할 때입니다.

청년3: 오늘은 왠지 우리 모두가 하나님께 기도드리고 헤어져야 할 것 같아
　　　요. 우리 모두가 예수님이 던지신 그물에 사로잡힌 것 같아요. 우리 사이
　　　에 예수님의 고기잡이의 기적이 일어난 것 같아요. 집사님들이 우리를 위
　　　해 기도 좀 해주십시오!

함께 합심 기도 후

모두 다: 잡혀다오, 잡혀다오, 예수님의 그물에 잡혀다오.

(손뼉을 치고 원을 그리며 덩더꿍 춤을 추며 무대를 마친다.)

제II부

마을만들기와 새롬공동체

마을만들기

1. 목회 10년차 마을을 발견하다

우리는 약대동에서의 처음 10년을 '지역과 아동'의 시기라고 부른다.

약대동에서의 10년은 약대동이 서민지역임을 반영하여 약대동 지역을 익히며 아이들을 사귀고 어린이집, 도서관, 공부방 등 지역선교의 기초를 놓는 데 온 힘을 다하였다. 그러던 중 어린이집이나 도서관이나 공부방 등 선교기관에 간간히 선교의 위기가 온 기간도 있었지만 나름 잘 극복해나갔다.

그러면서 약대동에서 목회를 시작한 지 10년쯤 되었을 때 약대동에서의 선교만이 아니라 약대동의 목회를 한번 돌아보았다.

약대동 이야기를 목회의 측면에서 바라볼 때 지난 10년 동안 함께 뜻을 품고 내려온 1세대들이 교회를 지키고는 있었지만 당시 상황은 그들이 청년기를 지나고 자녀들이 생겨 키우는 데 정신이 없었고 또 세월이 지나면서 초기의 뜻이 약화되어 떠나는 사람도 있었으며 신앙생활도 교회공동체보다는 사적인 영역으로 후퇴하는 모습을 보이기 시작하였다. 그리고 이상하게 약대 지역에서 10년 이상 선교를 하였는데 선교기관을 이용하는 지역 분들은 많았지만 교회 공동체에 정착하는 분들은 찾아보기 힘이 든다는 것이었다.

그러면서 마음속에서 목회적으로 다음과 같은 사실이 정리되기 시작하였다.

1. 가난한 민중 지역에서 선교하는 교회의 가장 큰 어려움은 무엇인가? 지역 주민들은 여러 선교프로그램을 통하여 지역에서 힘써 일하는 작은 교회에서 실질적인 도움을 받으면서도 정작 교회의 선택은 자신의 실정과는 다른 중산층 지향적인 크고 화려한 교회를 선택하고, 지역선교를 하는 작은 교회를 마치 자신의 초라한 모습을 보는 듯 애써 외면함으로, 함께 동참하여 그 지역사회를 향한 참 일꾼의 공동체와 신앙의 공동체를 세우는 데는 소극적인 것이다. 이것은 한국교회가 만들어놓은 중산층 지향적, 가진 자 지향적인 환상과도 관련이 있다.

월세, 전세 사는 사람들도 교회는 모두 크고 화려한 교회를 다니기 원한다. 진정 자신이 살고 있는 지역의 형편과 특성 그리고 자신의 처지와 형편에 맞는, 또 진정 자신이 필요로 하고 자신을 필요로 하는 교회를 선택하여 섬기고 봉사하기보다는 무조건 크고 화려한 교회건물과 좋은 시설과 좋은 차가 있는 교회를 선호하고 마치 그러한 교회에 다니면 자신이 중산층이나 된 줄로 착각하고 있는 것이다.

2. 지역 서민 교회 교인들의 내면적 변화

교회의 선교적 기초를 놓기 시작하고 제직들이 형성될 무렵 한 가지 고민이 생기기 시작하였다,

초기 교회의 기초를 놓은 첫 세대 교인들이 직장과 가정 모두 적응기에 있고 아동육아문제가 있어 시간적, 정신적 여유가 없다는 것이고 더구나 점점 지역과 선교현장으로부터 점차 이탈하면서 공동체보다는 사적영역으로 후퇴하고 있는 모습이 뚜렷하게 보이기 시작하였다는 것이다.

이 상황에서 현재 선교현장을 지키고 있는 2세대와 지역 현장에서 참여하는 신입교인에게 제직으로서 어떠한 지도력을 발휘할 수 있는가?

여기에 시간적, 정신적, 경제적 여유가 없어 신앙생활을 하지 못하고 있는 지역 주민들이나, 개인적 유혹이나 허위의식, 우상과 환상에서 해방되지 못하여 신앙생활을 시작하지 못하고 있는 이웃들에게 줄 수 있는 신앙적인 위로와 격려는 무엇일까?

그러나 새롭게 형성되어 현재 선교의 현장을 담당하고 있는 세대들도 이제 가정을 막 이루려는 상황, 아니면 청년층이고 아직 지역에 완전히 정착했다고 볼 수 있는 상황은 아니었다. 더구나 가정과 직업 그리고 본인의 신앙적 성장에 따라서 유동적이었다.

그러나 그 가운데서도 희망은 있었다. 선교일꾼과 신앙공동체가 재생산되고 있다는 것인데, 과제는 1세대를 넘어 지역과 선교현장을 지키고 뿌리내리는 선교일꾼을 탄생시키는 것이었다. 그리고 작은 지역 교회가 활성화되기 위해선 우선, 작은 교회의 특색과 장점을 살려야 한다. 그러기 위해서는 작은 교회의 목회자와 교인들이 작은 교회 의식을 갖는 의식개혁 작업이 선행돼야 하고, 자기교회의 특성을 살려 특징적인 한 가지 선교사업을 벌이고 지역주민에게 교회를 개방, 지역사회에 필요한 교회라는 인식을 심어줄 수 있어야 했다.

그런데 약대동은 전국 최고의 이동률을 자랑하는 실정이라 좀처럼 정착하여 교회에 힘이 되는 사람들을 보기 힘든 실정이었다,

그러던 어느 날 약대동에서의 10년간의 목회를 여러 번 되돌아보고 반성하면서 하나의 작은 깨달음과 결론을 얻고 새로운 방향을 잡았다.

　우리가 약대지역에 내려와 새롬교회라는 이름으로 어린이집, 공부방, 약대글방 등을 통해 이 지역을 10년 이상 섬겼는데, 약대동 지역 분들이 가정적으로, 경제적으로 어려운 상황이 좀 나아지고 이젠 무언가 함께 나눌 수 있겠다 싶으면 이상하게 다 이사를 가는 것이었다. 처음에 한두 사람일 때는 개인적인 사정이 있는가 보다 하였다. 그러나 이 같은 일을 계속 경험하면서 결국 '약대동 사람들은 조금이라도 형편이 나아지면 조금 더 환경이 좋은 곳으로 떠나는구나! 약대동을 떠나는 것이 이들 삶의 목표구나!' 라는 놀라운 결론에 도달하였다. 그렇다면 이 마을을 살리지 않고서는, 살기 좋은 마을, 살고 싶은 마을로 만들지 않고서는, 교회도 공동체도 선교도 목회도 의미가 없겠다는 결론에 이르렀다.

　사실 '약대동 마을만들기'는 이러한 목회적인 고민의 산물이기도 하였다. 더 나아가 약대동과 같은 서민 지역이 오히려 교육과 복지의 희망이 시작될 수 있다는 새로운 가능성을 깨달았다. 그래서 약대동 지역의 오늘의 모습을 하나하나 차분히 점검하고 그 속에서 환경, 교육, 복지 친화적인 마을만들기의 모델을 만들어보고자 기획하게 된 것이다.

　그래서 이제 새롬교회는 마을만들기로 나아간다 하는 것이 약대동 10년 목회의 결론이 되었다. 마침 새롬교회 창립 15주년을 즈음하여 당시 한 지역신문에서 새롬교회를 특집으로 다룬 신문기사가 있는데, 당시 새롬교회의 고민과 지향성을 잘 나타내고 있다.

새롬교회 지역선교 15년 노송처럼 꿋꿋이 약대동을 지키고 있는 새롬교회(담임목사 이원돈)가 지역선교 15주년을 맞아 또 한번 의미 있는 일을 꾸미고 있다. 푸른부천21 실천협의회에서 추진하는 '마을만들기 사업'의 시범사업 주관자로서의 역할을 자임하고 나선 것이다.

사실 새롬교회가 약대동 지역에서 이 일을 하는 데 이의를 달 여지는 없어 보인다. 아직도 그런 요소가 없진 않지만 새롬교회가 자리 잡은 약대동 지역은 1970~80년대 부천의 대표적인 가난한 동네 중 하나로 근처 공단에서 일하는 노동자들과 빈민들이 생활하는 대표적 도시빈민 지역이었다. 이러한 곳에 1987년 자리잡은 새롬교회는 민중교회를 표방하고 여러 가지 지역사업과 민주화운동에 참여해왔던 것이다. 군사정권 때인 1989년 약대글방을 개소해 노동자들의 만남과 교육의 공간을 제공한 것도 잘 알려진 사실이다.

이후 좀 더 지역주민 생활에 밀착된 사업들을 모색하면서 1986년에 교회 공간을 이용해 어린이집 사업을 시작하고, 1990년에는 부천에서 최초로 방과 후 어린이공부방의 문을 연다. 지역 대다수의 가정이 공장노동자로 맞벌이를 하는 터라 아이들 맡길 곳이 마땅치 않고 청소년 교육 문제가 심각한 점에 착안한 것이다.

1997년 IMF 구제금융의 여파가 살기 어려운 이곳에 먼저 닥쳐오면서 새롬교회의 일은 또 늘어났다. 지역에 실직자가 늘어나고 가정이 안정되지 못하면서 어린이들이 방치되는 모습이 급증한 것이다. 이때 새롬교회는 방과 후 어린이 공부방에 실직 가정의 아이들을 받아들이고 결식아동 급식시설을 만들었다. 진행하는 동안에 여러 단체의 도움이 있었고 그동안 계속 해오던 일이라 큰 어려움이 없었다.

이제 새롬교회는 그간의 지역활동들을 통한 경험으로 마을만들기 운동을 준비하고 있다.

약대동 지역을 복지와 교육, 환경적으로 부족함이 없는 그야말로 '마을공동체'로 만들어보려는 것이다.

이들은 마을만들기 사업을 함에 있어 주민참여를 제일 앞에 내세운다. '약대동에 희망의 빛 입히기'라고 불리는 이 사업이 가능한 것은 그곳에 새롬교회가 있기 때문이라면 지나친 비약일까? 새롬교회의 지역선교 15주년 기념식은 오는 10일(일) 오후 2시에 열린다.

《부천 시민신문》, 2001. 6. 윤병국 기자.

2. 푸른부천21과 약대동 마을만들기를 시작하다

약대동 마을만들기의 배경

새롬교회는 12주년에 접어드는 1998년에 '약대동 마을만들기'를 교회의 주요 사업으로 구상하게 되었다. 특히 2000년대에 들어오면서 교실 붕괴, 학교 붕괴 그리고 가정의 해체가 가속화되는 것에 주목하고 좀 더 구체적이고 근본적인 실천이념이 필요하다는 데 기인한 것이었다.

이 마을만들기 운동은 '범지구적으로 생각하고, 지역에서 행동하라'는 브라질, 리우데자이네루의 유엔 환경개발회의(1992)의 실천 이념인 '지방의제 21'에서 시작되었다. 마침 이 '지방의제 21'을 실천하기 위한 부천시의 푸른부천 21 운동에서는 3개의 동네를 지정하여 마을만들기 운동을 하기로 하였는데 이때 새롬교회가 제출한 '약대 마을만들기'의 시안이 채택되기에 이른 것이다.

그러나 사실 '약대동 마을만들기'는 새롬교회 담임 목사의 남다른 목회적인 고민의 산물이기도 하였다.

구체적인 꿈의 실천 – 다같이 돌자 동네 한바퀴!

"마을이 바뀌지 않고서는 가정도, 교회도 살기가 어렵다고 생각되자 이제 교회 선교의 방향이 자연스럽게 마을 전체로 넓어지게 되었다. 가와사키 시 (일본, 부천의 자매 도시) 모델에서 배운 것이지만 이제 곧 지역의 자치센터를 중심으로 한 교육, 즉 평생 교육의 시대가 열리리라 보고, 그간 가정지원센터에서 해왔던 아동을 중심으로 한 교육에서 이제 여성들을 위한, 주민들을 위한 평생 교육으로 선교의 영역을 넓혀야 된다는 결론을 얻었다. 그러나 이는 한 교회만의 노력으로 되는 것이 아니라 지역 사회와 연결되어야 한다고 생각하여, 이제 곧 공사가 시작될 약대동 주민자치센터의 주민 자치모임과 약대초등학교, 새롬가정지원센터를 연결하여 마을만들기 사업을 진행하기에 이르렀다.

구체적인 실천으로 새롬교회에서는 그간 진행되어온 어린이 마을학교에서 약대마을 지도를 만들었고, 꽃밭과 꽃길 만들기, 벽화 그리기 작업을 하였다. 이것이 바로 약대동 마을만들기의 구체적인 실천인 '다같이 돌자, 동네 한바퀴'이다".

《새가정》

아름다운 약대동 마을만들기 선포식 풍경

　푸른부천21 산하 마을만들기 소모임 중에 '약대동 마을만들기' 지역 동아리는 2001년 6월 10일 오후 2시, 새롬교회에서 주민과 시의원 그리고 행정 기관과 각계의 시민 단체 인사들을 초청하여 '아름다운 약대동 마을만들기' 선포식을 가졌다. (약대 동장 안효중)

　약대동 출신 시의원 김종화 의원은 인사말을 통해 '마을만들기 사업을 공감하며, 10년 후 약대동을 부천에서 녹지가 많은 마을로 만들고 싶다.' 는 포부를 밝혔고, 유진수 약대동 사무장은 '마을만들기 사업에 행정적 협력 등 민관이 협조하에 좋은 동네 만들기 사업을 만들자' 는 다짐을 하였다. (참석 인사: 김종화 시의원, 유진수 사무장, 이택규 지평 교회 목사, 백선기 시민연합 대표, 김동선 부천21 편집인, 고태훈 외국인노동자의 집 대표, 최영미 실업극복 기획실장, 김은종 YMCA 시민사업부장, 김영철 푸른부천 마을21 위원, 홍인석 시의원, 강희대 선생님, 김관식 선생님 등)

　약대마을만들기는 푸른부천21 마을만들기 모임(약대동, 원미1·2동, 심곡본동) 중 하나로 어린이집과 공부방을 운영하고 있는 새롬교회가 사업을 주관해 ▲자발적인 주민참여와 합의를 통한 마을공동체 형성 ▲교육·환경·복지 친화적인 마을정신 확산 ▲민·관·자생적 주민단체의 협력관계 등을 취지로 마을만들기 사업을 계획하고 있다.

《부천 포커스》, 2001. 6.10.

약대동사무소 방문(유진수 사무장 설명)

약대동 마을만들기 개론과 경과보고

5월 18일(금) 개교식 마을이란 무엇인가? 우리 마을에 대하여 공부하고
그려보자 (김종혁)

5월 19일(토) 견학 프로그램 : 서대문독립공원 견학 및 아름다운 마을 둘
러보기

5월 24일(금) 약대마을 주요시설 살피기(동네 한바퀴 : 동사무소, 학교, 우체국, 놀
이터, 파출소……)

6월 1일(금)~2일(토) 약대마을 생태계 관찰하기 (김희정)

6월 8일(금) 아름다운 약대마을 그리기

6월 9일(토) 수료식

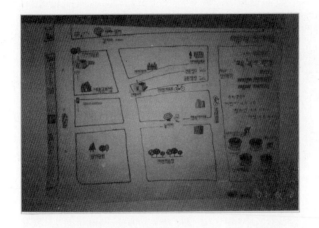

약대지역 마을
지도그리기

　그리고 6월 21일에는 새롬공부방과 새롬어린이집의 자모회(20여 명)를 대상으로 '주부 마을학교'를 열었다. 마을만들기 의미와 역사 그리고 사례연구와 함께 '약대동 마을만들기'의 의미와 그리고 내년이면 건립될 약대주민자치센터가 마을 주민들에게 어떠한 공간과 프로그램을 제공하면 좋겠는가?에 대한 설문조사를 하였다.

　그때까지 진행한 일을 열거하면,
　1단계 : 마을의 주체 형성과 토론 및 교육, 홍보 기간을 거쳐 약대마을 만들기 선포식까지.
　2단계 : 구체적으로 마을에 빛과 색 입히기 기간(2001년 6월 10일 ~ 10월).
　3단계 마을만들기 본격적인 네트워크(2001년 11월 ~ 12월).
　– 아동, 여성, 청소년의 설문조사를 기초로 마을의 환경, 복지, 교육적인 네트워크 만들기

벽화 그리기(약 80미터)

약대동 마을만들기 네트워크를 위한 핵심적 요소와 핵심적 거점

첫째, 약대동이 재개발되면서 만들어진 도로가 중장비 차와 큰 트럭들의 주차장으로 바뀌어아이들은 안전한 놀이터를 잃어버렸다. 따라서 아이들에게 골목길을 돌려주고 청소년, 주민의 놀이 및 휴식 공간으로서 마을 공원 조성이 필요하다. 우리는 이것을 마을의 빛과 색 만들기라고 부른다.

실천방안 : 자전거 타고 동네 한 바퀴, 약대동에서 자생하는 풀과 꽃을 중심으로 생태공원 조성하기.

둘째, 약대동이 재개발되고 있는 가운데 지하 1층, 지상 3층인 총 규모 350평의 주민자치센터가 건립 중에 있는데 주민자치센터의 실질적인 운영과 프로그램에 마을 주민들이 어떻게 참여할 수 있는가?

어린이 마을학교, 주부 마을학교에 이어서 약대동 마을만들기는 가을부터 주민자치센터의 운영과 이용에 대한 설문과 앙케트를 조사하여 주민자치센터가 말 그대로 서민지역에 꼭 필요한 친환경, 친복지, 친교육적 자치센터가 되도록 적극 참여하고 교육하고 홍보했다.

아이들에게 골목을
돌려주자

2001년 약대동 어린이 마을만들기

약대동 어린이 마을만들기의 주요 내용은 생태교실 및 생태여행, 견학 (박물관, 미술관, 수목원), 지역축제, 도서관 탐방 여름들살이, 골목축제, 연극 동아리, 축구동아리, 수영교실 등이다.

어린이 마을학교 약대동 2001은 '내가 생각하는 마을', '아이들이 생 각하는 마을', '마을의 주요시설 살펴기', '마을이란 무엇인가?' 을 주제 로 삼았다. 학교, 우체국, 약국, 놀이터, 공장, 식당, 파출소, 동사무소 등 마을의 주요시설을 살피고, 동네 주변의 풀과 꽃 등 마을의 주요 생태 계를 관찰하고, 약대마을 지도 그리기를 완성하였는데……, 다시 말하면 약대동 마을만들기의 주인공은 아동에서 시작되었다.

1. 견학 (2001. 12. 23)
화도진 공원과 엄지 네를 향하여.

2002- 2003 : 새롬이와 함께하는 하는 박물관과 생태여행

2. 2002년 새로미와 함께 떠나는 박물관 기행

영월 책 박물관, 곤충박물관 견학.

3. 가을 생태여행 (2002. 11. 9)

2004년 7월부터 주말학교 문화교실 개설

2004년 7월 3일(토)에 안골 주말학교 TFT 모임이 있었고, 주말학교 종이접기를 시행하였다. 문화교실은 지역에서 자원봉사자와 능력 있는 일꾼을 찾아내 조직하고 훈련과 교육을 거친 뒤에 지역에 봉사하게 한다는 취지 아래 새롬어린이집, 새롬공부방, 약대 신나는가족도서관에서 인적

자원을 제공하고, 주말학교 TFT를 결성하여 토요문화교실에서 주말학교 문화교실로 발전시켰다.

어린이 마을학교에서는 요리교실과 수영교실, 댄스교실, 견학, 체험 등의 프로그램이 있었고, 그 외 주말학교 홍보 영상 자료를 만들었다.

약대동 주말학교 개교식(2004. 9. 11)

2004년 9월 11일은 약대동이 아이들에게 '살기 좋은 마을, 이사 가면 아이 혼자라도 남겠다고 왕고집을 부리는 동네'로 소문나는 날이었다.

'토요 신앙 교실'에서 '토요 문화 교실'을 거쳐서 '주말 학교'라는 이름으로 새롭게 출발을 했다. 함께 일할 선생님(박경희, 임민경)이 지혜와 힘을 모아서 프로그램을 글쓰기, 견학, 수영교실, NIE, 계절여행에서 작은도서관 방문, 노래방, 종이접기, 한지공예, 영상, 사물놀이, 음악, 인터넷, 생태교실, 에어로빅, 주말 가족여행 등으로 활동과 범위를 뻗어나갔다. 날이 좋든 나쁘든 주말에는 아이들과 더불어 홍겨운 주말학교를 만들고 이끌어갔다. 시간은 '오후 2시', 장소는 '새롬공부방'에서 마음과 뜻이 통하는 분들과는 만났다.

스스로 알아서 친구와 더불어 신나고, 자유롭게 노는 그날을 꿈꾸며……

여기서 푸른부천21실천협의회를 잠시 소개하기로 한다.

부천의 '푸른부천21실천협의회' 소개

부천의제21을 추진하기 위해 1999년 11월 10일 실무준비위원회를 구성하고, 시민, 기업, 부천 시가 함께 모여 2000년 1월 18일 '푸른부천만들기21 추진협의회'를 창립하였다.

푸른부천만들기21 추진협의회는 환경, 도시, 교통, 경제, 행정, 복지, 사회, 교육, 문화, 여성, 청소년, 시민실천분과로 구성하고 시민, 시민단체, 노동조합, 기업인, 교수, 시의원, 언론인, 공무원 등 모두 130여 명의 추진위원이 함께 참여한다.

푸른부천21의 작성

각 분과별로 20~30여 명의 분과위원들이 해당분과에서 부천이 지향해야할 도시 상을 그리며 비전과 목표를 설정하였다. 또한 목표의 달성을 확인할수 있도록 지표를 개발하고 비전을 이루기 위해 시민, 기업, 부천 시가 실천해야 할 구제적인 행동계획을 설정했다.

이를 위하여 각 분과별로 부천 시의 현황에 대한 조사와 현장견학 등을 실시하였으며, 이러한 기초자료를 토대로 각 분과별로 25회 이상의 분과 및 소분과 토론 등 총 170여 회가 넘는 회의를 개최하였다. 또한 각 분과별로 작성

된 의제를 추진협의회 전체 토론과 워크숍을 통해서 종합했다.

또한 의제실천사업과 관련하여 토론회와 견학 등을 수 차례 실시하였으며, 2000년 12월 각 분과별 의제(안)를 중심으로 시민공청회를 개최하여 의견수렴을 통해 분야별로 실천계획을 작성한 '푸른부천21'을 발표했다.

3. 약대동 마을만들기의 성과

부천 최초로 주민자치센터 내에 작은 마을 도서관 만들기로 결실

푸른 부천 21산하 부천 작은도서관 네트워크는 결국 부천의 작은도서관을 세우는 것으로 결실을 맺어갔다. 부천 작은도서관 네트워크는 부천지역 내의 도서관 운동에 관심이 있는 복지관, 사설도서관, 공공도서관 실무자들이 함께 모여 작은도서관 네트워크를 구성하고, 공립·사설·학교도서관 등에 대한 현장 실태조사를 하고 부천 시 도서관 활성화에 대한 심포지엄을 통해 부천 시로부터 정책적인 지원 등을 받을 수 있도록 하였으며, 심곡복지관과 약대 새롬교회, 고강복지관이 주민자치센터형 복지관에 도서관 사서 지원과 시설 지원을 함으로써 주민자치센터

에 대한 활성화의 기반을 조성하였다.

　결론적으로 약대동 마을만들기는 약대동 주민자치센터 3층에 약대 신
나는가족도서관을 유치하는 열매를 맺는다. 그리고 부천 작은도서관 네
트워크와 시립도서관은 힘을 합하여 약대동 주민자치센터 등 13개 작은
도서관을 마을의 복지관과 주민자치센터에 세우는 성과를 얻는다.

　약대동 마을만들기는 약대동에 새로 이사 온 아이들을 '새로미'라 칭
하고 그 아이들에게 아름다운 동네 살기 좋은 동네 약대동을 소개했다.
새로미와 함께하는 박물관 기행, 자전거로 함께 돌자 동네 한 바퀴 등의
프로그램은 계속 시도 중이다. 그리하여 새로 이사 온 아이들이 자연스
럽게 약대동 마을과 동네에 친근함을 갖도록 계획했다.

　약대글방도 완공된 주민자치센터 건물에 지역 도서관으로 들어갔다.

부천 시립도서관 등과 네트워크가 이루어져 단순한 교회 부속 도서관이 아니라 공립 도서관으로 자리 잡았다. 표어를 '아름다운 마을, 행복한 가정, 신나는 도서관'으로 정하고 홈페이지 작업과 프로그램 개발도 진행하였다.

당시 부천지역의 마을만들기를 주도하던 푸른부천21의 한건희 전 사무국장의 "마을을 중심으로 한 주민자치센터"라는 주제의 이야기를 통해 당시 푸른부천21에서 생각한 마을만들기와 주민자치센터 그리고 작은도서관에 대한 생각을 들어보자.

"마을을 중심으로 한 주민자치센터"

한건희(푸른부천만들기21 추진협의회 사무국장)

주민자치센터로의 접근은 주민자치센터의 운영이나 프로그램에 대한 모색보다는 지역의 문제를 해결하기 위한 지역주민들의 의견을 모으고, 함께 고민하면서 출발하는 것이 중요하다. 지방의제21이 민·관 파트너십을 바탕으로 지속가능한 지역발전을 모색하듯이 주민자치센터 또한 지역 내의 다양한 계층이 우리 동네의 문제를 함께 고민하는 장으로서의 역할이 중요한 것이다.

푸른부천21에서는 주민자치센터를 중점으로 한 네트워크사업을 진행하지는 못했지만, 주민자치센터와의 결합 사례는 세 가지 사업을 통해 모색했다.

1) 마을만들기를 통한 주민자치센터와의 결합

부천 시민센터는 심곡본동의 학교를 중심으로 한 벽화 그리기 사업에 학교운영위원회와 주민자치센터위원, 지역 자생 조직이 함께 참여하도록 하면서 그 준비과정과 결과를 토대로 주민자치센터의 활성화를 모색하고 있다. 주민자치위원회에는 지역주민조직(학교운영위원회, 번영회, 혜림원, 심곡복지회관, 심곡도서관, 지역포럼모임), 기존 자생단체의 장, 전문가그룹(예술가, 방송인 등)이 위원으로 참여하도록 하였다. 주민자치위원회의 새로운 구성과 함께 원활한 사업운영을 위해 프로그램운영위원회, 홍보 · 동원위원회, 재정위원회 등의 역할을 각 그룹별로 분담하는 체계를 통한 네트워크체계를 갖추고자 하고 있다.

약대동의 새롬교회는 어린이 마을학교, 청소년 마을학교 등을 열고 있으며, 공부방과 작은도서관 등 지역사업을 활발히 펼치고 있다. 푸른부천21에서는 일본 가와사키와의 한 · 일 마을만들기 워크숍과 마을만들기 사업을 통해 새롭게 지어지고 있는 약대동 주민자치센터에 작은도서관 공간을 확보하고 주민욕구조사를 통해 지역사업을 더욱 활발히 할 수 있는 기반을 조성하고 있다.

2) 작은도서관을 통한 주민자치센터와의 결합

지역 내의 도서관운동에 관심이 있는 복지관, 사설도서관, 공공도서관 실무자들이 함께 모여 작은도서관 네트워크를 구성하고, 공립 · 사설 · 학교도서관 등에 대한 현장 실태조사를 하고 부천 시 도서관 활성화에 대한 심포지엄을 통해 부천 시로부터 정책적인 지원 등을 받을 수 있도록 하였으며, 심곡복지관과 약대새롬교회, 고강복지관이 주민자치센터형 복지관에 도서관 사서지원과 시설지원을 통해 주민자치센터에 대한 활성화의 기반을 조성하였다.

3)평생학습지원센터를 통한 주민자치센터의 지원

평생학습지원센터의 설치를 위한 네트워크를 구성하고 평생학습지원센터의 방향과 사업, 조례 등에 대한 논의를 통해 지역 내의 문화센터, 시민사회단체, 학교, 주민자치센터 등의 프로그램 데이터베이스, 강사 뱅크, 프로그램지원, 지역조사 등의 사업을 할 수 있도록 하는 지원센터를 설치하기 위해 단체대표자 간담회, 견학, 공청회 등을 실시하였다.

평생학습지원센터가 설치되면, 그동안 주민자치센터의 낮은 프로그램의질, 전문성 부족, 강사부족 등의 어려움은 일정 정도 해소할 수 있을 것이라여겨진다. 이 세 가지 사업에 참여하는 위원들을 중심으로 지난 11월 16일 창원의 사회교육센터를 방문하였다. 창원의 사례견학은 푸른부천21에서 시범사업을 진행하고 있는 사업과 주민자치센터와의 연계성에 대한 관심을 더 높이는 계기가 된 것 같다.

· 주민자치센터의 활성화를 위하여

주민자치센터는 지역 주민이 지역사회의 공동관심사에 참여하여 함께 해결하는 주민자치를 실현하는 장이 되어야 한다. 그러나 현재의 주민자치위원조직이나 프로그램운영은 모두 많은 문제를 갖고 있다. 아직도 관 주도형 운영방식에 익숙해 있고, 주민의 참여 또한 저조한 것이 사실이다. 이러한 현실을고려할 때 현재의 시점에서 주민자치센터의 활성화를 모색하는 데에는 다음과 같은 것이 필요하다고 여겨진다.

지역 내의 주민의 요구를 조사하고, 주민의 참여를 이끌어낼 마을신문, 마을축제 등의 프로그램을 실시하는 것이다. 이를 통해 주민자치 역량을 높이고, 주민자치 지원센터의 기능과 프로그램을 지역적 특성을 고려해 배치하여야 하며, 이를 원활히 하기 위해서 주민자치 지원센터나 주민자치센터 간의 네트워크가 필요하다는 것이다.

지방의제21이 민·관·기업 3주체의 파트너십을 강조하고 있듯이 실천사업 또한 파트너십을 강조한 네트워크사업이 되어야 한다. 멧칼프의 법칙에 따르면 네트워크의 가치는 네트워크 참여 인원(n)이 아닌 참여 인원수의 제곱(n^2)으로 늘어난다고 하였다. 지방의제21이 네트워크와 파트너십을 중심으로 사업을 추진하는 특성을 활용하여 주민자치센터의 사업 또한 사업 주체를 연결하는 노력이 매우 중요하다.

푸른부천21에서도 현재 작은도서관 운동, 마을만들기, 평생학습 지원센터 구축을 통한 주민자치센터와의 연계성을 모색하기 위한 네트워크사업을 진행하고 있다. 아직은 시작단계이기는 하지만, 나름대로 지역의 특성을 고려한 사업의 모델이 나올 수 있을 것이라 기대하고 있다. 이 네트워크를 통해 마을에 생기를 불어넣을 수 있는 주민자치센터 만들기에 기초가 될 수 있기를 바라면서…….

드디어 약대동에는 2000년 7월 13일 약대동 주민자치센터가 개소되었고, 약대동 마을만들기의 결과물로 2002년 12월 24일에 약대동 주민자치센터 3층에 '아름다운마을, 행복한 가정! 신나는 약대동'을 꿈꾸는 '약대신나는가족도서관'이 생김으로 약대동 마을만들기는 큰 열매를 거둔다.

오래된 지혜와 젊음의 역동성이 멋지게 결합된 약대동은 2002년 12월

24일 부천 시 최초로 주민자치센터 안에 '약대동 공립문고' 작은도서관을 유치하였다.

지금 약대신나는가족도서관은 부천의 12개의 작은도서관과 함께 지방자치시대의 새로운 지역과 마을의 문화를 이끄는 핵심적 문화 사업으로 각 도시의 벤치마킹의 대상이 되고 있는데, 그 이유는 우리 약대신나는가족도서관이 주민자치센터 안에 세워진 최초의 도서관이자 첫 주민밀착형 가족도서관이라는 점으로 부천 시 작은도서관의 상징과 같은 역할을 해왔기 때문이다.

약대동 주민자치센터 내에 '약대신나는가족도서관'이 세워지기까지 ……

1989년도 서민 지역인 약대동에서 새롬교회 집사 윤석희, 정성회 두 사람이 건전한 시민의식의 개발과 기독교문화의 확산을 위해 '약대글방'을 설립했다. 약대지역 사회를 향한 애정에서 출발한 이 '약대글방'은 약대지역의 대표적인 문화공간이었다. 그 후 1997년부터 새롬교회가 운영하면서 교회와 지역사회가 만나는 문화선교의 장으로 탈바꿈을 하였고, 2002년도 약대동 주민자치센터에 공립문고 '약대신나는가족도서관'이 세워짐에 따라 새 시대를 맞이하게 되었다.

약대신나는가족도서관은 부천 시 사립문고 제1호의 전통과 푸른부천21 작은도서관 네트워크의 자부심, 부천 시 시립도서관 산하의 주민밀착형 작은도서관의 공공성 및 시민정신을 지니고 서민지역의 특성을 가진 약대지역에서 맞벌이 부부와 아동·청소년의 건강한 정보와 문화를 지원하는 약대동의 '가족도서관'을 추구하게 되었다.

2001년 9월 25일 약대동 시의원(김종하), 동장(안효증), 주민자치위원장(이수환), 약대글방 대표(이원돈)은 부천 시장(원혜영)에게 푸른부천21에서 추구하는 '동네마다 작은도서관 세우기 운동'을 설명하고 약대동 주민자치센터 3층에 작은도서관(32평)을 만들기로 하였다.

2002년 11월 부천 시립도서관에 원미구 약대동 123번지 약대동 주민자치센터 내 약대 공립 문고를 운영할 것을 내용으로 하는 공모를 신청하고 그것이 결실을 맺어 2002년 12월 24일 약대신나는가족도서관을 개관하였다.

약대동 마을 도서관이 가족 도서관인 이유

우리는 이 작은 마을 도서관의 이름을 신나는가족도서관이라 짓는다. 그 이유는 약대동 마을만들기의 핵심이 바로 약대동 가족 살리기이기 때문이다.

약대주민자치센터 3층에 위치한 약대신나는가족도서관에서는 그 이름대로 약대지역의 가족문화를 건강하게 이끌어내고 활기찬 지역 형성에 이바지하기 위해 여러 가지 프로그램을 실시하고 있는데 그중 하나가 주부독서동아리인 약대 신나는 아줌마클럽(약대신아클)이다.

약대신아클은 30, 40대 주부의 모임으로서 주부의 자기 성장과 더불어 지역과 함께 성장하는 여성이 되도록 이 일을 계획하게 되었다. 이 모임에서는 1년 이상 상담학을 공부해왔고 독서치료를 토론해왔는데, 이런 경험이 자원봉사를 더욱 전문적으로 하는 데 기반이 되었다.

1. 모임장소: **약대신나는가족도서관**(약대주민자치센터 3층)

2. 모임의 성격

이 모임은 2004년 1월 주부독서치료모임으로 출발, 자기성장프로그램으로 발전하여 공부하던 중 회원들의 합의로 지역에 봉사하는 일을 찾아하기로 결정된 모임이 되었다.

3. 모임의 구성

오세향(동아리 강사: MBTI, 아동심리학, 가족치료등 강의)

신OO(주부: 40대), 강OO(30대), 허OO(30대), 오OO(30대)

이OO(40대), 정OO(30대), 최OO(30대: 새롬어린이집원장)

4. 하는 일

1) 자원봉사학 이론공부

2) 도시락서비스(관내 독거노인, 결식아동) – 계획 : 도시락을 직접 전달하면서 각종 상담 및 사랑의 관계를 형성토록 한다.

3) 상담(학대, 방임아동)

약대동의 어린이집, 공부방/신나는가족도서관/교회는 유기적 연관성을 가지고 계절에는 여행, 박물관기행으로 프로그램을 운영해왔고 지난해부터는 주5일근무제에 대비하여 주말학교 목적팀을 구성한다. 주말학교 목적팀에는 각 공간 교사들이 한 명씩 나와서 시대적 상황을 공부하고 주말가족문화 프로그램을 준비한다.

그리고 가정지원센터와 신나는가족도서관 등 약대 마을에서 만나 함께 나누고 학습한 사람들이 모여 마을 주민자치센터에서 어르신 도시락 배달로 시작하여 어르신 한글 교실로 이어지는 '은빛날개'라는 꿈을 이루어내었고, 그 꿈이 외국인 노동자들에게 한글을 가르치는 지구촌 무지개 한글교실이라는 '다문화 학교(꿈빛날개)'의 꿈으로 이어지고 있다.

이처럼 약대동 마을만들기 사업은 어린이집, 공부방에서 시작하여, 주민자치센터가 있는 가족도서관으로 확대되고, 주민자치센터와 네트워크하여 노인 선교인 은빛도시락배달과 어르신 한글교실 그리고 외국인 한글교실까지 그 지평이 넓어졌다.

부천 '은빛도시락배달 서비스' 훈훈한 감동

우리 주변의 도움이 필요한 어려운 이웃을 위해 따뜻한 도시락을 배달해주며 사랑을 전달하는 단체가 있어 미담이 되고 있다.

원미구 약대동 새롬가정지원센터(소장 오세향)는 우리 이웃과 하나 되는 사랑의 은빛(어르신)도시락배달 서비스를 3개월 동안 준비하여 지난 2일 개소식 및 시식회를 가졌다.

은빛도시락배달 서비스는 매주(주 2회 화·목) 관내 어르신 30명을 위해 도시락서비스를 제공하며 자원봉사자들이 직접 가정방문을 통한 봉사활동을 전개한다.

다양한 직업을 갖고 있는 자원봉사자들이 모여 도시락을 직접 만들고 배달을 통한 가정방문으로 노인들의 건강도 보살피며 우리 주변의 노인들이 무엇을 필요로 하는지 등을 파악, 복지환경에 대한 프로그램을 전개할 예정이다.

새롬가정지원센터는 지속적인 은빛날개 도시락배달 서비스를 통해 관내 주민들의 동참을 유도하며 아름다운 약대동, 사랑과 인정이 넘치는 살기 좋은 약대동을 만들어나갈 예정이다.

약대동사무소에 근무하는 권경아 사회복지사는 "경기침체로 생활고에 시달리는 저소득가정이 늘어나 생활에 어려움을 겪고 있는 분들이 많은데 이번에 은빛날개 사랑의 도시락배달서비스를 통해 어르신들에게 따뜻한 온정을 나누는 계기가 됐으면 한다"고 말했다.

또한 새롬지원센터 오세향 소장은 "작은 일이지만 동사무소와 지역단체가 네트워크를 형성해 지역사회에 봉사할 수 있다는 것에 큰 보람을 느끼며 우리의 은빛날개 사업이 어르신들에게 도움이 되었으면 한다"고 말했다.

《부천신문》, 조흥식 기자.

은빛날개는 좀 더 공공성을 띠고 직접적이면서도 세세하고 긴밀하게 지역에서 가정까지 넓혀야 한다. 더구나 장소나 재정적 후원까지도 걱정하지 않고 이 일을 할 수 있다면 얼마나 멋진 일일까. 공공기관인 자치센터가 예전의 동사무소에서 이름이 바뀐 것에서 보듯, 점점 행정적인 일뿐 아니라 지역 복지 일도 많아지고 있는 때에 우리처럼 주민과 같이 손을 잡았다는 건 서로에게 참으로 고무적인 일이다.

아직도 숙제는 많이 있다. 자치센터는 아직 지역주민이나 시민사회에 대한, 또 교회에 대한 이해가 시작 단계인 것 같다. 하지만 점점 더 서로가 필요성을 느끼고 조금씩 발전해나가는 것을 볼 때 앞으로 많은 발전이 있을 것이라 기대한다. (꿈터 이춘림 팀장 : 새롬교회 집사)

야생화 정원으로 바뀐 약대동 주민자치센터

약대동 주민자치센터가 비비추, 창포, 덩굴장미, 머루, 다래, 조롱박, 대박, 수세미, 능소화 등 야생화들로 가득한 어여쁜 정원으로 바뀌었다.

지역주민들에게 주민등록등본, 전입신고 등 꼭 필요한 일이 아니면 갈 일이 없던 주민자치센터가 시민들의 휴식처와 아이들의 자연학습장으로 각광받고 있다.

약대동 주민자치센터는 2003년 5월부터 공원 등 주민편익시설이 열악한 지역의 주민들을 위해 주민자치센터 부지 681평 중 여유 공간 120여 평에 우리꽃 야생화, 장미터널과 넝쿨식물, 입면녹화사업용으로 청사에 제비콩과 여주를 심어 아름다운 정원을 연상케 하는 쌈지공원을 조성했다.

쌈지공원에는 장미터널 3개소에 장미, 머루, 다래, 조롱박, 대박, 수세미, 능소화 7종 200본을 식재했다.

여기에 건물 주변에 단풍나무, 목련, 느티나무 등 크고 작은 나무가 어우러져 시원한 느낌을 주고 있어 지나가는 주민들의 발걸음을 멈추게 하고 있다.

또 도시에서 보기 힘든 농촌을 연상하는 곡물인 밀, 보리, 수수 등 4종 90본, 우리 꽃 야생화인 비비추, 창포, 넝쿨 등 20종 300본이 정취를 더해주고 있어 주민들의 여가휴식 공간으로 발길이 끊이질 않고 있다.

이곳 주민자치센터 쌈지공원은 도심지에서 볼 수 없는 야생화를 다양하게 볼 수 있어 어린이들의 자연학습장으로도 활용되고 있다.

약대동 주민자치센터 내 신나는가족도서관이 동화작가와 함께하는 환경동화마을(년 2회, 6월 1일 - 6월 8일)을 운영하고 현장견학으로 약대동 주민자치센터 쌈지공원에서 우리 꽃 체험하기, 자연과 하나 되기 등의 프로그램도 운영되고 있다.

약대동 이승택 주민자치위원장은 앞으로 주민자치센터가 주민과 함께하는 자치센터로 거듭나기 위하여 물레방아 설치 등 옛 전통마을을 연상하는 시설도 설치 검토하는 등 주민들의 쉼터로 지속적으로 가꾸어 나갈 계획이라고 전했다.

한편 약대동 주민자치센터 쌈지공원에서는 야생화 들국화 등 야생화단지를 식재해 인근 약대, 부천초등학교 학생들을 대상으로 월1회 자연생태안내자를 모시고 우리 꽃 이름 맞춰보기, 아름다운 꽃 이야기를 들려주는 시간을 갖는 등 다채로운 테마공간으로 활용한다.

약대동에서 '도서관의 음악향기'라는 작은 음악회가 열렸다.

다음은 약대 신나는가족 도서관 관장 이원돈 목사의 인사말이다.

"우리 약대동 주민자치센터 앞 잔디마당은 참 멋집니다. 이곳에서 가을을 맞아 '도서관의 음악향기'가 퍼져나가는 것이 너무나 아름답습니다.

우리 약대동은 전통의 지혜와 젊음의 역동성이 아름답게 어우러진 멋진 마을입니다.

우리 약대동의 중심 약대동 주민자치센터 안에 3층에 위치한 우리 약대신나는가족도서관은 첫째로, 아름다운 약대동 주민들의 도서관입니다. 둘째로, 행복한 약대동 가족들의 가족 도서관입니다. 셋째로, 전통과 젊음이 역동적으로 만나는 약대마을의 신나는 도서관입니다.

오늘 이 작은 마을 음악회가 우리 모두의 마음속에 아름다운 마을, 행복한 가정, 신나는 도서관의 꿈을 함께 꿈꾸게 하는 행복한 시간들이 되길 기도드립니다."

'도서관의 음악향기' 순서

약대동 대표 인사 - 약대동 주민자치 위원장 : 최세환
약대동 주민자치 위원회 고문 : 이수환
도의원 : 서영석/시의원 : 송원기 윤병국
약대동 동장 : 권진만
약대 신나는가족 도서관장 : 이원돈

일시 : 2007. 10. 6. (토) 오후7시
장소 : 약대동 잔디마당

□ 프로그램
■ 원미 아트오케스트라
○ 아프리카 심포니 ································· Van Mccoy
○ Life is Beautiful ····························· Nicola Piovani
○ Easy winners ································· Scott Joplin

○ 아름다운 세상 …………………………………………… 가요

○ 개똥벌레 ……………………………………………… 가요

○ 슈퍼스타, 풍선 ……………………………………… 가요

■ 아카데미 소년소녀합창단

○ 소리는 새콤 글은 달콤……………………………… 김애경 곡

○ 달려라 하니 …………………………………… 만화주제가

○ 로봇 태권V ……………………………………… 만화주제가

○ 소라 목걸이(2중창) ……………………………… 이수인 곡

○ 러브 송 …………………………………… 비발디 사계 중에서

■ 금관 5중주

○도레미 송…………………………………………………

○ 엘림보………………………………………………………

○ 미뉴엣 ……………………………………………………

○ 홈 스위트 홈 ……………………………………………

○ 옐로우 리본 ……………………………………………

2장

지역아동센터

—마을과 도시의 흉년 IMF 시기에 핀 마을의 꽃

　이 약대동주민자치센터 안에 어떻게 약대신나는가족도서관이 세워지고 그와 함께 어떻게 부천지역에 13개의 작은도서관이 세워지는가 하는 신나는도서관과 마을 이야기를 하기에 앞서 먼저 살펴볼 이야기가 있다. 그것은 IMF로 약대동에 가정지원센터가 세워졌듯이 부천이라는 도시가 IMF를 맞으면서 빈곤 가정이 늘어나고 약대동을 시작으로 한두 개씩 생기던 공부방 여럿이 모여 부천지역 공부방연합회가 탄생되는 과정이다.

　부천은 IMF가 터지면서 먼저 실업극복 국민운동이 일어났고 그와 함께 IMF시대의 지역사회 교육과 급식의 대안으로 공부방운동이 일어나면서 급기야는 부천의 방과 후 공부방연합회가 탄생한다.

1. 부천의 IMF와 부천지역 방과 후 공부방연합회의 탄생

주린 배, 물로 채우는 아이 1천여 명

부천 시 및 교육청 관계자는 현재까지 결식아동으로 파악된 아동을 1천1백여 명으로 추산하고 있다.

초등학교 결식아동은 실직자 자녀를 비롯해 영세민 등 증빙서류만 첨부하면 점심식사를 무료로 제공받을 수 있어 어려움이 덜하다. 그러나 중, 고등학생들은 개별 가정에서 도시락을 준비하기 때문에 점심을 굶을 가능성이 크다. 그리고 결손가정의 경우 가정에서는 아침, 저녁도 굶는 상황도 발생할 수 있어 대책마련이 시급하다.

결식아동들에게는 밥 굶는 것이 창피한 일이면서 숨기고 싶은 일이기도 하다. 이런 상황이 계속되면 학교생활에도 적응하기가 힘들어진다. 부평 성모자애병원 임태식 소아정신과 의사는 "발육기인 아동에게 밥을 굶는 상황이 지속되면 성장장애 등 신체적 결함을 뛰어넘어 공격적이거나 정서적 불안정(노이로제) 증세가 나타날 수 있으므로 심약한 아이나 학습부진아의 경우 물질적 지원체계와 함께 지속적 관심이 절대적으로 필요하다"고 말했다.

《부천 시민신문》

부천 시의 빈곤아동이 1만4,015명에 달하는 등 빈곤율이 9.8%에 달하고 있는 것으로 조사됐다. 빈곤 아동은 8세부터 18세까지를 기준한 것으로 부천 시의 아동인구는 14만 3,005명(전체 인구의 17%)이다.

2005년 11월 15일 부천 시청 대회의실에서 부천지역아동센터공부방연합회가 주최한 '아동복지에서의 지역아동센터의 역할' 토론회에서 패널

발제로 나선 새롬공부방 김경희 원장은 지난 10월 30일을 기준해 지역 내 25개 아동센터공부방연합회 회원기관 중 운영비를 지원받는 22개소를 대상으로 실시한 설문 조사 내용을 공개했다.

776명에 달하는 아동 이용 가정의 경제적 상황은 수급권 가정이 272명으로 35.1%를 차지했다. 또 저소득가정 259명(33.4%), 일반가정 141명(18.1명), 법정저소득가정 104명(13.4%)으로 나타났다. 여기서 저소득 가정은 실직, 부도, 병환 등으로 인해 일시적 생활의 어려움을 겪고 있는 가정이다.

아동센터의 운영주체가 법인인 경우는 14개소로 전체의 56%를 차지하고 있는 가운데 복지관이 11개소로 나타났다. 또 비영리민간단체 2개소(8%), 종교단체 6개소(24%), 개인 3개소(12%)로 집계됐다.

이날 김경희 원장은 "지역아동센터가 지역 복지와 교육의 장으로 자리매김하기 위해서는 아동상담소, 아동학대예방센터, 그룹 홈, 동사무소, 자원봉사기관이 상시 연계체계를 구축해 서비스의 조정과 협조를 이뤄야 한다"고 주장했다.

김 원장은 또 "지역 아동센터에서는 방과 후 보호, 학습지원, 급식제공, 문화프로그램, 특별활동, 정서지원 프로그램 등을 지원하고 있다. 월 200만 원의 보조금으로 이 프로그램을 담당하기에는 인력과 재정부족을 절실히 느낀다"고 말했다.

부천지역 방과 후 공부방연합회 창립총회의 의미

백선기 상임 공동대표(실업극복 부천 시민 운동 본부)

2년 전 실업극복부천 시민운동본부가 각계각층의 참여로 만들어졌다. 2년째 연 4억 원의 자원이 동원된 겨울나기 지원사업, 희망의 카드, 생계비 지원사업, 실업 관련 각종의 정책사업 등 많은 사업과 활동이 있었다. 모든 사업이 다 의미가 크지만 그중에서도 뜻 깊은 사업을 하나만 든다면 나는 주저 없이 결식아동지원네트워크 사업과 이에 기초한 방과 후 어린이 공부방을 들 것이다. 실업극복부천 시민운동본부의 자원 배분에서 방과 후 어린이 공부방에 대한 지원만큼 효과적이고 뜻 깊게 집행되고 그 결과가 구체적으로 확인되는 일도 없기 때문이다. 아이들이 밝게 뛰어놀고 즐겁게 먹는 것을 보는 것은 참으로 흐뭇한 일이다.

돌이켜보면 어린이야말로 지난 시기 실업대란과 가정파괴의 최대 피해자였을 뿐만 아니라 실업이 완화되고 있는 현 시점에서도 이는 계속되고 있다. 우리의 미래를 책임져야 할 꿈나무들인 어린이들에게 어른들의 잘못으로 인한 이 시대의 모순이 전가되고 집중된다는 것은 가슴 아픈 참담한 비극이 아닐 수 없다. 실업률은 줄어들고 사회적으로는 과소비현상이 재현될 정도로 분위기가 바뀌었으나 오히려 결식아동은 전국 각지에서 급증하고 있다. 우리 부천에서도 98년보다 대략 50%가 증가한 2,500여 명에 달하는 결식아동이 확인되고 있다. 또한 저소득층 맞벌이부부의 자녀들의 보호 및 교육기능도 매우 절실한 요구였으며 사회적으로 반드시 해결되어야 할 과제였다.

이러한 절박한 현실과 실업극복부천 시민운동본부의 결실아동지원네트워크사업에 의해 활성화되기 시작한 방과 후 어린이 공부방은 실업극복부천 시민운동본부의 조직적 성과이자 지역운동의 새로운 지평을 열었다고 보인다. 또한 공부방을 개설한 종교기관, 복지관, 시민단체와 같은 수행기관들과 교사를 위탁하고 자원을 제공하고 있는 부천여성노동자회와 부천 시, 실업극복국민위원회, 사랑의 친구들과 같은 각계각층의 연대와 전형적인 민간협력에 의해 발전되어온 민간사회안전망의 좋은 사례이다.

　이러한 성과를 토대로 지난 7월 13일 부천지역 방과 후 공부방 연합회가 창립총회를 갖고 정식으로 출범한 것도 이러한 의미를 발전시켜나가기 위한 조직적인 노력이었던 것이다.

　이러한 점에서 민간주도의 방과 후 어린이 공부방은 어떠한 경우에도 유지되어야 할 뿐만 아니라 오히려 더욱 활성화되어야 한다. 또한 신자유주의의 공세로 저학력, 중장년의 장기실직자들이 구조화되는 이른바 20:80의 사회현실은 이러한 민간사회안전망의 확대강화를 더욱 절실하게 요청하고 있다.

2000년 방과 후 어린이 공부방연합회 기고문

2. IMF와 부천의 지역아동센터연합회의 출발

지역아동센터의 개관 – 지역아동센터는 꿈꾸는 자들로부터 출발하였다

　1980년대 공단과 빈곤지역에서부터 만들어지기 시작한 탁아소들은 가난한 아이들, 노동자의 자식들도 건강하게, 즐겁게 생활하고 배울 권리가 있다는 꿈에서 시작되었고, 이것이 지역탁아소연합(줄임말: 지탁연)으로 연결되어 1970-80년대의 한국 아동복지에 지대한 영향을 끼쳤다.

　이 지역탁아소에서 성장한 아이들이 초등학교에 들어갈 무렵 아이들에게 방과 후 프로그램을 제공하는 '공부방'이라는 것이 출현했다. 하월곡동 산돌공부방(유미란 전도사)에서 출발한 이 운동은 2000년대 한국 지역복지와 교육의 가장 중요한 전달체계로 발전하는 '지역아동센터'의 모태가 된 것이다.

이 지탁연과 공부방 운동은 한국 지역사회 복지와 교육의 가장 중요한 전달체계를 확보하는 큰 영향력을 끼치었는데 이 꿈과 운동을 이끈 분들은 지역 기독 여성, 작은 교회, 그리고 신념으로 뭉친 탁아소와 공부방 교사들로, 지탁연과 공부방 운동은 그 열정의 산물이었다.

지역아동센터의 역사

공부방은 빈민지역, 공단지역, 농촌, 광산지역 등을 중심으로 공부방이 없어(단칸방에 거주) 방치된 아동들을 위한 교육공간의 개념으로 시작되었다. 1960년대 이후 산업화가 본격적으로 추진되면서 산업인구의 대규모 도시유입이 이루어진다. 당연히 이농인구는 도시 변두리로 몰려들고 이에 따라 대규모 도시빈민지역이 형성되기에 이른다. 그 결과 집단적인 도시빈곤층이 형성되면서 아동들은 필연적으로 학대 상황에 놓일 수밖에 없었다. (보호자에 의한 감금, 방임 등) 그래서 1970년대 말에서 80년대까지 도시빈민지역에서 이루어진 대부분의 사회운동 안에는 탁아운동이 필수적으로 포함되었다.

탁아소 외에 지역 내 혼재하고 있던 초등생과 중·고생들을 위한 공부방 활동도 위와 같은 이유로 구로, 봉천, 난곡, 상계, 난지 등 빈민지역에서 나타나게 되었다. 이후 공부방은 1988년부터 1991년 사이에 급격하게 증가하는데, 당시 실무자들은 사회복지, 교육 등의 가치보다는 지역사회

운동으로 공부방 활동을 규정하였고 활발한 연대활동을 해나갔다.

1990년대 중반을 넘기면서 우리 사회는 1인당국민소득 1만 불시대로 접어든다. 공부방에 나오던 아이들이 학원 등에 나가면서 공부방운동은 한동안 위축된다. 그리고 달동네나 공단지역이 재개발되면서 공부방 아이들의 삶의 터전도 바뀐다. 그 자리에 대규모 아파트 단지가 들어서면서 공부방 운동은 정체성의 위기를 맞는다. 전통적인 달동네를 제외하고는 대부분 공부방의 역할이 위축되거나 새로운 대안 찾기에 골몰하던 시기이다. 그러나 1998년 IMF 사태 이후 전국적으로 실직과 이에 따른 빈곤층이 확대되고 아이들의 급식, 학습 문제가 심각한 문제가 되자 각 종교시설, 사회단체, 개인 등이 다시 공부방을 시작하였고 이전과 달리 지자체에서는 공공근로, 자활근로 인력 파견 등을 통해 간접적인 지원을 한다. 그리고 2000년 이후부터는 급식비를 지원한다. 결식아동에 대한 급식과 학습 지도의 역할이 공부방의 중요한 존재근거이자 사회적 역할이 되었던 시기이다.

빈곤아동에 대한 국가의 정책전환을 촉구하기 위한 운동은 1990년대부터 시작되었다. 하지만 그 열매는 2003년도에 맺는다. 2003년 12월 22일 아동복지법이 재개정되기에 이르렀고 2004년 4월 13일 '아동복지법시행령중개정령 및 동법시행규칙' 중 개정 규칙이 입법 예고되고, 2004년 7월 30일 공표됨에 따라 사회운동으로 시작된 공부방운동은 지역아동센터라는 사회복지 운동으로 열매를 맺는다. 이후 많은 지역아동센터(공부방)이 우후죽순처럼 생겨나고 현재에는 전국에 3,000여 개의 지역아동센터가 있는 것으로 보고된다.

공부방 운동은 빈민지역에서 주민과 아동 청소년들을 대상으로 제반 교육과 문화사업을 통해 주민과 아이들이 처한 현실과 문제를 인식하고 스스로 해결하여 빈민운동에 기여함을 목적으로(2004년 『아이들과 미래 공부방』 매뉴얼) 출발하였다. 20여 년이 지나는 시간 속에서 공부방은 결과적으로 복지적 기능으로서 아동보호, 사회문제의 예방, 가정의 지원 및 보상, 지역사회의 발전의 역할을 담당하였다. 또한 교육적인 기능으로서 가정교육과 학교교육의 보완적인 역할을 함과 동시에 사회교육으로서의 독특한 역할을 수행하였다.

우리 부천지역에선 1990년 약대동 새롬공부방을 시작으로 1997년 전후로 공부방, 방과 후 교실 등이 교회, 단체, 어린이집, 복지관, 개인의 주관하에 운영되기 시작하였다.

1990년대 초반 새롬공부방(1990년 3월)과 범박공부방(1993년 3월)을 중심으로 한두 군데가 부천지역에서 활동하다가, IMF와 동시에 시민사회 단체가 중심이 되어 부천 시민 연합 어린이 공부방, 주거권 실현을 위한 국민 연합 부천 상동 대책위원회 신상리 마을 공부방(현 오순도순공부방), 종교시설 방과 후 교회, 방과 후 교실, 어린이집 보육시설 등 다양한 주체들이 공부방을 운영하였다.

1980년대엔 빈곤 가정의 생존권 보호과 교육으로 아동을 돌보기 위한 장소로서 자리매김했던 공부방이, 영유아보육법이 제정되어 보육이 공적인 영역으로까지 책임이 확대되자 지역주민과 함께하는 시기이다.

1990년대는 주민조직 사업이 활성화되면서 아동 보호와 교육에 중점을 둔 시기이다. 이후 IMF로 빈곤층이 급증하고 다중위기에 처한 아동의 수가 급격히 증가하면서 공부방의 중요성이 부각되었다.

그리고 1999년 무렵 부천여성노동자회와 부천실업 극복이 주관하는 '방과 후 교실 시설장 간담회'에서 연합회의 필요성이 대두된다. 그후 부천지역 방과 후 공부방 연합회를 준비해오다가 2006년 7월 연합회가 설립된다.

초기 10여 년간 주목받지 못하던 공부방도 2000년 즈음부터 지역아동센터라는 개념으로 서민 지역의 복지 전달체계로 부상하기 시작했다. 처음에는 서민층 결손 맞벌이 부부의 학습지도에서 시작되었지만 IMF 이후 가정의 붕괴와 중산층의 몰락, 사회의 양극화에 따른 지역사회의 복지적 대안으로 부상한 것이다.

2000년대는 빈민지역이나 농촌지역에서 계몽과 함께 교육, 양육 등의 단순한 지원에서 벗어나 아동들의 교육, 음악, 미술, 공동체놀이 등의 문화 활동, 다양한 심성훈련과 상담 및 권익보호활동, 학부모 교육과 지역연계 활동을 통해 빈민지역 아동, 청소년들의 인성적, 지적 성장에 기여한 시기이다.

지역아동센터의 역사 속에 나타난 지역아동센터의 최강점- '복지-문화-학습-급식의 지역 전달체계'

2003년 12월19일 아동복지법 재개정으로 아동복지시설 중 '지역아동센터'가 신설되고, 2004년 1월 29일 개정된 아동복지법에 의해 지역아동센터가 법정 아동복지시설 중의 하나가 되는 결실로 나타났다. 처음에는 공부방이라는 이름하에 학습지원의 기능만이 부각되었지만, 이제는 지역아동센터가 명실공히 아동을 위한 종합복지센터의 역할을 할 수 있는 사회복지시설이라고 할 수 있다.

그런데 지금 지역아동센터가 전국의 3000개로 확장되면서 지역의 중요한 학습 -복지- 문화의 전달체계로 자리잡아가는 이 시점에서 우리는 초기 이 공부방 운동의 정신을 잃고 단순히 하나의 교육과 복지의 물적 분배 기관으로 전락하는 모습을 보며 우려할 때가 가끔 있다. 이를 위해 우리는 한국사회의 서민지역에서 누가 어떠한 정신으로 이 공부방 운동을 시작하여서 이 공부방이라 하는 이 교육 복지 운동이 지금의 지역아동센터가 되었는가를 다시 한번 기억할 필요가 있다.

이 공부방운동은 1980년대 도시의 서민과 공단지역에 서민들을 위한 100여 개의 작은 교회가 개척되기 시작할 때 그 작은 교회에서 지역사회의 선교사업과 지역운동으로 처음 일어난 운동이고 당시 교회와 목회자들과 이들을 돕기 위해 함께 서민지역에 들어간 기독여성들에 의해 전국에 최초로 50-60개 지역 공부방이 세워지면서 일어난 선교운동인 동시에 지역사회운동이었던 것이다.

이러한 사실을 우리는 이제 다시 기억하며 우리 지역아동센터가 더 이상 단순한 제도적인 교육 혹은 물질적 배분을 하는 복지 시설을 넘어 원래의 그 지역 선교운동과 지역사회운동의 참 정신을 기억하고 되살리는 지역아동센터가 되어야 할 것이라고 믿는다.

3. 부천의 IMF와 실업극복운동

20세기의 막바지인 1999년 부천의 실업극복 부천 시민운동본부는 겨울나기 지원 사업을 대대적으로 벌인다. 금액으로 총 1억 9천여만 원이 모금이 되었고, 지원받은 가구수가 총 2100여 가구에 달하였으며, 다양한 결연과 후원 사랑의 열매달기 그리고 결식아동지원사업과 사랑의 김장담그기(12월 20-22일) 등 활발한 활동이 있었다.

그중 결식아동 지원사업은 실업증가와 빈곤의 악화에 따른 결식아동의 문제 대두, 가정 해체의 증가에 따른 아동보호의 사각지대 확대 등 정부의 결식아동에 대한 지원체제 미비로 인한 민간지원의 필요성 증가로 시작되었는데 이때 급식 및 방과 후 활동 지원이 가능한 공부방 17개소가 결식아동 지원 네트워크로 참여하여 결식아동을 위한 급식은 물론 방과 후 아동생활지도사를 파견하였다.

서민지역 기초학력부진과 급식문제 해결의 최적 장소인 마을 공부방

빈부격차 심화로 서민층 자녀 '기초학력 부진' 현상이 심화되고 있다. 작년 3월말 서울 시내 초등학교 3~6학년 중 한글 읽기나 쓰기, 덧-뺄셈 등을 거의 못하는 '기초학력 부진' 학생은 1만 4421명으로 집계됐다. 양극화가 급속히 진행되며 서민층 자녀들이 희생되고 있음이 반영된 것이다. 이는 지금 우리사회가 양극화가 아니라 빈곤화되어가고 있다는 것을 반영하고 있다. 이러한 상황 가운데 현재 지역아동센터는 지역아동의 학습, 급식, 인권을 다룰 수 있는 지역의 가장 좋은 장이다.

2005년 1월 제주도 서귀포시가 결식아동들에게 제공한 부실도시락 파문으로 군산과 고양시 등 곳곳의 부실도시락들도 연달아 공개되면서 사회에 엄청난 충격을 주었다. 밥 대신 모닝빵, 반찬으로는 건빵과 단무지, 메추리알 몇 개로 이루어진 도시락은 안 그래도 추운 겨울에 보는 사람의 마음을 더 얼어붙게 만들었다.

당시 결식아동들에게 지급되는 부실도시락 때문에 전국이 들썩이고 있었다.

《오마이 뉴스》에서는 부실도시락의 대안은 결국 지역공부방같이 직접 밥을 지어주는 작은공동체에 있다는 보도를 했다.

그리고 정부와 당시 집권당은 14일 결식아동 부실 도시락 파문과 관련, '도시락 전달체계'에 문제점이 있다는 데 공감하고 무료 급식을 제공하는 지역아동센터(공부방)에 대한 예산지원을 현재 500개에서 800개로 확대하기로 했다.

당시 보건복지부 장관은 이날 오전 국회에서 열린 당정협의에서 "국민복지를 담당하는 사람으로서 무한책임을 느낀다"면서 "대비는 했지만 철저하지 못한 책임을 통감한다"고 밝혔다.

당시 집권당은 "예산 168억 원을 일단 예비비로 반영하고 예비비 반영이 여의치 않을 경우 추경예산으로 편성하겠다"면서 "무료급식 공부방 전체 규모도 확대할 방침"이라고 말했다.

경상대 허종화(식품공학) 교수는 이러한 대안을 제시했다. "가정식당은 마을

또는 학교 근처에 설립해 지역별 종합식품 체계를 확립하는 걸 말한다. 즉 가정식당에서 결식학생뿐만 아니라, 급식이 요구되는 시민이나 이주 노동자 등에게 연중 안전하고 영양가 높은 음식 공급 체계를 마련해 제공해야 한다"는 것이다.

지금 많은 뜻 있는 공동체나 공부방에서는—무농약 쌀, 항생제와 성장촉진제를 먹이지 않은 닭, 유정란, 북한산 취나물, 유기농 야채와 과일로 만든 식사를 아이들에게 제공하고 있다. 결국 가정과 교회와 지역과 시민이 나서서 직접 유기농으로 농사를 짓고 안전한 먹을거리를 공급하고, 따뜻한 밥을 짓는 새로운 삶을 널리 전파하고 퍼뜨려야 한다는 것이다.

부실 도시락과 지역현장 급식의 새로운 대안으로 떠오르고 있는 현장 공부방 교사들은 "결식아동 급식문제는 당장 예산을 늘린다고 해서 해결될 문제가 아니다"며 "소규모 공동체 위주의 급식센터 확대하고 ▲안전한 먹을거리 제공 ▲지역아동센터의 확보 등이 마련돼야 한다"고 밝혔다.

다시 말해 부실도시락의 대안은 소규모 공동체에서 안전한 먹거리로 따뜻한 밥상을 차리는 것이라는 것이다.

3장

부천지역 학교 급식 네트워크와
학교 급식조례운동

부천지역 학교급식 조례제정 운동

〈부천지역 학교급식 조례제정〉과 건강학교 급식을 위한 〈부천지역 학교급식 네트워크〉 발족식이 19일 오전 11시 부천 시 교육청 5층 강당에서 열렸다.

부천지역 학교급식 네트워크는 △직영급식△우리농산물 사용 △무상급식 확대 △학부모참여 등 4가지 원칙을 주요 골자로 하여 부천 시 조례제정을 추진했다.

조례제정 발의에 앞서 3만 명 이상의 부천지역 주민의 청원을 받는 서명 절차가 남아 있는데 이를 위하여 〈부천지역 학교급식 네트워크〉는 부천YMCA, 부천교육연대 등 23개 단체를 공동대표로, 김기현(YMCA사무총장), 박상순(부천학부모연대 집행위원장), 홍운자(그린생협 이사장), 이용석(부천전교조 중등지회장) 등을 공동집행위원장으로, 사무국장에 김창환(부천YMCA 간사)

를 선임했다.

이날 발족식에서 '참교육을 위한 전국 학부모회' 이택림 경기지부장은 "학교급식 조례제정의 목적에 나와 있는 '국내에서 생산되는 우수 농축산물 사용'이 WTO 규정에 위반되는 것이라고 외교통상부는 말하고 있지만 이 WTO는 국가 간의 협약이지 지방자치단체와의 협약은 아니다"며 지난 10월 14일 경기도의회는 본 회의에서 '학교급식조례안'을 만장일치로 통과시켰음을 상기시켰다.

발족선언문에서 박혜연 이사장은 "우리나라는 현재 농축산물수입의 전면 개방화를 앞두고 먹을거리가 국제적인 이윤추구 수단이 됨에 따라 농약과 식

품첨가물, GMO식품문제로 식품안정성 문제가 대두되고 있다"고 밝히고 "우리 농촌을 지키고 자라나는 후세들의 건강을 위하여 학교 급식에서부터 국내농산물을 이용해야 할 필요성이 절실하다"고 말했다.

이어 박 이사장은 "학교급식에 관심 있는 부천지역 시민단체, 교육단체, 생협 등이 '부천지역 학교급식 네트워크'를 발족한다"고 선언했다.

부천지역학교급식네트워크의 향후 일정은 부천지역 학부모를 비롯한 시민 3만여 명의 서명을 받아 법적 요건을 갖춘 후, 집행위원회를 중심으로 '조례제정 실무팀'과 조직팀'을 구성하여 11월부터 지역 캠페인을 전

개하는 것이다.

이어서 12월초에 시의회와 공동으로 공청회를 개최하여 12월말 조례 제정 청구인 명부를 제출할 계획이다.

이날 발족식에는 부천대학 신동태 교수, 경실련 권순호 사무국장, 푸른부천 21 조태현 사무국장, 이종문 민주노동당 부천원미을 지구당 위원장, 장경화 부천교육연대 사무국장 등 100여 명이 참석했다.

부천지역 학교급식 네트워크 참여단체

부천여성의전화 부천여성노동자회 부천경실련 부천 시민연합 부천 YMCA 부천YWCA 들꽃학부모회 부천학부모연대 부천교육연대 부천생협 부천Y생협 그린생협 소사자활후견기관 부천민중연대 민주노동당 부천전교조초등지회 부천전교조중등지회 부천 시민생협 부천여성단체협의회 부천연대 부천환경교육센터(준) 천시공부방협의회 부천실업극복운동본부(23개 단체).

4장

동네마다 작은도서관 열풍,
부천을 신나게 하다

부천의 마을 작은도서관의 열풍으로 책 읽는 도시를 꿈꾸다

　IMF의 위기로 마을에서 가족이 해체되는 위기 가운데 가정지원센터가
세워지고, 당시 실업극복운동과 지역 공부방 운동이 아이들에게 공부방
과 급식을 제공했으며 IMF를 넘긴 후의 부천에서는 작은도서관 운동이
민관 파트너십으로 일어나 작은도서관 열풍이 불며 마을이 신나기 시작
한다.

1990년대 부천 시 작은도서관 활동

　1980년대 이전의 기록이 남아 있지 않아 그 이전의 문고 역사는 알 수
없지만, 부천 시에도 1980~90년대에 노동도서원의 성격을 지닌 '일사
랑터'와 지역주민도서실의 성격을 가진 '약대글방'이 설립, 운영되었다.
　약대글방의 성립동기와 역사를 『새롬교회 8주년 자료집』에서 당시 정

성회 약대글방 대표는 다음과 같이 묘사하고 있다.

"…… 이런 곳에 지역주민들과 함께 주님의뜻을 실천하고자 하는 새롬교
회가 세워지고 건전한 시민의식의 개발과 기독교문화의 확산을 위해 그곳
에 다니던 집사(윤석회, 박진옥 부부)가 사재를 털어 1989년 2월 갑돌이
글방을 동네에 한구석에 세우게 되었고 그해 9월에 정성회 씨가 함께 하면
서 약대사서리로 신출 지금의 약대글방으로 자리 삽게 되었다."(『새롬교
회 8주년 자료집』, 46쪽)

"목요일, 오늘은 무엇을 할 것인지 스스로 생각해보자. 공부방에서는 우선 내가 할 일에 대해 이야기 하자, 그 이유와 함께……. 공부, 휴식, 놀이 등 내가 하고자 하는 것을 자유로이 하자. 그러나 책임감 있게……. 맛난 것도 해 먹고 맘껏 떠들자."

중동신도시 고층아파트를 지나 수인고속도로 접어드는 길목, 약대동에 소재한 새롬교회(이원돈 목사)에서 운영하는 '약대글방'(이하 글방). 글방 한쪽 벽면에는 이 같은 문구가 쓰여 있다.

부모들 대부분이 일일 근로자로 '판자촌 동네'인 약대동에 사는 영세민 아이들을 '고객'으로 삼는 글방 교사가 아이들에게 인근 고층아파트에서 밤마다 부자들이 내뿜는 불빛에 울컥 찾아드는 상실감, 학교에서도 잘사는 집 아이들 틈바구니에서 기를 펴지도 못한 상처 등을 치유해주기 위해 내건 생활수칙이다.

글방이 운영된 지 2년 남짓 되는 지금, 이곳을 찾는 아이들의 성격들은 무척 밝다. 초창기 속내를 도통 드러내기를 꺼려했던 아이들, 늘 얼굴 한구석 그늘져 있던 아이들의 옛 모습은 간데없고 깔깔대며 웃어대는 모습은 여느 아이들과 다름없다.

글방에서 그동안 전개해온 '대안학교' 프로그램이 이곳 아이들의 심성을 변화시킨 탓이다.

글방은 일터로 나간 부모들을 대신해 잠시 아이들을 맡는 단지 '보모 역할'이 아니다. 학교교육에서 이들이 만족하지 못했던 부분들을 찾아 채워주는 역할에 비중을 둔다.

방과 후 글방을 찾는 초중등학생은 평균 35명(초등 20명, 중등 15명). 이들은 자원봉사자 6명과 행정자치부서 파견된 2명의 도우미들의 지도 속에 미취학반 · 초등반(오후 2시부터 6시까지) · 중등반(오후 7시부터 10시까지)에서 학습을 한다. 회비는 월 1만 원. 그러나 회비는 원칙에 불과할 뿐 대부분 무주택 맞벌이 자녀들에게 시혜적 차원에서 무료다.

글방은 영어, 수학, 국어를 중심으로 한 학습지도, 바둑, 미술(판화 크로키 파스텔화스케치), 노래 그리고 매주 월요일마다 찻집을 통한 대화방을 운영한다.

그리고 글방은 소장하고 있는 각종 도서 6000여 권을 지역주민들에게 빌려줘 읽도록 한 뒤 매년 한 차례씩 '글 나눔 잔치'를 개최, 서로가 읽고 느낀 점을 발표함으로 각각의 생각들을 서로 공유하는 시간도 갖는다.

이 밖에 글방은 지난 10월 18일부터 매일 저녁 7시 지역 아동과 청소년들을 대상으로 무료급식을 실시, 경제적 어려움으로 급식해결이 어려운 아이들을 지원함으로써 정서적으로 구김살 없이 성장하도록 돕고 있다.

공부방, 대화방, 밥집 등 다용도로 이용되는 글방은 약대동지역주민에게 없어서는 안 될 유일한 '문화공동체'인 셈이다.

그러나 겨울로 향하는 계절의 변화는 글방 사람 모두를 조바심 일게 한다. 재정적인 어려움으로 아직껏 난방시설 하나 갖추지 못했기 때문이다. 글방에는 지난해와 마찬가지로 차가운 바깥바람이 아이들의 속옷을 비집고 들이가지 못하도록 글방 문틈을 들어막는 원시적 방법만이 있다.

《부천 시민신문》, 1998. 11. 11. 안연용 기자.

'일사랑터'는 당시 소규모 공장이 많았던 부천 시에 노동자들을 위한 도서실이자 문화공간으로 1990년에 설립되었다. 어린이책 및 일반 소설류의 도서도 다수 있었지만, 소장 도서 대부분은 노동, 법률 서적 등 노동 관련 도서였다. 당시 상근인력도 있어 도서 대출뿐 아니라 노동자들의 법률 자문이나 소모임 운영, 소식지 발간 등의 활동을 하였으며, 지역 노동운동가들의 모임 장소로도 활용되었다. '일사랑터'가 도서관이라기보다는 노동문화공간에 가까웠던 것에 반해 '약대글방'은 '글방 운영위원회 결성' 및 '좋은 책 읽기 부천 시민 도서 한마당 개최' 등 도서관으로서의 활동을 벌여나갔다. 1995년 4월에는 '독서와 지역 도서관'에 대한 설문조사를 실시하고, 그해 11월 '도서관 및 독서진흥에 관한 부천시 조례 제정 청원' 서명 활동을 시작하였다. 당시 부천 시에는 공공도서관이 2개관밖에 없었으며, 그마저 인력의 부족으로 많은 어려움을 겪고 있었다.

이에 약대글방은 '도서관 및 독서진흥법'에서의 사립도서관과 문고의 지원 규정을 바탕으로 조례 제정 청원 서명운동을 실시하였고 이는 중앙 일간지 신문에 실리기도 하는 등 대내외에 많은 호응을 받으며 시의회에 상정되기도 하였으나, 1996년 2월에 문고 관련 담당자가 포함되는 '부천시도서관및독서진흥위원회조례'가 만들어지는 데 그쳤다.

'푸른부천21실천협의회' 산하에 작은도서관 만들기 네트워크 분과가 탄생

2000년 부천 시에 민·관 네트워크의 대표적인 단체인 '푸른부천21실천협의회'가 설립되고, 협의회에서 부천 시의 비전과 목표를 달성하기 위해 발표한 총 35개의 의제 중 '사

작은도서관 세우기 위한 첫 심포지엄   푸른부천 작은도서관 네트워크회의모습

랑과 희망이 넘치는 도서관 만들기'가 포함되면서 '작은도서관'에 대한 논의는 다시 중요한 관심 의제로 떠오르기 시작하였다.

2001년 푸른부천21실천협의회 산하에 '작은도서관분과(정식명칭:작은도서관만들기 네트워크 분과)'가 만들어지고, 위원으로는 약대글방 대표를 포함한 사립문고 운영자 3명, 시의원 1명, 사립 공공도서관 사서 1명, 시민단체 1명, 푸른부천21실천협의회 실무자 2명이 구성되었다. 작은도서관분과는 사업목표를 '동네마다 하나씩 작은도서관 만들기'와 '도서관 네트워크'로 설정하고 사업 추진을 시작하였으며, 그 과정에 부천 시립도서관이 참여함으로써 민·관 협력의 기반에서 도서관의 전문성을 살릴 수 있는 사업추진이 가능하였다.

2001년 '작은도서관 활성화를 위한 심포지엄'을 필두로 사립 문고를 포함한 부천 시 도서관 현황 조사, 작은도서관 선정을 위한 기준 마련, 작은도서관 설립 신청 작업 등을 거쳐 진행된 사업은 2001년 말에 부천 시립도서관에서 작은도서관 설립 예산을 수립하면서 2002년부터 공립문고의 형태로 작은도서관이 설립, 운영되었다.

2004년 부천지역작은도서관협의회 창립총회

　이 과정에서 가장 중점을 둔 사항은 도서관마다 사서의 채용을 필수조
건으로 하는 것이었다. 작은도서관의 역사적 경험을 토대로, 도서관의
전문성을 갖추는 것이 작은도서관 활성화를 위해서는 가장 중요하며, 이
를 위해서는 반드시 사서가 있어야 한다는 것이 당시의 합의였다.

　2001년의 이러한 합의과정을 통해 탄생한 작은도서관은 그간 사립문
고로서의 작은도서관의 역사가 공공도서관의 하나로서의 위상을 갖게 됨
과 더불어 작은 규모의 도서관이라도 사서가 있어야 한다는 인식을 사회
적으로 심어주는 계기가 되었다.

　또한 2004년에는 부천 시의 작은도서관과 시민단체, 사립공공도서관
이 함께 참여한 '부천지역작은도서관협의회'가 창립되어 부천 시립도서
관과 함께 민·관 협력을 추진해가는 민간대표기구로서의 한 축을 담당

하게 되었다.

2005년의 '책 읽는 도시 선포식', 2006년의 '도서관친구' 사업 개시, 2007년의 '도서관친구 선언식' 까지 부천 시립도서관과 부천지역작은도서관협의회는 도서관을 기반으로 부천 시를 책 읽는 도시로 만들어내기 위한 활동을 매년 계속 추진하고 있다.

(위 내용은 '2007 가와사키 부천 도서관 국제 심포지엄'에서 발표한 이진우 사서의 '부천 시 작은도서관 활동의 전개 및 현황'에 기초한 것이다.)

개관년도	설립 도서관명
2002년	도란도란도서관, 복사꽃필무렵도서관, 새싹도서관, 아름드리도서관, 약대신나는가족도서관
2003년	꿈나무가족도서관, 햇살이가득한도서관, 행복한도서관
2004년	사랑나무가족도서관, 소새울가족도서관, 고리울꿈터도서관
2006년	소나무푸른도서관,

부천 시 작은도서관 개관년도

책 읽는 부천, 신나는 도서관, 꿈꾸는 도시

2005년 책 읽는 도시 선포식

2007 도서관친구선언문 낭독

부천 작은 공립 도서관이 세워지기까지 "동네마다 놀이터와 같은 작은도서관을 만들자!"

1. 가장 먼저 생각나는 것은 푸른부천 21 작은도서관 네트워크 운동을 할 때이다. 우선은 동네마다 아이들이 마음 놓고 뛰놀 수 있는 놀이터가 꼭 필요한 것처럼 동네 가운데 작은도서관이 있어서 아무 때나 들러 책을 손쉽게 접할 수 있도록 동네마다 마을도서관을 세우자는 목표와 꿈을 가지고 열심히 모이고 공부하였다.

2. 그 꿈이 부천 시립도서관과 의논하고 토론하면서 현실로 이루어지기 시작했는데 지금 부천 곳곳에는 부천 시립도서관과 함께 동네마다, 마을마다 작은 공립 도서관이 세워졌다. 그 이름도 참 예쁘고 아름답다. 약대동의 신나는가족도서관은 물론, 삼성동의 아름드리도서관, 심곡동의 복사골필무렵도서관, 고강동의 도란도란도서관, 역곡동 꿈나무가족도서관, 오정동의 행복한도서관, 원종동의 새싹어린이전문도서관, 사랑나무가족도서관, 햇살이가득한도서관, 소새울가족도서관, 고리울꿈터도서관이다. 이처럼 동네마다, 마을마다 작은도서관이 세워지는 꿈이 이루어지고 있다.

3. 특별히 부천의 마을마다 작은도서관이 생길 때 전국적으로는 느낌표의 기적의 도서관 운동이 있었고, 부천은 동화기차 등 어린이 전문도

서관으로 전국적인 주목을 받았다. 가족도서관이라는 새로운 마을 도서관의 개념도 등장하였다. 그리고 부천의 시립도서관으로는 꿈빛도서관이 아파트촌 한가운데 생겨 시민들의 많은 사랑을 받으며 바야흐로 어린이도서관, 가족도서관, 시민의 도서관 시대가 열리고 있었다.

4.우리는 왜 작은 공립도서관에 주목을 하는가!

사람들이 왜 작은도서관을 주목하는 것일까? 작은 규모의 동네도서관에 열광하는 것일까? 왜 이러한 것이 부천의 자랑이 되는 것일까? 이것은 아마 지금 지방 분권화되면서 시민사회가 도래하고, 지방자치의 시대, 시민의 시대가 열리려면 마을이 열리고, 동네가 열려야 하는 것과 관계가 있는 것 같다. 지금 마을의 복지관, 학교, 교회, 주민자치센터가 열리고 있다. 그러면서 가장 먼저 마을의 아동, 청소년, 가족이 신이 나고 있는 것이다. 보라! 우리 작은도서관 운동을. 이것이 마을과 동네의 복지관과 주민자치센터와 공공의 장소에 있다. 그것도 아동전문도서관, 가족도서관 그리고 여러 특성화된 전문 유형으로 있다. 그리고 부천 시민사회와 시립도서관의 민·관의 파트너십으로 구성되어 있다. 이것은 무엇을 의미할까!

우리 작은도서관이 지방화의 시대, 시민의 시대, 지방자치의 시대의 맨 앞에 서 있다는 것이다. 그러기에 이러한 새 시대의 전도사로 서 있는 작은도서관 운동에 사람들이 열광하지 않을 수 없는 것이다. 중앙의 시립도서관과 마을 단위의 작은 공립 도서관의 관계를 이렇게 생각해볼 수도 있겠다. 시립도서관이 인터넷의 카페라면 작은도서관은 블로그나 미니홈피처럼 마을과 지역 단위의 각 개인과 주민들의 구체적 삶의 욕구를 충족시켜나가는 주민밀착형 가족도서관의 형태가 되어야 한다는 기대를

"부천 작은도서관 협의회의 탄생과 마을도서관운동의 활성화"

"부천의 작은 마을 도서관을 소개 합니다." 이원돈 목사 (부천지역 작은 도서관 협의회 회장)

지금 부천의 동네와 마을 곳곳에는 마을마다 동네마다. 작은 공립 마을 도서관들이 세워지고 있습니다.
그 이름도 참 예쁘고 아름답습니다.

고강동
도란도란 어린이 도서관
사랑나무 가족 도서관

약대동
신나는 가족 도서관

삼정동
아름드리 도서관

중동
사랑나무 가족 도서관
소나무 푸른 도서관

부천
Bucheon

소사본동
소새울 가족 도서관

심곡동
복사꽃 필 무렵 작은도서관
햇살이 가득한 도서관

상동
민들레홀씨 작은 도서관

역곡동
꿈나무 가족 도서관

오정동
행복한 도서관

원종동
새싹 어린이 도서관

그리고 부천의 13개의 작은 마을 도서관에서는
우리 아이들과 어머님들의 책 읽는 소리는 더욱 힘차고 크게 들리고 있습니다.
우리 아이들과 가족들은 부천의 작은 도서관에서 꿈과 희망을 찾고 있으며 **아름다운 마을, 행복한 가정, 신나는 도서관**의
꿈을 더욱 풍성하게 만들어 나가고 있습니다.

왜 우리 마을이 아름다운가!!
우리 마을은 책 읽는 마을이기 때문입니다.
왜 우리 마을은 행복한가!!
우리 마을에 작은 도서관이 있기 때문입니다.

그래 우리는 새해를 열며 다시 한 번 희망을 꿈꾸어 봅니다.
올해는 우선 함께 책을 읽을 도서관 친구들을 만들어 봅시다.
이 도서관 친구, 책 읽는 친구들 함께 동네 작은 도서관에서, 동네 공원에서 부천 중앙공원에서, 부천의 지하철 등 부천
시민 사회 곳곳에서 함께 책을 읽는 시민문화를 만들어 나가 봅시다.

그리고 우리 마을의 작은 도서관, 주민자치센타, 복지관, 학교, 교회 곳곳에서 우리 모두 신나게 책을 읽고 나누고
잔치하고 축제하는 책 읽는 마을, 책 읽는 도시를 만드는 우리 모두가 됩시다!!

다시 한 번 부천시립도서관의 열린 행정이 큰 강을 이루고 .작은 공립 도서관의 역동성이 샛강을 이루며 여기에 **부천의 책 읽는**
시민 , 도서관 친구들의 신나는 참여로 책 읽는 행복한 마을과 책 읽는 아름다운 도시 부천을 만들어 봅시다.

받고 있는 것이다. 이러한 상황에서 부천에 작은도서관 운동이 시작된 지 10년 반 정도의 세월이 흘렀다. 그동안 우리 아이들도 많이 자랐고, 우리 작은도서관도 많이 성장했음을 볼 수 있었다.

우리 가족도서관을 드나들면서 느끼는 가장 인상적인 모습은 아이들과 어머님들이 그동안 들어선 마을마다의 작은도서관들에서 꾸준히 동아리 활동을 하고 있는 모습이다. 또 이러한 작은 동아리에서 성장한 어머님들이 자원봉사자가 되어 활발한 동아리 활동을 하고 있는 것도 놀랍다. 그리고 가족이 공원과 박물관을 향해 함께 나서는 주말프로그램은 보기에도 즐겁다. 아름다운 마을 · 행복한 가정 · 신나는 도서관이라는 우리 가족도서관들의 표어처럼 우리 부천이 함께 책을 읽고 아름다운 가족과 마을 문화가 있는 평생교육과 문화의 마을이 되기를 바란다.

이처럼 아름다운마을, 행복한 가정, 신나는 도서관을 만들기 위해 동네마다 세워진 13개 작지만 아름다운 도서관들의 민간 협의체가 바로 '부천 작은도서관 협의회' 라고 할 수 있다.

부천지역 도서관의 민관 파트너십의 기초와 역동성과 시너지 효과

이 모든 것은 부천 시립도서관의 열린 행정이 큰 강을 이루고, 작은 공립 도서관의 역동성이 샛강을 이루며 시작된 일들이다.

1. 부천 시의 도서관 사업이 활성화될 수 있었던 가장 근본석인 이유는 부천 시립도서관의 열린 행정서비스와 민간협의체인 부천지역작은도서관협의회의 유연성과 역동성이 함께 어우러진 민 · 관의 공동 노력이 있었기 때문이다.

① 작은도서관은 무엇보다 민관의 합작품이라는 점이 주목할 만하다. 시립도서관은 작은도서관 사서 인건비, 도서 구입비 등 운영비를 전액

지원한다. 그러나 운영은 지역 주민자치회나 도서관 운동을 벌여온 비영
리단체 등 민간이 맡는다.

　② 김정숙 부천 시립도서관장은 "도서관당 연 3천7백여만 원이 지원되
지만 민관이 힘을 합하니 1＋1이 100이 되는 시너지 효과가 난다"고 분
석하였다.

　③ '부천지역 작은도서관협의회' 소속 이진우 씨(부천문화재단 도서관운영팀
장)는 "작은도서관 사업이 타 지역 지자체, 시민단체로부터 크게 주목받을
만큼 성공한 것은 전폭적 지원과 관리, 감독을 맡은 시립도서관과 민간의
작은도서관협의회 간의 절묘한 파트너십으로 가능하다"고 밝혔다.(《경향
신문》, 〔책 읽는 대한민국〕 Ⅳ-4 독서현장탐방 경기 부천 시; 2005. 7. 7.)

　요약하면 첫째, 시민사회의 역동성과 시립도서관의 열린 행정이 연결
되어 시민사회의 열정적 봉사정신과 이것에 대한 전폭적 지지와 행정적

지원과 지도를 아끼지 않은 부천 시립도서관의 윈윈(win-win) 작품이라 말할 수 있다.

둘째, 작지만 큰 도서관을 이루는 민관 협력 파트너십 전략이다. 도서관 자체의 전문성을 높이는 사서 배치와 도서관 문화 자원봉사자들의 파트너십이 도서관 질 향상의 핵심적 요소가 되었다. 부천 시의 작은도서관 사업은 4년 만에 각 도서관마다 학부모 동아리와 자원봉사 동아리가 생겨나고, 월 이용자가 4,000여 명에 이를 정도로 활성화되었다. 작은도서관마다 전문사서가 있어 규모는 작지만 서비스는 큰 도서관 못지않은 전문서비스를 제공해온 덕분이다. 그리고 부천의 작은도서관들은 지금도 지역사회와 함께하기 위해 꾸준히 학습하고 네트워크하며 노력하고 있다.

셋째, 상호대차 서비스와 같은 전문적 행적지원이 큰 시너지 효과를 발휘하고 있다. 시립도서관의 행정지원 중 가장 독특하면서도 민간의 호응을 받는 것은 '도서대출 상호대차 서비스'. 이는 작은도서관 어디에서도 시립도서관 4개관과 부천대학 몽당도서관의 책을 대출·반납할 수 있는 것이다. 인터넷 등을 통해 책을 신청하면 시립도서관 측이 직접 책을 배달, 대여해준다. 이것이야말로 작은도서관을 너무나 큰 도서관으로 활용이 가능하게 하는 시스템으로 다른 지자체들도 직극 도입할 만한 것이다.

부천지역 도서관 민관 파트너십의 꿈

부천 책 읽는 도시 선언(2005. 9. 24)

부천 책 읽는 도시 만들기 '제6회 도서관 문화 한마당 행사'가 열렸다. 부천 시가 주최하고 부천지역 작은도서관협의회가 주관한 이날 행사는

제6회째를 맞이하는 행사로, 특히 노무현 전 대통령 영부인 권양숙(權良淑) 여사가 참석해 활발한 '작은도서관 운동' 등 도서관과 독서 활성화의 대표적 도시로서의 위상을 실감케 했다. …… 이날 행사는 부천 시립도서관 개관 20주년을 기념하고 '책 읽는 도시 · 도서관이 많은 도시, 부천'을 구현하기 위해 부천 시와 부천지역작은도서관협의회가 공동으로 마련한 행사로, '책 읽는 부천, 신나는 도서관' 이란 슬로건 아래 '책 읽는 도시 선포식'과 함께 부천 시민 모두가 '책과 함께 하는 친구' 가 되는 원년으로 삼기 위한 취지로 열려 각계인사를 비롯해 일반시민과 어린이 등 1500여 명이 참석했다.

이어 전국적 모범 사례로 주목받고 있는 부천 시 작은도서관 운영에 대한 영상물을 대형 스크린을 통해 상영한 뒤 전 대통령 영부인 권양숙 여사의 축사가 있었다. 권 여사의 축사에 이어 김정숙 시립도서관장과 이원돈 약대신나는가족도서관장을 비롯한 부천지역 11개 작은도서관장들이 무대에 올라 '책 읽는 도시 선포문' 낭독을 했다.

지금 부천은 동네마다 마음 놓고 뛰놀 수 있는 놀이터가 있는 것처럼 "동네마다 놀이터와 같은 작은도서관을 만들자!"라는 꿈을 이루었습니다. 지금 부천의 11개의 작은 마을 도서관은 우리 아이들과 어머님들의 책 읽는 소리로 가득합니다. 우리 아이들과 가족들은 부천의 도서관에서 꿈과 희망을 찾고 있으며 아름다운 마을, 행복한 가정, 신나는 도서관의 꿈을 만들어나가고 있습니다. 이처럼 부천의 지역 도서관들은 동네와 마을의 문화 사랑방의 구심체로, 주5일제 시대, 가족과 함께하는 마을문화의 구심점이 되어가고 있는 것입니다. 이 모든 것은 부천 시립도서관의 열린 행정이 큰 강을 이루고, 작은 공립 도서관의 역동성이 샛강을 이루며 시작된 일들입니다.

지금 이러한 부천의 도서관들의 연대와 연합의 역동성과 에너지는 도시 전체가 책을 읽자는 '책 릴레이 운동'으로 퍼져나가고 있고, '책 읽는 도시 부천' 이야말로 문화도시 부천의 핵심이 되어야 한다는 즐거운 상상으로 열매 맺어가고 있는 것입니다. 이제 우리는 이 모든 것을 모아 새로운 꿈을 꾸려고 합니다. 그 꿈의 실체는 부천의 시립도서관 4개와 작은 공립도서관 11개와 지금도 땀 흘려 봉사하는 2000여 자원봉사자들과 부천의 시민사회가 힘을 합쳐 '책 읽은 도시 부천'을 꿈꾸는 것입니다.

이에 2005 부천의 가을 하늘 아래서 부천의 전 시민과 함께 '책 읽는 도시 부천'의 선언을 하려고 합니다. 분명 책을 읽으면 우리의 인생이 달라지고 우리의 동네가 신이 나고, 우리의 도시가 행복해집니다. 도서관이 신나면 마을이 행복하고, 도서관이 신나면 도시가 신나는 꿈을 꿉니다. 이제 부천의 모든 시민들의 꿈을 모아 선언합니다.

우리는 이 시간 문화도시 부천이 책 읽는 부천, 신나는 도서관, 꿈꾸는 도시로 힘차게 나아갈 것을 선언합니다.

　한편 이날 부천 시청 잔디광장에 서 열린 '도서관 문화 한마당 행사' 에서는 인천 미추홀 어린이요들단의 알프스 요들송 공연 등 식후행사가 열렸으며, 야외도서관 관람, 책갈피 만들기, 인형극 놀이마당, 캐리커처 그려주기, 마술쇼, 풍선파티, 페이 스페인팅, 손 인형 만들기 등 다양한 체험행사가 열렸다. 특히 행사장에 는 지난 7월26일~9월10일까지 46

일간 시립도서관 4곳과 작은도서관 11곳, 동화기차 도서관에서 자체 선 정한 도서 155권을 부천 시민 1천550명이 돌려가며 책을 읽은 뒤 책 뒷면 에 감상문을 써놓는 방식으로 진행된 '2005 부천 시민 책 릴레이 행사' 의 독후소감문 전시회도 열려 눈길을 끌었다.

　부천지역작은도서관협의회(cafe.daum.net/buchonlib)는 부천지역 공립문고 와 작은도서관 만들기 운동에 참여하는 기관과 개인들이 참여해 공립문 고 운영 활성화를 위한 인적 자원 육성과 '동네마다 작은도서관 만들기' 사업의 지속적 추진을 목적으로 지난해 2월 구성됐으며, 푸른부천21실천 협의회 분과의 하나로 지역 내 '작은도서관 만들기 운동' 을 시립도서관 과 지속적으로 실천해오고 있다.

부천 시 작은도서관 현황

　현재 부천 시에는 ▲심곡복지회관 복사꽃필무렵 도서관 ▲심곡2동 햇 살이가득한도서관 ▲원종복지관 새싹어린이도서관 ▲약대동 신나는가

족도서관 ▲삼정복지회관 아름드리도서관 ▲노동복지회관 행복한도서
관 ▲근로자복지회관 사랑나무가족도서관 ▲역곡3동 꿈나무가족도서관
▲고강복지회관 도란도란어린이도서관 ▲소사본3동 소새울문화센터 4
층 소새울가족도서관 ▲고강1동사무소 1층 고리울꿈터작은도서관 등 12
개 작은도서관(공립문고)이 운영 중에 있다. 부천문화재단에서 운영하는
동화기차어린이도서관도 있다.

연도	주요 연혁
2002년	4월. 부천 시도서관 활성화를 위한 워크숍 12월. 부천지역 도서관 공동행사 '책을 가까이! 도서관을 가까이!'
2003년	3월. 작은도서관 사서 및 담당자 워크숍 8월. 작은도서관협의회 발족을 위한 추진준비 발족
2004년	2월. 부천지역작은도서관협의회 창립총회 9월. KBS 9시 뉴스에서 부천 시 작은도서관 소개 11월. 도서관문화한마당 공동행사 '모여라~ 작은도서관'
2005년	5월. 부천 시 도서관 관계자 워크숍 7월. '책릴레이' 행사 선포식 9월. 도서관문화한마당 공동행사 '책 읽는 도시 선포식'
2006년	3월. KBS 아침 뉴스에서 부천 시 작은도서관 활동 소개 7월. 책읽는도시만들기를 위한 도서관 관계자 워크숍 8월. 일본 가와사키 도서관친구 관계자 초청 세미나 9월. 도서관문화한마당 공동행사 '책 읽는 부천 신나는 도서관'
2007년	5월. 부천지역작은도서관협의회 워크숍 7월. 책읽는도시 만들기를 위한 도서관시민학교 '도서관친구' 9월. 제1회 대한민국도서관축제 부스 운영 '온누리에 작은도서관' 9월 도서관문화한마당 공동행사 '도서관친구 선언식'

부천 시 작은도서관 만들기 운동 주요 연혁

모여라 도서관친구들 : 반갑다 도서관친구들!!

지금 대한민국은 마을마다 도시마다 도서관 만들기 열풍으로 가득 차 있다. 울산/서귀포/청주/제주/진해/순천/제천/금산/부평 기적의 도서관 등 전국 소도시의 9개 기적의 도서관 그리고 창원, 부천, 부산 등으로 대표되는 작은도서관 운동이 있는데 이것이 지금 전국의 지방자치체마다의 작은도서관 운동의 열풍을 낳고 있고, 그중 단연 맨 앞에 서 있는 것이 바로 부천의 마을마다 작은도서관 만들기 운동이다.

이제 마을의 작은도서관이 13개째 만들어져 부천의 동네마다 책 읽는 소리가 들리고 도서관 중심으로 새로운 마을 문화와 시민문화가 싹트고 있다. 이러한 부천의 사례는 자랑도 되지만 책임감도 느낀다. 우리가 2005년에 책 읽는 도시를 선언한 이후 이제 본격적인 책 읽는 도시 운동을 시작하려 할 때 무엇인가 허전한 점이 있었다. 책 읽는 도시를 함께 만들 도서관친구들의 필요성을 절실히 느꼈다. 그리고 올해부터 이 도서관친구들에 대한 세미나도 시작하고 공부도 시작하였다.

책 읽는 도시 만들기를 위한 부천 시 도서관 관계자 워크숍 (2006.7.19)

부천의 마을로 내려온 자랑스러운 작은도서관 사서들이 작은도서관 워크숍으로 모였다. "모여라! 도서관친구"

그러면 작은도서관 사서들이 생각하는 도서관친구는 누구이며 무엇인가? 아직까지 '도서관친구'라는 말이 도서관에 근무하는 사서들에게도 생소하게 들린다. 도서관친구가 도서관에서 자원봉사를 해주시는 분들과 동아리 분들, 도서관을 자주 이용하고 좋아하는 사람들을 말하는 것이라면 어떻게 자원봉사외의 사람들을 도서관친구로 조직할 것인가 고민스럽다. 도서관친구를 꿈꾸기 전에 도서관친구를 운영하고 있는 사서들이나 실무자들의 교육이 필요할 것이며 부천에서 도서관친구들을 어떻게 모집하고 조직할 것인가도 중요하게 작용할 것이다. 도서관을 이해하고 좋아하는 사람들이 도서관에 많은 도움을 주는 것은 정말 좋은 일일 것이다. 도서관친구를 성공적으로 이끌기 위해 우선적으로 도서관친구의 정의를 함께 이해하고 느끼는 것이 무엇보다 필요하다고 생각한다.

도서관친구란 _____ 이다.

(박정선, 박미정, 문미향, 도지현, 손희정, 오수정, 이유진, 성승제, 변자영)

① 도서관친구는 젓가락이다.

왜냐하면 젓가락은 두 개가 같이 있어야지 자기 역할을 할 수 있기 때문이다. 도서관과 도서관친구는 대등한 입장에서 도서관을 위해 일할 때 발전된 모습으로 제 역할을 할 수 있기 때문이다.

② 도서관친구는 나무를 심는 사람이다.

왜냐하면 『나무를 심은 사람』이라는 책 속에서와 같이 도서관친구가 자기 역할을 꾸준히 하여 나무 한 그루가 숲이 되는 것과 같이 도서관친구 한 명 한 명이 모이면 숲과 같은 풍성한 도서관이 될 수 있기 때문이다.

③ 도서관친구는 사서의 힘이다.

왜냐하면 도서관친구를 사귀기 위해서는 도서관에서 일하는 사서가 친구와 진실로 통해야 하며 도서관을 무엇보다 많이 알아서 도서관친구와 함께 발판 역할을 해야 하기 때문이다.

④ 도서관친구는 붉은악마다.

왜냐하면 축구에서의 붉은 악마들은 축구의 상징이며 축구선수들에게는 든든한 벗이기 때문에 도서관친구도 도서관의 상징이며 큰 힘이 되기 때문이다.

⑤ 도서관친구는 다단계다.

왜냐하면 한 명의 도서관친구가 도서관을 좋아하면서 여러 친구들을 데리고 오면 그 사람들도 모르게 빠져들게 만들기 때문이다.

⑥ 도서관친구는 마중물이다.

왜냐하면 마중물이라면 펌프에서 시원한 물이 나오기 위해서 한 바가지의 물의 역할이 중요하듯 도서관에서의 도서관친구가 도서관이 커가기 위한 하나의 발판이 되기 때문이다.

⑦ 도서관친구는 열 손가락이다.

왜냐하면 한 손가락 한 손가락 다 개성이 있고 다 중요하지만 열 손가락이 모이면 더 큰 힘이 되고 더 많은 일을 할 수 있듯이 도서관친구들 한 명 한 명이 모여 도서관에 커다란 힘이 되어주기 때문이다.

⑧ 도서관친구는 숲이다.

왜냐하면 나무 한 그루, 풀 한 포기들이 모여 숲을 이루듯 도서관친구 한 명 한 명이 모여 도서관을 더 풍성한 숲으로 만들기 때문이다.

⑨ 도서관친구는 흙 속의 진주다.

왜냐하면 흙 속의 진주가 눈으로는 잘 보이지 않으나 무엇보다 아름다운 보석인 것처럼 도서관친구도 도서관에서의 역할이나 모습은 잘 보이지 않으나 도서관에서 꼭 잊어야 할 중요한 진주 같은 존재이기 때문이다.

⑩ 도서관친구는 새로운 인물이다.

왜냐하면 도서관을 이용하는 모든 사람은 도서관친구가 될 수 있으므로 새로운 인물들과 가까워지고 함께 도서관을 만들어갈 수 있기 때문이다.

⑪ 도서관친구는 뿌리다.

왜냐하면 도서관이 발전되고 자기 역할을 하기 위해서는 밑바탕에서 지켜주고 받쳐주는 뿌리가 필요하고 이 역할을 도서관친구가 하기 때문이다.

⑫ 도서관친구는 스스로의 능력을 키우는 길이다.

왜냐하면 도서관친구가 도서관을 통해 동아리운영이나 자원 활동 등으로 자기의 능력보다 더 많이 키우는 길이 될 수 있기 때문이다.

도서관친구들이란 누구인가?

부천지역작은도서관협의회 박정선 간사는 "도서관의 중요성을 지역주민에게 알리는 홍보대사인 도서관친구들을 격려와 축하를 통해 힘을 북돋아주고, 부천 시민들에게 작은도서관 도서관친구에 대해 알리기 위해 이 행사를 마련하였다"며 본 행사의 취지를 설명하였으며, 도란도란어린이도서관의 윤정애 사서는? "도서관친구들은 책을 사랑하고 도서관을 사랑하는 사람들로 도서관에서 하는 각종 행사에 주체가 되어 도와주고 있다"며 이 행사를 계기로 더 많은 사람들이 도서관친구가 될 것이라고 기대감을 나타냈다.

지역사회 안에서 도서관은 한 그루 나무와 같다. 도서관이 뿌리 깊은 나무로 잘 자라날 때 그 지역의 문화가 꽃을 피울 수 있다. 책을 사랑하고 도서관을 사랑하며 도서관을 뿌리 깊은 나무로 성장시키는 주인공이 바로 지역의 문화를 발전시킬 줄 아는 멋진 도서관친구들이다.

'도서관친구'는 도서관에 각종 행사가 열릴 때 자발적으로 도와주고, 도서관을 물질적 혹은 경제적으로 돕고, 도서관의 운영과 서비스 내용을 홍보하는 역할을 한다. 도서관을 대신하여 캠페인을 벌이고 도서관 정책 결정자를 상대로 도서관 지원과 진흥에 대한 설득은 물론이고, 도서관의 필요성을 도서관 이용자 혹은 일반 사람들에게 인식시키는 역할을 함께

한다. (김영석 명지대 문헌정보학과 교수)

부천 도서관친구의 정의 및 역할, 그 추진방안에 대하여

발제 : 박순희 부천작은도서관협의회부회장, 이진우 협의회 총무

도서관친구란?

– 도서관과 책을 사랑하는 사람들의 모임

– 도서관 활성화 및 책을 문화콘텐츠로 한 상상력과 창의력의 문화도시 부천을 만들기 위한 모임

– 각 도서관의 자원활동가 및 동아리 회원, 지역 문화예술인, 기업인, 교사, 그리고 일반 이용자를 포함한 지역주민들 등 자신의 조건 및 특성에 따라 다양한 방법으로 참여

* 참고

○ 김영석의 '도서관친구' 정의 : "도서관의 친구는 공공도서관의 경우 지역주민들, 학교 및 대학도서관의 경우 그 도서관과 관련된 사람들 즉, 학생, 교사 혹은 교수, 학부모, 동문, 은퇴교수들, 그리고 국가도서관의 경우 시민들이 주축이 되어 도서관을 여러 가지 방법으로 도울 목적으로 만든 모임이다."

도서관친구의 역할

– 도서관 활성화 및 책 읽는 도시로 만들기 위해 부천 시를 책으로 디자인해보는 도시로 만들어내는 전도사로서의 역할

– 도서관과 시민사회가 만나고, 도서관과 기업인이 만나고, 도서관과 문화예술계가 만나는, 책과 도서관을 매개로 하는 지역사회 네트워크의 역할.

① 기금모금 : 모임의 운영 및 활동에 필요한 예산을 확보하고, 도서관 행사를 돕는 등, 도서관을 물질적 그리고 경제적으로 돕기 위해 기금을 모금한다.

② 자원봉사 : 회원 중에서 시간적으로 여유가 있는 사람들이 도서관에서 무보수로 도서관 일과 사서업무를 돕는다.

③ 홍보활동 : 여러 가지 홍보 방법을 이용하여 도서관의 중요성, 도서관 프로그램, '도서관의 친구' 활동 및 행사 등을 이용자와 지역주민들에게 널리 알린다.

④ 로비활동 : 도서관의 운영과 관련된 주요 정책 결정자인 교육위원, 지방의회 의원과 국회의원을 상대로 도서관의 필요성과 중요성을 인식시키고 결과적으로 도서관의 예산을 안정적으로 확보하거나 증액을 유도한다.

⑤ 지역주민 연계활동 : 지역주민을 상대로 도서관의 필요성과 중요성 그리고 각종 도서관 서비스 내용 및 '도서관의 친구' 활동을 소개한다.

드디어 도서관친구들이 모이다!

2007년 9월 15일 토요일 오후, 부천 시립도서관과 부천지역 작은도서관협의회가 함께하는 도서관문화한마당이 부천 시립중앙도서관 옆 원미공원에서 열렸다. 이번 행사는 독서의 달을 맞이하여 '자연 속 도서관에서 책읽어주기', '나만의 책 만들기' 등 다양한 체험활동과 더불어 전통놀이마당, 2007년 책릴레이 감상문 전시마당, 북난타 및 인형극 공연, 도서관 작은음악회 공연마당 등 다양한 프로그램으로 진행됐다. 특히 이번 행사의 하이라이트는 도서관과 책을 사랑하는 사람들이 모여 만든 '부천 도서관친구'가 함께한 무대 인사였다. 「도서관친구 선언문」을 낭독한 정훈희 씨(행복한도서관의 도서관친구)는 "우리들은 책과 도서관을 사랑하는 마음을 행동으로 나타내어 이웃에 책의 향기를 전해주는 사람들"이라며 도서관친구로서의 활동을 다짐하기도 했다.

이날 도서관친구 선언식에는 부천지역 작은도서관에서 활동하고 있는 동아리 및 자원활동가 150여 명이 참가하였는데, 한 도서관이 아니라 부천의 작은도서관들의 도서관친구들이 다 함께 모인 무대였다는 점에서 더 큰 의미를 찾을 수 있다.

부천의 도서관친구들을 부르는 소리
- 부천 도서관친구들 선포식

모여라 도서관친구들!

도서관친구선언식 선언문과 읽는 순서입니다.

(다 함께) 책 읽는 부천, 신나는 도서관. 사람들이 행복한 문화도시 부천, 부천을 이야기하자!

(복사꽃필무렵작은도서관) 부천은 행복한 도시입니다. 동네마다 작은도서관이 있기 때문입니다. 집집에서 울려나오는 책 소리로 부천은 날마다 희망으로 자라납니다. 도서관은 행복합니다. 도서관마다 든든한 도서관친구들이 있기 때문입니다. 도서관친구들의 작은 손길 하나하나, 작은 발자국 하나하나로 우리 도서관은 날마다 사랑으로 자라납니다. 도서관친구들은 행복합니다. 우리 아이들의 밝은 미래가, 우리 사회의 건전한 성장이 그들 안에 있기 때문입니다. 책, 사람, 도서관 그 속에 도서관친구들, 바로 우리들이 있습니다. 우리들은 책을 사랑하고 도서관을 사랑

하는 사람들입니다.

(행복한도서관) 우리들은 책과 도서관을 사랑하는 마음을 행동으로 나타내어 이웃에 책의 향기를 전해주는 사람들입니다. 책 한 권 한 권 건네주는 손길 속에 사랑이 있습니다. 책 한 장 한 장 넘기는 손길 속에 한 사람의 성장이 있습니다. 한 사람의 성장 속에 변화하는 도시가, 세상이 있습니다. 우리들은 세상을 아름답게 변화시킬 줄 아는 멋진 도서관친구들입니다.

(소나무푸른도서관) 우리들은 언제나 도서관을 푸르게 지켜낼 줄 아는 문화 지킴이입니다. 책은 사랑으로 대하는 손길을 만날 때 생명을 얻어 살아납니다. 생명을 얻어 살아난 책들로 가득 찬 도서관은 언제나 환한 생기로 가득합니다. 그 생기를 먹으면서 우리 아이들은 지혜롭게 성장합니다. 그 성장 속에 우리 사회의 밝은 미래가 있습니다. 우리 사회의 밝은 미래를 키워낼 줄 아는 우리들은 멋진 도서관친구들입니다.

(도란도란어린이도서관) 우리들은 지역공동체와 같이 성장하는 사람들입

니다. 지역사회 안에서 도서관은 작은 나무 한 그루와 같습니다. 책 한 권의 소중함을 아는 마음과 마음들이 모여 도서관을 뿌리 깊은 나무로 성장시킵니다. 도서관이 뿌리 깊은 나무로 잘 자라날 때 그 지역의 문화가 탐스럽게 잘 자라날 수 있습니다. 우리들은 우리 지역의 문화를 발전시킬 줄 아는 멋진 도서관친구들입니다.

(사랑나무가족도서관) 우리들은 나의 소중함을 아는 사람들입니다. 소중한 나 없이는 우리들이 될 수 없습니다. 책 한 권 한 권 읽을 때마다 소중한 내가 자라납니다. 책 한 권 한 권 건네는 손길에서 우리가 만들어 집니다. 소중한 내가 자라 우리를 만들고 우리들은 도서관을 성장시켜 미래를 만듭니다. 우리들은 내 안의 나를 소중하게 키워낼 줄 아는 멋진 도서관친구들입니다.

(동화기차어린이도서관) 우리들은 꿈을 꾸는 사람들입니다. 꿈꾸는 사람만이 세상을 가질 수 있다 합니다. 우리들은 꿈을 꿉니다. 책이 살아 숨 쉬는 도서관, 그 숨으로 자라나는 우리 아이들, 책 향기로 가득한 우리 동네, 지혜롭게 성장하는 우리 부천……. 그 속에 우리 도서관이 있습니다. 우리들은 건강한 도서관 문화를 잘 키워내어 주위를 책 향기로 물들일 줄 아는 멋진 도서관친구들입니다.

(햇살이가득한도서관) 도서관이 많아 행복한 도시, 부천 그 부친 속에 우리들이 있습니다. 행복한 아이늘 세상이 있습니다. 도서관은 우리 영혼의 양식입니다. 도서관이 생명으로 살아 숨 쉴 때 우리 영혼의 숨도 깊어질 것입니다. 도서관 없는 문화는, 미래는 존재할 수 없습니다. 우리 아이들의 행복한 미래, 우리 사회의 건강한 미래가 도서관 속에 있으니까요.

(다 함께) 우리 함께 행복한 도서관 문화를 만들어가요. 여러분을 도서

관친구로 초대합니다. 우리들은 꿈꾸는 사람들입니다.

일본 가와사키 도서관친구들을 초대하고 가와사키에 방문하여 한일 국제 도서관 심포지엄을 열다

부천의 작은도서관들이 도서관친구들에 대한 세미나도 시작하고 공부도 시작할 때 마침 가와사키 시의 도서관친구들이 부천을 찾아와서 함께 도서관친구라는 주제로 국제 심포지엄을 하는 길이 열렸다.

부천의 대표적인 시민운동 마을만들기, 아동인권 조례, 평생학습 작은도서관. 이것은 부천의 대표적 민관 파트너십인 푸른부천21의 시작과 함께 지방의제로 우리가 다루어왔던 것들인데, 이 모든 주제들과 가와사키 시가 깊은 인연이 있는 것이고, 이제 이러한 것이 심화되어 2006년 여름에 가와사키 도서관친구들이 우리를 먼저 방문했고, 2007년에는 우리 부천 작은도서관 팀이 양 도시 풀뿌리 도서관 교류와 심포지엄을 위해 갔다.

'부천·가와사키 풀뿌리 도서관 교류' – 부천작은도서관협의회 가와사키 심포지엄 참가

부천지역작은도서관협의회는 한(부천)·일(가와사키) 양 도시 간의 활발한 도서관 교류 및 협력을 위해 지난 10월 28일-11월 1일까지 4박 5일의 일정으로 일본 가와사키 시에서 열린 '일-한 풀뿌리 도서관 교류 국제 심포지엄'에 참가했다. 부천지역작은도서관협의회 이원돈 회장, 부천-가와사키시민교류회 백선기 회장, 윤병국 시의원, 부천 시립도서관 및 부천 시 작은도서관(공립문고) 사서 등 총 16명이 참가했다.

이 행사를 통해 일본 가와사키 시의 공공도서관 및 학교도서관, 대학도

서관, 사립도서관 등을 방문해 각 도서관의 운영현황과 유관기관 및 시민공동체와의 협력시스템을 살펴보는 뜻 깊은 시간을 가졌다.

일본 측 도서관관계자 및 가와사키 시민 등 150여 명이 참석한 이 심포지엄에서는 △한·일 양국의 그림책 전시와 △양국 도서관 현황에 대한 주제발표 △부천 시의 작은도서관과 가와사키 시의 도서관운동 소개 등을 통해 양국 지자체 도서관들 간의 공통점과 상이점을 발견하고, 이를 발전적인 계기로 확대시켜나가기 위한 논의를 벌였다.

부천지역 작은도서관협의회 이원돈 회장은 "이번 심포지엄을 통해 양국 도서관 발전 및 독서문화 정착의 공감대 형성은 물론, 가와사키 시의 도서관 및 도서관을 지원하는 시민들과의 보다 활발한 교류활동을 약속할 수 있었다"며 "보다 지속적인 교류를 통해 양국의 도서관은 물론, 사회교육분야의 다문화 서비스 교류의 물꼬를 트고자 한다"고 밝혔다.

부천 시와 가와사키 시의 도서관 교류행사는 지난 1996년 '우호도시협정' 체결 이후 시민차원의 교류인 부천 가와사키 시민교류회의 한 부분

으로 양국 도서관문화의 발전을 위해 도서관 심포지엄 등 다양한 형태로 지속되고 있는 부천 시의 핵심교류사업 중 하나이다. 한편 이번 도서관 심포지엄은 일본 대표 일간지 요미우리신문 등에 보도되기도 했다.

이제 부천의 작은도서관들은 행복하다. 도서관마다 든든한 도서관친구들이 있기 때문이다. 우리는 이 도서관친구들과 책 읽는 도시를 함께 만들어가려고 하는 것이다. 이 도서관친구들과 손잡고 '책 읽는 도시', '한 도시 한 책 읽기'와 같은 책 읽는 도시로 나아가려고 한다.

부천은 꿈이 있다. 마을과 도시의 미래가 도서관 속에 있으니까. 이제 부천은 '책읽는 도시 신나는 도서관 행복한 아이들의 세상'이 되어가고 있다. 책을 읽으면 우리의 인생이 달라지고 우리의 동네가 신나고, 우리의 도시가 꿈을 꾸게 된다. 이러한 책 읽는 도시가 부천지역 작은도서관 운동의 꿈이다.

5장

우리가 꾸었던 부천 시민사회의 꿈

– 아동인권조례로부터 아이들이 살기 좋은 마을과 도시까지

1. 아동인권조례

처음에 2001년 7월 '마을만들기 한 · 일 공동 워크숍'이 부천 약대동에서 열려, 부천 시의 자매도시인 가와사키 시의 마을만들기팀이 한일 마을만들기 세미나를 위해 부천 약대동에 방문했다. 그리고 그때 약대동에서의 아동 현실에 고민하던 약대동 가정지원센터 오세장 소장은 가와사키 시에 아동인권 조례가 있다는 소식을 듣고, 2001년 8월 20~23일 딸과 가와사키 시를 방문하여 일본의 마을만들기, 재일동포의 인권시민복지 운동들을 두루 둘러보았으며, 무엇보다 가와사키 아동 인권 조례에 큰 깨달음을 받고 돌아왔다.

이 방문은 1) 가와사키 지방자치연구소 방문 2) 가와사키의 마을만들기 탐방 3) 아동보육(취학 전/ 취학아동) 사쿠라모토보육소와 후레아이관 방문으로 이루어졌는데, 여기선 주로 아동의 관점에서 본 방문기를 인용해 본다.

아이들은 마을만들기를 통해 학습동아리나 사회조사, 요구와 참여들을 확대하는 민주시민의 연습을 하고 있었다. 우리처럼 마을만들기가 아동과 청소년에 집중이 되고 있지는 않지만 제일 정기적(고정적)으로 모여서 할 수 있는 집단은 아동과 청소년이기 때문에 이들의 마을만들기 활동은 특별한 활동이 아니라 하나의 프로그램으로 장기화되어 자리 잡고 있었다.

이들은 각 공간에서 발표를 하기도 하는데 환경, 인권 등을 스스로 조사하기도 하고 회의하는 것을 연습하기도 한다. 가와사키의 중간 지점 정도에 아이들을 위한 꿈 공화국(꿈의 공원?)을 건립할 비전을 세우고 있단다.(시의 계획)

특히 인상적이었던 것은 사쿠라모토교회의 보육소와 후레아이관이었다. 우선 '후레아이'란 아주 많은 뜻이 포함되어 있다. 모임/만남/더불어/투쟁/인내/식사공동체/스킨십 …… 등의 뜻이 있다고 한다. 여기서 또한 중요한 만남이 있었는데 자랑스러운 한국인 이인하 목사님을 통해 배운 다문화 공생의 삶이다.

일본의 보육소 및 유치원에서는 한국인을 받지 않았다. 이 목사님의 자녀가 유치원에 갈 나이가 되었을 때 일본에서는 보낼 곳이 없었다. 그래서 이인하 목사님은 아예 보육소를 만들었다. 한국인의 자녀를 받기 위해 보육소를 만들었는데 이것이 나중에 한국인뿐 아니라 방글라데시, 한족 등 외국인들이 들어온 것이다. 이것이 바로 사쿠라모토 교회 보육소의 다문화 공생 정신이다.

가와사키 인권조례의 탄생 배경

1980년대 가와사키의 중학교 졸업식장에서 학생 상호간, 학생과 선생님들 간의 폭력사태가 일어났다. 이로 인해 그동안 문제가 되었던 학내 폭력 사건에 지역이 책임을 지고 해결에 나서야 할 필요성이 제기되었다.

이를 위한 자문위원회가 구성되었다. 가와사키에는 51개의 학구가 있는데 구마다 지역교육회의를 결성(지역, 학교, 가정)하기로 하고 10년에 걸쳐 51개구에 모두 결성하게 되었던 것이다.

지역교육회의의 내용을 살펴보면 의견을 표현하거나 참여할 수 있는 어린이회의가 있고, 부모와 자녀가 교육을 얘기하는 모임이 있다. 이는 사회교육으로 관심이 확대하는 계기가 된다.

1989년 가와사키 시장 선거에서 초등학교교원이었던 분이 시장으로 당선된다.(이후 계속 시장 역임) 이분은 1997년 선거공약으로 어린이권리조례를 내세웠고 1998년 검토위원회를 설치한다.

2000년 6월 최종 답신이 있기까지 256회의 공식회의가 열렸고, 청소년 대표 9명이 참가하였다. 10년 동안의 작업진행을 통해 어린이권리조례가 탄생되었던 것이다.

어린이권리조례의 의미는 1) 어린이의 권리신장 2) 시민사회의 형성, 즉 시민입법이라는 중요한 의미를 둔다. 여기서 대인과 소인은 서로 파트너로서 인식하며 어른들의 사회가 행복해야 어린이도 행복하다는 가치를 표명하고 있다.

가와사키 시 아이의 권리에 관한 조례

1. 안심하며 사는 권리
2. 있는 그대로의 스스로 있는 권리
3. 자신을 지킬 수, 지켜질 수 있는 권리
4. 자신을 복돋아 격려할 수 있는 권리

5. 스스로 결정하는 권리

6. 참가하는 권리

7. 개별의 필요에 따라서 지원을 받는 권리

가와사키에서는 10년의 피와 땀으로 어린이조례를 통과시켰다. 어린이에 관련된 공간은 어디든지 어린이조례를 학습하도록 법적으로 규정되어 있다. 부천도 어린이, 청소년관련단체의 협력으로 부천 어린이인권축제를 만들어냈다. 아직 대중적 합의가 광범위하게 이루어지지는 못했지만 좋은 걸음을 떼었다고 본다.

가와사키의 사쿠라모토 보육소는 다문화공생체를 주요 모토로 하는 어린이집으로 외국인노동자가 급증하는 한국의 현실에서 매우 도움이 되는 모델이었다. 우리는 사쿠라모토 보육소의 교사들, 어린이들과 교류하기를 희망해서 서로 얘기가 오갔다. 특히 빈곤가정의 어린이가 많은 새롬에서는 어린이인권에 관한 실천이 매우 중요하다. 어린이인권에 관한 내용은 부모회 때 교사학습 때 토론이 되고 어린이 보육안에 반영되었다.

부천 아동인권네트워크의 활동

가와사키 시의 영향으로 부천에서도 이러한 아동인권에 대한 문제제기가 받아들여져 푸른부천21에 사회문화위원회에 아동인권네크워크가 생긴다. 그리고 아동인권네트워크는 다음과 같이 활발한 활동을 시작한다.

▶ 아동권리조례 제정을 위한 권리 홍보행사 및 권리의식 실태조사

– 아동권리 조례에 관한 한일 간담회 : 2003년 3월 3일(월)

– 어린이날 행사 : 2003년 5월 3일(토)

- 시장님과 어린이와의 대화 : 2003년 5월 6일(화)
- 아동 청소년 인권 조례 간담회 : 2003년 7월 9일(수)
- 권리교육 : 2003년 9월 26일(금)
- 부천지역 어린이 인권 평화체험 한마당 : 2003년 10월 4일(토)
- 부천 아동권리조례 제정을 위한 포럼 : 2003년 11월 28일(금)
- 부천 시 아동권리 의식 조사 : 2003. 7-8월 1000여 명(교사, 아동, 학부모, 공무원 등 대상)
- 아동 및 외국인 인권 가와사키 연수 : 2003년 10월 19일-25일

그리고 2003. 11. 28(금) 〈부천 시 아동권리 조례제정을 위한 포럼〉을 개최한다.

푸른부천21 아동인권네트 분과 아동인권조례만들기 포럼 개최. 부천 아동인구 전체 30%, 조례 방향 모색

아동 인구가 전체 인구의 30%를 차지하는 부천 시는 아동 대도시임에도 아동 권리를 보호할 수 있는 지역사회 환경은 미흡해 아동인권을 보호하고 실현할 수 있는 조례 제정의 필요성이 제기되고 있다. 푸른부천21실천협의회 아동인권네트워크 분과는 '제2회 아동인권네트워크 포럼-부천 시 아동권리 조례제정을 위한 포럼'을 개최한다.

아동분과는 지난해 5월 구성돼 세미나, 교육, 홍보, 아동인권 관련 행사 등 다양한 활동을 펼쳐왔으며 이번 포럼에서는 부천 시 아동권리 조례 방향 모색 및 부천 시 아동의 생활실태 조사결과 등을 발표할 예정이다. 아동분과 강점숙(부천 시아동학대상담센터) 씨는 "포럼에서는 설문조사 결과 및 교육 아동

청소년 분야로 나눠 현장의 소리를 듣는 토론이 진행된다"며 "포럼 이후 조례의 가안 정도는 나올 것으로 생각한다"고 말했다. 아동분과는 특히 일본 가와사키 아동권리조례를 모범으로 삼고 있는데 이번 포럼에서는 지난 10월 다녀온 일본연수 보고회도 겸하게 된다. 강씨는 "우리나라는 UN의 아동권리협약에 가입돼 있는데 이는 국내법과 동일한 효력을 발휘하게 되며 대상은 18세 청소년까지 포함된다"며 부천도 아동, 청소년까지 아울러서 정책입안이 이루어져야 한다고 덧붙였다.

아동분과는 부천 시 전체 인구의 30%를 아동인구가 차지함에도 지역 내 아동들의 생활상을 살펴보면 권리를 보호받지 못하는 경우가 많아 조례를 통한 제도적인 장치를 마련해 아동들을 중심으로 생각할 수 있도록 할 계획이다.

포럼은 28일 오후 1시부터 UN아동권리위원회 이양희 위원의 '아동참가' 기조강연 및 아동분과 이미란 간사의 일본연수보고, 아동분과 황옥경 위원장의 '부천 시 아동의 생활실태를 중심으로 한 부천 시 아동권리 조례의 방향모색', 전교조부천초등지회 백종철 지회장 및 부천 시청소년수련관 박성숙 팀장, 들꽃어머니회 정미애 회장의 지정토론이 이뤄질 예정이다.

아동분과는 아동인권 네트워크 사업들을 통해 아동권리 조례제정의 필요성을 지역 내에 확대해나가고 국내 처음으로 조례를 제정해 부천 시 아동의 실질적인 생활조건을 향상할 수 있는 기반을 마련할 수 있을 것으로 기대하고 있다.

《포커스뉴스》. 2003. 11. 20. 김영의 기자.

이처럼 우리나라 최초로 조례제정운동의 사례로 꼽히는 부천은 '푸른부천21'을 통해 민·관이 공동으로 추진해온 예다. 푸른부천21은 아동인권조례분과를 설치하고 10년의 노력 끝에 세계 최초로 어린이인권조례가 통과된 일본 가와사키 연수 등을 통해 어린이들의 기본적인 보호에서부터 참여에 이르기까지 다양한 영역을 포함시킨 조례안을 만들었다.

그러나 인권조례 구성 이후 각 단체의 대표가 참가하는 추진 조직의 책임소재의 불명확성과 실질적인 활동의 부재, 조례안 작성 이후 대중적인 작업에 대한 추진체계의 중단 등으로 사실상 활동이 중단되어오다 최근 운동 추진을 위한 움직임을 새롭게 가져가는 상황이다.

오세향 소장은 "부천의 경우, 준비단계에서 많은 논란 끝에 우선적으로 인권조례를 통과시킨 후 대중적인 홍보와 조직화 운동을 추진하자는 운동방향이 설정되었지만, 개인적으로는 조례가 선포식으로 끝나지 않기 위해서는 그 과정에 주목해야 한다고 생각한다"며, "조례운동의 필요성을 청소년들과 시민들이 주체적으로 받아들이고 실현해내는 과정이 진지하게 모색되어야 할 것"이라고 말했다. 또 "조례제정의 기본정신은 생존권·학습권·교육권·문화권·참여시민권으로서, 어린이들을 사회적인 위험으로부터 보호하고, '시민'으로서 어린이들이 가져야 할 권리와 참여를 보장하며, 학대와 체벌 등을 감시 통제할 수 있는 고발제도의 마련 등이 필요하다"며, "조례제정은 아이들이 가족생활, 마을생활, 시민생활, 자연생활을 즐길 자유와 권리가 당연시되는 도시 건설을 위한 기초가 될 것"이라고 강조했다.(《안성신문》. "안성시 청소년 인권조례 제정을 위한 시민토론회")

2. 새롬어린이집에서 꾸어본 부천 시민사회의 꿈 : 우리는 아직도 아이들이 살기 좋은 도시를 꿈꾼다

1. 어린이는 시민이다— 시민은 권리와 참여라는 중대한 임무를 소지한다.

최근 부천 시민사회의 중요한 화두는 시민으로서의 어린이다. 어린이는 시민일까, 아닐까? 마을과 가정과 도시의 주인공으로서의 아이들이라는 새삼스러운 사실을 기억해보자. 아이들의 탄생의 울음소리와 웃음소리가 사라지는 사회에는 희망이 없다. 마을과 도시의 어른들은 아이들을 통해 아이들을 매개로 소통하고 활발해지기 때문이다. 아이들이 가족의 당당한 구성원이 될 뿐 아니라 동네의 일원 그리고 당당히 시민사회의 일원이 될 필요가 있다. 어린이는 어른과 함께 사회를 구성하는 '파트너'이다. 어린이들이 시민사회의 당당한 일원이 될 때 우리 시민사회는 달라질 것이다.

사례1_ 이런 '거룩한 상상'을 하며 우리는 '부힘나' 프로젝트를 생각해보았다
우리 부천 시의 아동들이 이러한 권리를 잘 누리는 부천 시가 된다면 부천 시민사회의 가족과 마을과 시민과 자연 생활은 당연히 윤택해질 것이다. 아이들 스스로가 시장을 뽑고 장관을 뽑고 화폐를 발행해보고 마을을 청소해보고 스스로 번 돈으로 식사를 하고 문화를 관람하고 다시 필요한 만큼의 일을 해보는 시민사회를 경험할 수는 없을까? 이미 이러한 경험들이 있다. 벤포스타가 그것이고 성남의 '아힘나'가 바로 그것이다. 성남에서 '아힘나'(아이들 힘으로 만드는 나라) 캠프를 기획한 김종수 목사는 "아이들이 직접 마을을 세우고 스스로의 힘으로 마을을 운영하면서 공동체에 대한 책임감을 배우게 된다"고 설명한다. "어른들이 만든 세상은 경쟁과 차별이 가득한 곳이지만 아이들 세계에서는 벽이 없습니다. 아이들은 살기 좋은 마을을 만드는 재주가 있습니다."

우리 새롬어린이집과 공부방은 지역의 어린이들과 함께 아힘나를 학습해서 '새힘나'(새롬이의 힘으로 만들어가는 나라) 프로젝트를 지난 겨울에 실시했다. 이것은 그 전에 어린이가 살기 좋은 마을만들기운동이 계속 진행되었기 때문에 가능한 일이었다. 이를 발판으로 이제 곧 우리 부천에서는 어린이집, 공부방, 청소년단체 등이 연합하여 '부힘나'(부천어린이의 힘으로 만드는 나라) 프로젝트를 제안, 실시할 예정이다. 우리 도시에서 아이들이 이러한 권리를 가질 때 우리 도시는 달라진다.

우리는 이 일을 지역의 어린아이들과 함께 지역사회와 시민사회가 힘을 합하여 시작하고자 한다. 이 프로젝트에는 다음과 같은 내용이 포함된다.

1) 어린이 자치 시민 공동체의 경험 : 어린이 의회 구성

2) 어린이들의 문화축제: 어린이 영화제, 어린이 율동, 어린이 스포츠, 요리

3) 어린이들의 마을 경험을 나누는 어린이 소동아리 활동 등을 통하여 이 '부힘나'는 어린이와 부천의 마을과 시민사회를 연결하는 고리가 되려 한다. 물론 이 일을 위해서는 사람과 사람, 단체, 지역공동체들 간의 활발한 교류와 네트워크가 진행되어야 한다.

영국에서는 어린이의 말을 잘 들어주기 위한 CHS(Children Hearing System: 어린이 청문회)가 지역주민들의 자발적 참여로 정착되어 있고 스웨덴은 시설탈피를 위해 어린이문제 해결을 위한 자조모임으로 어린이와 그 이웃, 가족, 친지, 전문가 등이 토론모임을 구성한다. 미국 뉴욕 주(州)의 family support system은 어린이와 가족을 지원하기 위해 마을네트워크를 구성한다. 일본은 어린이를 같은 시대를 살아가는 '지구시민'으로 규정하고, 국내외의 어린이와 서로의 이해와 교류를 깊이하며, 공생과 평화를 바라고, 자연을 지키며, 도시의 보다 나은 환경을 창조하는 것에 없어서는 안 될 역할을 가지고 있는 존재로 규정한다. (가와사키시 어린이인권조례 제5단락 인용) 일본의 많은 마을에서 어린이들이 문화적 축제를 기획, 주도하는 사례를 보았다. 이렇듯 지금 세계 각국 각처에서 어린이가 지역사회의 중요한 존재로 대우받기 시작했다.

사례2_ 주제별 민주시민교육

새롬어린이집의 주제별교육은 성/인권/민주시민(토론)/평등세상(장애우)교육으로 이루어진다. 특히 빈곤가정의 어린이들에게는 토론을 연습하는 교육이 대단히 중요한 시민교육이다. 새롬어린이집의 주제별교육은 정규보육안 외에 프로젝트별로 진행되는데 연령은 통합하기도 나누기도 한다. 성과 인권교육은 아동학대예방센터와 연계 또는 자체 내 학습으로 이루어지고 장애우교육은 통합수준은 못하고 어린이와 부모가 원할 때 어린이집에 다닐 수 있고 아이들과 같은 반에 소속되어 활동을 한다. 프로그램에는 장애체험이 있다. 아직 어린이에게 흡족한 수준은 못 되지만 계속 실험하고 도전해갈 것이다.

사례3_ 일본 가와사키 어린이조례팀과 교류/ 부천 어린이인권축제

부천과 일본의 가와사키 시는 자매도시이다. 가와사키는 세계최초로 어린이인권조례가 통과된 시이다. 오세향 소장은 일본에 가서 어린이인권조례제정운동의 10년 역사를 학습하고 돌아와서 부천에 어린이인권조례제정을 제안했고 부천에서는 민, 관이 협력해서 어린이 인권조례제정 운동을 통해 어린이 인권조례를 통과시켰다.

가족과 지역사회 구성원으로서의 어린이

주5일근무제가 본격화되면서 문화의 중심이 주말과 휴일로 이동하고 있다. 특히 직장을 중심축으로 움직이던 아빠들이 주말에 가족과도, 문화에도 적응하지 못하고 있다. 지역에서는 평생교육동아리가 활발해져 가고 대안교육공동체와 동아리가 늘어간다. 가족과 지역사회구성원들의 문화적 욕구가 늘어간다. 남성과 국가중심으로 움직이던 사회가 지역과 가정, 여성과 어린이의 욕구를 중요하게 여기기 시작했다. 사회복지의 영역도 시설에서 가정과 지역으로 이전된다. 교육도 마찬가지다. 지역마다 평생교육과 대안교육동아리가 활성화되고 있다. 이렇듯 지역과 가족의 역할이 중요해지는 것이다. 이때 어린이는 어떻게 움직이는가?

여기서 주의를 기울일 것은 '가족'의 개념변화이다. 이제 양부모가족에서 한 부모, 또는 독신, 조부모를 비롯 혈연과 관계없는 대안가족들이 탄생하고 있다. 가족의 모습이 고정되어서 어린이를 소외하거나 학대하게 되는 일이 있어서는 안 되겠다. 다양한 가족을 배우도록 교과과정을 변화시켜야 하고 바람직한 공동체의 모습을 만들어갈 수 있도록 도와야 한다.

빈곤, 사각지대의 어린이지원망을 형성하자

우리 새롬어린이집에는 그야말로 신 빈곤층과 중산층이 '통합'되어 존재한다. 지하단칸방에서부터 빌라, 아파트에 사는 아이들까지 주거 형태가 다양하고 정부로부터 보육료를 지원받는 아이들, 한 부모가정, 장애, 조부모가정의 아이들이 있다. 그중 가장 곤란한 것은 사각지대의 아이들이다. 여기서 사각지대라 함은 행정의 손길이 못 미치는 곳이다. 가령 호적상에 부모가 다 있지만 실제로 부모가 가출하고 조부모가 키우는 아이, 실제로 이혼했지만 호적정리가 안 된 집(대단히 많다) 등……. 빈곤한 곳, 사각지대에 어린이들이 있는 곳에서 가정에 위기가 오면 어린이의 성장은 균형을 잃게 된다. 인권적 존재로서의 어린이는 생존권, 학습권, 교육권, 문화권, 참여시민권을 가진다. 하지만 빈곤가정의 어린이들은 사회구조적으로 권리향유의 기회가 박탈될 위험에 놓인다. 이런 친구들을 위해 지역에서 연계망을 구축하는 것은 대단히 중요한 과제이다. 우리는 시민으로서의 어린이, 지역주민으로서의 어린이, 우리들의 소중한 존재로서의 어린이를 존중하고 지켜야 할 의무와 권리가 있기 때문이다. 성인 된 시민으로서 우리의 권리와 의무가 바로 이것이다. 즉 만 18세까지의 아동들은 어느 지역에 살든 아동의 고유의 권한인 생존권, 발달권, 참여권, 복지권, 교육권 등을 국가와 사회로부터 보장받아야 한다는 것이다.

혈연의 가족이 아닌 다양한 대안가족을 만들어주고 지역 속에서 서로가 서로에게 관계되어야 한다. 어린이집은 왜 집일까? 시설이 아니라 집은 가정적인 곳이라는 전제가 포함되어 있다. 이제 내 아이, 내 부모에서 우리 아이, 우리 부모라는 공동체적 사회성을 포함하는 어린이집으로서의 그림을 그려야 한다.

우리의 논점은, 어린이를 시민으로 인정하고 가족과 지역사회의 구성원으로 당당히 위치 지울 때 마을과 도시에서의 비중 있는 존재로 우뚝

서고 부모와 지역사회, 교사들이 협력해서 이루어가는 공동체의 일원으로 관계 맺어야 한다는 것이다.

우리는 아직도 그 꿈을 포기하지 않고 그 꿈을 꾸고 있다. 만약 우리 도시가 아이를 낳기 좋은 도시/아이를 키우기 좋은 도시/아이들에게 친절한 도시 아이들이 살기 좋은 도시/아이들도 함께 참여하며 만들어 나가는 도시(아힘나)를 함께 만들어나갈 수 있다면……. 만약 우리 부천이 아동들에게도 인권이 있고, 가족생활, 마을생활, 시민생활, 자연생활을 즐길 권리가 있는 도시가 된다면……. 만약 이러한 상상력이 실천되는 도시가 된다면……. 부천의 시민사회는 아직도 그 꿈을 포기하지 않고 그 꿈을 꾸고 있다. (오세향 새롬가정지원센터소장의 한국아동학회 발표논문 중)

6장

꿈꾸는 마을, 마을의 학습생태계를 꿈꾸며 인문학을 시작하다

1. 마을이 꿈이다

꿈꾸는 마을, 학습생태계를 꿈꾸다

약대동에서의 21여 년을 돌아보면 ①지역과 아동의 시대(1986-1997) 에서 출발하여 ②가정과 마을의 시대(1997-2000), ③생명과 지구촌의 시대 (2000 -2007)로 나가는 것이 자연스럽게 정리가 된다.

우리는 지난 20여 년 지역과 아동, 가족과 마을, 생명과 지구촌의 시대를 거치면서 자연스럽게 단순히 혈연의 가정을 넘어 확대된 가족, 즉 마을의 가족을 보고 있다. 우리는 여기서 미래의 가족과 마을의 희망을 본다. 우리는 우선 가정지원센터를 세웠고, 좀 더 가정과 마을로 다가가서 우리를 열 때 또 다른 새로운 세상과 이야기를 만날 수 있었다.

IMF 이후 2000년대에 들어서면서 복지에 관한 관심이 늘어나면서 공부방은 지역아동센터라는 이름으로 지역 최대의 복지 전달체계로 부각되기 시작하였다. 2001년에는 푸른부천 21과 함께 동네마다 놀이터가 있듯이 동네마다 작은도서관을 세우자 하는 마을 도서관 운동을 시작하였다.

이처럼 우리가 마을에 관심을 가지니 지역의 복지와 문화와 평생학습의 꿈을 배우게 되어, 지금 약대동에서는 "한 아이를 키우는 데는 한 마을이 필요하다"는 마을만들기와 마을 학습생태계의 꿈을 꾸고 있다. 지금 우리 마을은 우리에게 교회와 마을 전체가 늘 학습하고, 신나게 아이들을 키우는 '학습과 축제의 마을 생태계'를 꿈꾸게 하고 있는 것이다.

그러면 마을은 무엇인가! 마을은 우선 이야기다. 마을에는 이야기와 수다가 있어야 한다. 이야기를 만들어내지 못하면 마을이 아니다. 말과 언어 행위는 일종의 창조 행위이다. 생명체인 사람이 말을 할 때 그 말은 사람 사이에서 생명을 창조하고 우리는 생명이 나누어지는 것을 느끼며 살아 있음을 느낀다. 그러므로 말을 못하게 한다는 것은 경험을 나누지 못하게 하는 것이고, 생명을 나누지 못하게 하는 것이므로, 우리사이에 말이 죽으면 생명이 죽는 것이다.(김찬호 교수) 그러므로 마을은 이야기가 있는 곳이고, 이야기 살아나기 시작하면 마을이 살기 시작한다.

작은 이야기 하나가 나비효과처럼 마을을 움직이고 마을이 움직이면 도시가 움직인다.

마을만들기는 단순히 마을 공간 만들기가 아니라 관심과 소통 만들기이다

마을은 새로운 시간과 공간과 이야기가 마치 신생아처럼 흥분된 탄생을 하는 곳이다. 이제 지역과 마을의 시대가 오면서 마을의 시간과 공간과 이야기가 신나게 탄생되고 있음을 알아야 한다. 이러한 신비한 마을의 시간과 공간을 탄생시키는 새로운 주인공들과 이야기꾼들을 바로 알아야 하는데 그들이 바로 마을의 아이들, 주부, 외국인, 어르신들이다.

마을의 시간, 그렇다면 마을이 제일 재미있을 때가 언제인가?

방학에 우리 아이들은 왜 즐거운가!

방학이 시작되면서 아이들은 학교에서 해방되고 학교 이외의 새로운 공간들이 열리는 것을 경험한다. 방학이 즐거운 것은 자연과 지역과 마을의 자유롭고 풍요로운 시간과 공간이 열리기 때문에 아이들이 즐거운 것이다. 이 방학 기간 중 새로운 마을의 시간과 공간이 탄생하는 것이다.

마을은 축제이다. 축제가 없으면 마을이 아니다

마을의 시간의 흐름, 살아 있음을 가장 잘 나타나는 것이 축제이다. 그리고 이 마을축제 때 제일 재미있게 열심히 움직이는 사람들이 있다. 아이/여성/외국인/어르신들이 새로운 축제의 주인공으로 등장하고 있다. (지구촌 다문화 축제/생태요리축제/마을로 찾아가는 작은 음악회)

마을의 동선과 미래

최근의 동선은 마을로 찾아가는 움직임이다. 마을 도서관, 마을 공부방, 주민자치센터로 찾아가고, 요리와 언어와 춤으로 찾아가면 도서관친구들이 보이고, 어르신 한글교실이 보이고, 다문화 가정의 움직임이 보인다.

이렇게 마을과 마을의 시간과 공간과 이야기가 모아지고 연결되면 도시가 열리고 도시가 움직인다.

그리고 마지막으로 마을은 꿈꾸는 학습 생태계이다

오늘 마을과 도시는 꿈꾸는 지능을 높이는 곳이 되어야 한다. 오늘 우리는 무기력한 젊음, 자폐와 고립과 우울의 시대를 살아가고 있는지도 모른다.

이러한 시대를 어떻게 정직하게 만날 것인가? 이 무기력하고 자폐적인 시대에 어떻게 꿈을 꾸고 꿈을 불러오나! 가장 중요한 것은 아이들과 청소년들로 무대를 만들어주고 꿈을 꾸게 하고 그 무대 위에서 자신의 인생을 연기할 수 있게 해주어야 한다. 첫째 무대는 도서관이다. 마을은 도서관에서 꿈을 꾼다. 둘째 무대는 여행이다. 여행은 젊은이들에게 깡을 키워준다. 셋째 무대는 몸을 움직이는 문화 예술이다.

선진국일수록 주로 교육이 어디서 이루어지는가 하면 아침에는 학교에서 오후에는 도서관과 박물과 미술관이나 공원 그리고 야외에서 이루어진다고 한다. 그러면 이처럼 꿈꾸는 지능을 우리는 어디서 만날 수 있을까? 미래에는 가족보다 학교보다 일터보다 마을과 도시 단위가 더 중요해질지도 모른다. 왜냐하면 미래에 가장 중요한 꿈꾸는 장소가 바로 도시와 마을이기 때문이다.

이제는 부천의 마을 곳곳에 있는 마을의 작은도서관과 어린이집, 지역아동센터들이 꿈꾸는 장소가 되어야 하고, 부천지역의 무한도전팀이 깡을 가지고 아이들이 미래로 여행길에 오르는 장소가 되어주어야 한다. 그리고 마을과 도시의 학교, 도서관, 박물관, 미술관 이러한 것이 서로 연결되고 서로 찾아가는 교실이 되어 마을과 도시가 표현력과 끼를 키우면 마을과 도시가 꿈을 꾸기 시작할 것이다. 아이들이 꿈을 꾸면 마을이 신나고 마을이 신나면 도시가 꿈을 꾼다.

경계선과 흔들림

그러나 지금 가정이 붕괴되고, 비정규직 중심으로 직장도 불안해지고,

학교와 교육도 흔들리고 있다. 지금 많은 사람들이 가족과 직장과 학교의 경계선을 넘어 출애굽 중이다.

이들은 어디로 가는가! 이들이 최종적으로 갈 수 있는 곳은 어디인가!

그곳이 바로 마을이다. 마을의 교회와 마을의 도서관과 마을의 지역아동센터는 바로 마을의 경계선에 서 있다.

오늘 저출산, 고령화, 양극화 시대의 모든 교육과 복지와 문화는 지역 통합형, 지역 연계형을 띠고 그 전달체계를 강조하고 있다. 가장 중요한 것은 마을의 생태계를 만드는 것이다.

공부방, 도서관, 복지관, 주민자치센터, 교회를 잇는 복지, 교육, 생태계를 만들고 지역, 마을, 도시 중심의 복지, 교육, 문화 생태계를 구성하며 그것이 그물망처럼 서로 연결되어야 한다. "한 아이를 키우는 데는 한 마을이 필요하다"는 아이들이 살기 좋은 공부방과 마을의 꿈을 꾸며 공부방과 도서관과 마을 전체가 늘 책을 읽고, 학습하고, 신나게 아이들을 키우는 '학습과 축제의 마을 생태계'가 만들어져 신나게 아이들을 키우는 꿈을 꿀 때가 되었다는 것이다. (2007년 9월 11일. 이야기가 있는 우리 마을만들기 오픈수다 중 '약대동이야기' 부천 무한도전네트워크)

약대동 부천 평생학습 센터에 평생학습마을만들기를 제안하다
– 가족과 함께하는 평생학습 마을만들기

제1회 부천 시평생학습심포지엄 자료집

주제 : 부천 학습공동체 만들기를 위한 지역사회의 역할과 과제

일시 : 2003. 11. 4(화) 14:00~17:30

장소 : 부천 시청 대강당

마을단위 품앗이 학습활동으로 삶의 문제를 해결하고 가족을 치유하는 평생학습 마을만들기

…… 이 일을 위해 우리는 약대동에서의 '주민들의 품앗이 학습활동과 학습클리닉으로서의 건강한 가족 육성'을 가정과 마을을 잇는 약대동 평생학습 마을의 중심단어로 본다.

첫째, 가족과 여성과 아동의 핵심 공동체를 잇는 학습 공동체를 형성한다. 기존에 있던 지역의 방과 후 교실과 가족도서관을 통해 형성된 아동의 공동체를 튼튼한 마을의 아동 평생 학습 동아리로 성장시킨다.

아동들의 마을 학습으로 골목축제와 골목학습이 진행 중이다. 동네 골목을 아동 청소년들에게 돌려주자! 자전거로 동네 한 바퀴 운동. 지역과 마을을 돌아보고 돌보는 아동 지역 지킴이.

약대지역에 자생적으로 자라나는 풀과 꽃을 발견하고 마을 공동체가 집중

적으로 키워보는 어린이 쌈지 공원의 조성. 1차 가을여행 부천 '시민의 강'에서 상동 '호수공원'까지, 2차 가을여행: 만화 교육, 유럽 자기박물관. 아동 동반장과 아동 시의회와 같은 동네와 시 차원의 아동 민주시민교육의 평생 학습 동아리는 네트워크를 추진한다.

둘째, 마을 주부들의 품앗이 학습 활동이 시작하여 마을의 평생교육 전달자로 성장하길 원하고 있다. 방과 후 교실이나 가족도서관 내의 주민들이 이미 미술교육이나 체육교실 그리고 영어회화 교실에 참여를 시작하였고, 가족독서관 내의 가족 지원센터에서 시작된 가족 성장모임의 학습동아리를 마을의 평생교육의 전달자로 교육하기 위해 새로운 학습동아리가 구성 중에 있다.

셋째, 마을의 평생학습공동체는 삶의 문제를 구체적으로 해결하는 클리닉의 형태의 학습망이 되어야 한다. 우리 삶의 장애를 진단하고 그 진단에 따라 결손된 학습력을 서로 서로 치유해주는 서로 배움을 위한 가능성의 학습망의 기능을 발휘하도록 만들어야한다.

우리는 이러한 학습클리닉 활동의 우선적 실천 대상으로 '가족'을 잡았다. 약대동은 이 일을 위해 약대동 가족지원센터와 약대 가족도서관가 준비되어 있는데 주민들의 품앗이 평생학습활동을 중심으로 지역의 학교, 주민자치센터, 그리고 여러 교육 문화 공간과 마을단위의 학습동아리를 구성하여 자신들의 삶의 문제를 구체적으로 진단하고 품앗이 형태의 학습마을을 형성하여 그것을 구체적으로 해결해나가며 아름다운 마을, 행복한 가정, 신나는 동네 학습을 이루는 것이 평생학습마을의 꿈이 될 것이라고 믿는다.

한 아이를 키우는 데는 한 마을이 필요하다

가정의 달을 맞으며 "요즈음 젊은 부부들이 왜 아이를 낳지 않으려 하는가?" 하는 질문을 한다. 육아와 양육과 교육이 너무 힘들다는 것이다. 요즈음 젊은 부부들에게는 육아 양육 교육이 거의 공포의 대상이 되어가고 있는 느낌이다. 처음에는 '내 아이만은 다르게' 라는 생각을 갖는다. 그러나 아이는 결코 혼자 키울 수 없는 법이다. 돈으로도 키울 수 있는 한계가 있다. 지금 초등학교 아이들의 4분의 1이 정신적 질환이 있다 하지 않는가? 공부도 잘하고 똑똑히 키운 것 같지만 사실 제2의 조승희를 만들고 있는지도 모르는 일이다. 사실 아이들도, 부모들도 점점 고립화되어가고 있다.

어떻게 해야 하는가? 무엇이 해답인가?

해답은 한 아이를 키우는 가장 건강한 방법은 한 아이를 키우는 데는 한 마을이 필요하다는 것이다. 공동체와 마을을 기초로 키워지지 않은 아이들은 사실 공부를 잘해도, 똑똑해도 문제이다. 그들은 결코 다시 마을과 공동체를 위해 봉사하지 않는다. 마을과 공동체를 기초로 키워진 아이들만이 사실 다시 그 마을과 공동체에 봉사하는 건강한 아이들로 성장하는 법이다.

성서는 이 점에서 분명히 가르친다. 아이들과 사람은 개인으로 가정으로 고립되어 키우는 것이 아니라 반드시 교회와 지역사회와 함께 아이들을 키워야한다고 가르친다. 그리고 사실 최근의 가장 발달된 교육은 점점 지역사회 자체를 바로 교육의 현장으로 삼아가고 있다. 그러니까 사실 미래교육은 학교에서 마을로 움직여오고 있는 것이다. 그런 의미에서 미래교육의 핵심은 마을로 내려오고 있는 중이다. 이것을 다시 한마디로 표현하자면 한 아이를 키우는 데는 한 마을이 필요하다는 말이다.

한 아이, 한 사람을 고립된 개인이 키울 수 없다는 것이다. 한 가정도 불충

분하다. 교회가 나서야 하고 이제 마을이 나설 때가 되었다는 것이다. 지난 21년 동안 약대동 마을에서 교회, 어린이집, 공부방, 도서관을 통해 은빛, 꿈빛 세상으로 나서면서 지금 우리는 교회가 신이 나면 마을이 신이 나는 것을 배우고 있는 중이다.

푸른 부천 21 발표문. 이원돈(새롬교회)

마을의 학습 환경 및 공동체 및 학습 생태계 형성을 위한 마을 인문학

현재는 마을 전체가 배움터라는 말이 공공연히 나오고 있는 시대이다. 한 아이를 키우기 위해서는 한 마을이 필요하다는 이야기도 있다. 지금은 지방자치시대의 초입이고, 우리는 우선 '지역과 가정'에 주목하게 된다.

그동안 약대동은 가정지원센터와 가족도서관 중심으로 육아클럽과 독서클럽으로 대표되는 학습 소동아리들이 움직여 왔다. 그리고 약대동의 지역아동센터와 신나는가족도서관 내의 주민들이 이미 미술교육이나 체육교실, 영어교실 등 다양한 품앗이 교육활동을 벌이고 있다.

또 어린이집과 가족도서관에서는 최근 생태 교육이 활발하고 이것이 주민자치센터와 연결되어 주민자치센터 앞마당 생태학습장에서의 생태학습의 경험도 얻었다.

그런데 2006년 여름 방학 기간 중 우리 아이들과 부모들은 놀라운 경험을 하게 되었다. 약대동 마을학교를 진행하면서 그 마을학교를 운영할

교사대학이 필요했
고, 특별히 지구촌
학교를 경험하면서
이러한 마을의 학습
소동아리들이 연합
하니 지역학교를 여
는 교사들이 참여하
는 약대동마을 지역
교사대학으로 발전
하는 것이 아닌가!

그리하여 우리의
꿈은 이러한 마을학
교와 지구촌 축제 그리고 지역의 여러 봉사 선교를 지속시킬 약대 마을의
학습 생태계를 조성할 가능성과 꿈을 꾸기 시작하였다.

무엇보다 자신들의 '마을'을 자각하고 '마을'에 대한 자부심과 애정을
가진 마을 주민들이 마을의 학습생태계를 꿈꾸며 모여 탄생한 것이 한 달
에 한 번씩 둘째 수요일에 모이는 수요 마을 아카데미이다.

우리는 마을과 시민사회의 교육과 복지와 선교의 인적 물적 자원을 모
으기 시작하였다. 그리고 그 첫 시작으로 노인 복지회관 관장님을 모시
고, 이어서 노동복지회관 관장님, 그리고 푸른부천 21 국장님, 아동학대
예방 센터장님이 다녀가셨다. 앞으로 초대대상으로는 YMCA, 녹색가게,
생협, 부천의 작은도서관협의회, 사회복지 협의회, 외국인 노동자회, 평
생학습, 시민교육, 학교급식네트워크 등등의 시민과 지역사회 인사들을
초대하여 교회와 마을과 지역과 시민사회를 잇는 학습생태계를 꿈꾸고

있는 것이다. 듣는 것만이 아니라 토론하고 선교와 복지와 교육에 적용해나가 마을과 시민사회의 교육과 복지와 선교의 장에서 실천하는 지역일꾼의 교육과 토론의 장이 되는 것이 우리의 꿈이다. (조혜정 선생(교육과 지혜의 마을지기) 초대사: 동네방네 교육과 지혜의 마을에 살고계신 분들께!)

수요모임에서는 현대 지식정보화사회에서 멋지게 살아가기 위해서 무엇을 어떻게 할 것인가를 가지고 열띠게 이야기를 하였다.

첫째, 평생학습체제를 구축해야 한다.

둘째, 지역사회 중심의 학습 동아리를 만들고 활성화시켜야 한다. 이는 자신의 생애주기를 스스로 설정하고 자기 학습에 필요한 교육계획을 세워 항상 공부하자는 이야기인데, 혼자 할 수 없으니까, 서로 도와주고 때로는 모임을 만들어 공부하고, 나보다 나은 사람이 있으면 선생으로 모시고, 내가 남보다 조금이라도 먼저 경험했거나, 색다른 생각과 경험을 가지고 있으면 나서서 잘난척도 하면서 즐겁게 인생을 살아가자는 이야기이다.

나의 생애 주기 분석과 나의 학습동아리와 나의 자기주도적 학습계획서(커리큘럼)를 짜보자.

1. 나의 생애주기
- 생의 계절에 따른 변화를 나는 어떻게 감지하고 있는가!(기분, 의욕, 경제, 가족, 공동체)
- 이러한 생의 계절의 변화에 대하여 나는 어떠한 준비와 학습을 하고 있는가!

–나는 삶의 환경과 삶에 대하여 얼마나 학습이 되어 있는가!

2. 나는 어떠한 공동체에 참여하고 있는가!

– 나의 삶을 학습하고 향상시키는 어떠한 학습 동아리를 가지고 있는가!

– 나는 어떠한 공동체나 학습 동아리에 참여하기를 원하는가!

스웨덴의 학습 동아리: 전국 30만 개 정도의 학습 동아리 구성. 인구의 40%, 여기에 따른 학습 자료는 통신학교, 도서관, 교회, 미팅홀에서 제공받는다.

일본의 자주적 학습 집단, 생애학습 가와사키 자주 학습 집단: 456개 단위, 시민관에서는 50여개 집단 활동(지역과 국제).

나의 자기 주도적 학습 계획서를 짜보자. 1년 단위, 5년 단위, 10년 단위, 인생의 계절별 단위로.

학습생태계란 무엇인가

1) 학습생태계는 평생학습사회가 도래하면서 본격적으로 논의되고 있는 평생학습 담론 가운데 하나이다.

2) 학습생태계는 생태계의 논리를 학습현장에 적용한 것이다. 학습생태계 이론이 기반하고 있는 생태주의는 새로운 문명패러다임이다. 생태주의는 주객 분리주의의 사유와 지배논리를 특징으로 하는 생명 죽임의 근대 패러다임의 대안으로서 유기적 관계주의와 호혜적 공생관계를 특징으로 하는 생명 살림의 탈근대 패러다임이다.

3) 학습생태계란 무엇인가? '학습을 구성하는 다양한 요소들이 역동적으로 상호의존하고 호혜적으로 상호작용하여 학습활동을 지원하고 촉진하는 체계'이다.

학습은 평생학습사회에서 사람이 수행하는 생명과정이다. 학습 생태계는 이 학습의 특징을 상호의존, 상호작용, 성장·발달의 관점에서 밝히고자 한 것이다. 여기에서 학습이란 고정불변한 것이 아니라 끊임없이 변화하고 성장하고 소멸하는 일종의 유기체이다. 이러한 학습은 서로 존재론적 관계를 통하여 학습생태계를 구성한다.

약대동 학습생태계 그려보기!! : 약대동 녹색 지도 만들기

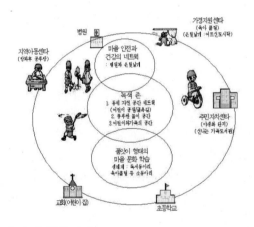

약대동 그린 존의 구성 요소

1. 약대동 주민, 어린아이, 가족, 어르신, 청소년들 …….
2. 약대동 주민자치센터(생태공원/가족도서관/어르신 도시락 배달 은빛날개)
3. 지역 아동센터(방과 후 공부방)
4. 가정 지원 센터(은빛날개, 은빛도시락)
5. 교회
6. 병원(지역 개방형 병원)

7. 초등학교

8. 약대동 마을 문화, 학습, 축제 생태계: 품앗이, 클리닉 형태의 마을 평생학습생태계

9. 주민자치센터 주변의 약대 생태공원과 골목길 등 자연공간과 약대 초등학교 운동장과 체육관 등 놀이 공간, 어린이집, 지역아동센터, 신나는가족도서관 등 가족 공간의 네트워크.

부천의 작은도서관과 공부방이 함께 꾸는 마을과 도시의 문화, 교육, 복지 생태계

부천지역 아동센터가 명실 공히 지역의 가장 중요한 교육, 복지, 문화의 전달체계로 자리매김하려면 가장 중요한 것은 부천의 시민사회와 네트워크되는 일이다. 이러한 점에서 부천지역과 시민사회과 많은 것을 배우고 나누어야 한다.

1. 이러한 도시의 꿈을 위해 우선 우리 지역 아동센터는 무엇보다도 먼저 마을에 뿌리를 내려야 한다. (마을만들기)

미래 교육은 마을 교육이어야 하고 이 마을교육의 핵심은 지역의 학습 생태계를 만드는 것이다. 한 아이(사람)을 키우는 데는 한 마을이 필요하다! 마을 교육은 학교식 교육을 따라 가서는 안 된다. 학교의 방과 후 학교와도 다른 차원이다. 대안적 세계관과 교육 철학을 확립해야 한다. 학습하고 네트워크하지 않는 공동체는 죽는다. 먼저 교육, 복지, 문화의 생태계를 만들고 교사와 교육의 질을 높여야 한다. 늘 마을과 시민사회를 학습하고 모든 것을 마을과 시민사회적 입장에서 생각해보아야 한다. 마을의 교사들은 교사교육과 스스로의 성장구조와 지역아동센터의 복지권,

교육권, 학습권, 시민권의 확보를 통해 앞으로 전개될 교육 자치 시대에 당당한 시민사회의 지역사회 교육기관과 평생학습기관으로 당당하게 서야 한다.

우리 부천지역 작은 마을 도서관에서 바라본 꿈꾸는 도시

부천은 꿈이 있다. 마을과 도시의 미래가 도서관 속에 있기 때문이다. 그런데 우리는 이 책 읽는 도시를 도서관친구들과 함께 만들어가려고 하고 있다. 우리가 이 도서관친구들과 손잡고 '한 도시 한 책 읽기'와 같은 책 읽는 도시로 나아가려고 할 때 책 읽는 도시와 도서관친구들의 모습을 세 가지 차원에서 드러내야 하겠다.

마을과 도시를 잇는 문화창조자의 차원

마을 단위의 작은도서관에서 문화 자원봉사자의 수준에서 출발한 도서관친구 운동이 마을과 도시를 잇는 '문화창조자'와 '전달자'로 성숙, 성장하며 책 읽는 도시와 도서관친구들의 모습의 창조성을 드러내야 하겠다.

도시와 시민사회적 차원

도시와 시민사회적 차원에서는 책과 도서관과 문화를 사랑하는 시민들, 문화 예술인들, 그리고 기업인들의 '책과 도서관을 사랑하는 문화 시민 도서관친구들'이라는 새로운 문화 시민 브랜드의 인큐베이터가 되어야 한다.

마을과 도시를 잇는 문화 창조와 시민축제의 차원

그래서 이 마을 단위의 문화창조자와 전달자로 업그레이드된 문화자원 봉사자들과 부천 시의 '책과 도서관을 사랑하는' 시민들과 예술인, 기업인들이 마을과 도시의 곳곳에서 책을 읽고 토론을 하고 문화 축제를 즐기며 문화와 학습과 복지의 생태계를 만들어나갈 때 그곳에서 창조적인 책 읽는 문화 도시 부천의 꿈이 이루어진다고 믿는다.

2008 도서관 학교 "인문학, 마을 도서관을 만나다"에 참석하고…

나는 도서관이 좋다. 많은 책들이 빼곡히 꽂혀 있는 책장이 좋고 그 책장 곁에 앉아서 한 줄 한 줄 읽어 내려가는 도서관친구들의 책 넘김도 좋다. 이런 도서관에서 개최하는 강의가 있다니, 반가움에 얼른 신청을 하고 월요일이 오기를 기다렸다. 더 좋은 건 우리 도서관친구들과 함께 듣는다는 것이었다.

첫 시간 설레는 마음으로 조금 일찍 강의실로 갔는데 역시 나의 기대 이상이었다.

성공회대학교의 고병헌 교수님은 이제까지 내가 답답해하면서도 실마리를 찾을 수 없었던 많은 질문에 대한 답을 주시는 듯했다. 삶에 대한 성찰을 인간에 대해, 교육에 대해, 철학에 대해 물꼬를 터 주셨다.

왜 내가 행복하지 않고, 나의 아이들도 점점 힘들어지는지 나 스스로 알 수 있었다.

바로 소통이었다. 반성의 시간을 가질 수 있어서 좋았고 다른 대안을 볼 수 있어서 더욱 좋았다.

둘째 시간은 그 다음 월요일, 에듀플랜의 김창원 대표님과 함께였다.

즐겁게 6명에서 때론 2명에서 타인에 대한 배려와 수용의 폭을 넓히는 훈

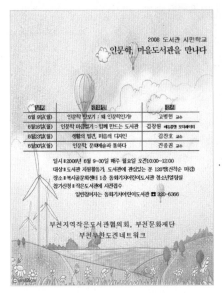

련을 하였다.

감수성 훈련이라고 했다. 신문지 찢기, 천재 고양이 놀이는 집에 돌아와 우리 아이들과 같이 해보았는데 예상보다 훨씬 더 좋아했다. 내가 강의실에서 재미있어하고 행복했던 것처럼 우리 아이들도 웃고 있었다.

셋째 날은 유난히 많은 시와 노래 사진을 보았다. 김찬옥 교수님이 '생활의 발견, 마음의 디자인'이라는 제목으로 강의를 해주셨는데 기러기 아빠인 우리 남편이 생각나서 마음이 아프기도 한 시간이었다.

갈수록 공간에서의 소통은 사라지고 기계적인 편리함만이 강조되고 있는 현재 우리 삶의 터전을 보니 답답한 마음이 들었고 그에 비해 비록 가난했지만 행복하게 웃고 있던 골목길의 아이와 그 옆 평상에 앉아 있던 내 또래 여인의 함박웃음이 지금도 떠오른다. 행복해 보였다.

후반부는 소리에 대한 강의였고 내가 우리 아이들에게 자주 쓰는 화법에 문제가 있다는 것도, 어떻게 고치면 더 내 의사가 잘 전달되는지도 알게 되었다. '너'가 아닌 '나' 대화를 하거나 상황에 대한 자세한 정보를 주는 게 의문형의 대화보다 좋다는 말씀이셨다. 200% 공감. 지금도 실천 중. 마지막 강의는 미학 그것도 미술에서의 사회학적 성을 보는 시간이었다. 담백하고 자신감 넘치는 조희안 교수님이셨는데 내가 보아왔던 미술 작품 속에 남성을 우월시하는 사회의 의미가 담겨 있다는 것을 알게 해주는 시간이었다. 너무나 많은 강의를 준비해오셔서 우리에게 그것을 다 쏟아붓고 가려고 애쓰시는 모습이 인상적이었고 들을 때는 너무 비약이 심한 거 아닌가 하는 생각도 잠시 했는데 일주일을 곱씹어보니 내가 사는 세상이 내가 아는 범위를 훨씬 넘어서 돌아가고 있다는 게 차츰 받아들여지고 그래서 역시 사람은 배워야 한다는 생각이 들었다. 미술에 대한 이런 파격적인 미학적 해설을 어디 가서 이렇게 자세히 들을 수 있겠는가? 미술사가 인문학에 속한다는 사실도 이번에 알게 되었다.

다음 주부터는 월요일에 인문학 강의가 없다. 아이들 보내놓고 늦게 까지 게으름을 피우고 싶은 유혹을 물리치며 4주를 마치고 나니 다음 주 월요일엔 뭐 하지?라는 허전함도 있다. 다음 주 월요일에는 도서관에 가서 미술사에 대한 책을 한권 꼭 읽어보고 싶다.

'인문학, 마을 도서관을 만나다'에 참석한 '소화'라는 필명의 도서관친구가
부천 작은도서관연합회 카페에 올린 글

3. 개인적 고립을 넘어 사회적 협동을 꿈꾸는 수요 인문학 카페 탄생하다

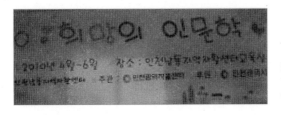

마지막으로 그동안 서술해온 약대동과 부천지역사회에서 꿈꿔온 지역과 마을의 학습생태계가 어떻게 약대동의 수요인문학 카페라는 마을 인문학으로 꽃을 피우게 되는지를 이

야기해보도록 하겠다.

2010년 들어서면서 약대동 신나는가족 도서관에서는 보다 깊이 마을을 연구하고 마을에서 미래의 희망을 보기 위해 수요인문학 카페라는 평생학습공동체를 시작한다.

그동안 우리 부천약대동에서 시작한 수요인문학 카페가 지금은 남동자활센터/삼산동/만수동/계산동의 마을 희망의 인문학까지 네 곳으로 번져 나갔다. 아래 내용은 우리가 수요 인문학 카페 혹은 희망의 인문학이라는 이름으로 함께 공부한 마을 인문학의 내용들이다.

마을 희망의 인문학을 시작하면서……

인생에 있어서 가장 중요한 문제는 사실 세계관의 구상이다. 세계관이란 우리 삶의 지도를 그리는 것이다. 아이들이 이때 세계관을 구성하는 능력을 배우지 못하면 앞으로의 삶의 지도를 그리지 못하고, 삶의 길을 찾지 못하게 될지도 모르기 때문이다. 그런데 문제는 오늘 이러한 삶의 길 찾기인 지도 그리기와 나침반(세계관)에 대해서 누구도 이야기하지 않고, 가족과 학교와 학교 선생님 등 누구도 가르치지 않는다는 것이다.

독서가 우리 삶에 중요한 것은 독서만이 우리 삶의 세계관을 구성해줄 수 있기 때문이다. 우리 인생에 중요한 전환점은 주로 우리가 어떠한 사람을 만났는가, 우리가 어떤 책을 읽었는가로부터 오기 때문이다.

독서란 우리 삶의 지도를 그리는 것이다. 아이들이 어린 시절 이 세계관을 구성하는 능력을 배우지 못하면 아이들은 앞으로 삶의 지도를 그리지 못하고, 삶의 길을 찾지 못하게 될지도 모른다.

교육에서 가장 중요한 것이 바로 세계관의 구성이라면 우리가 지금부터 시작해야 할 일은 독서문화를 부흥시키는 일이고, 이러한 독서문화의 기초 위에 희망의 인문학적인 기초를 세우는 것이다.

첫 강의의 주제는 개인적 고립에서 사회적 협동으로 잡았다. 오늘 우리는 현대의 역병을 규명하고 치유해야 한다. (고립, 자폐, 우울, 침묵, 소통의 실패)

오늘 현대사회의 가장 큰 문제는 바로 고립의 문제로, 고립, 격리 그리고 우울증이, 침묵, 우울과 허무, 죽음의 문화가 우리 모두를 뒤덮고 있다는 것이다.

1강. 고립에서 사회적 협동으로 나가기까지

우리의 삶과 인생을 진단할 때 중요한 요소는 우리 인생이 늘 개인의 내면에 폐쇄된 고립과 자폐의 껍데기를 넘어서고 있는가를 물어보아야 한다는 것이다. 우리가 개인으로 고립, 폐쇄된 인생을 넘어 사회적 연대, 협동을 통해 사회성을 회복하며 관계적 몸과 그리스도의 몸과 공동체를 회복할 때 우리 삶에 진정한 치유와 회복이 도래하는 것이고 바로 우리가 지향해야 할 공동체의 미래성이 바로 거기에 있기 때문이다.

우리가 온전한 사람이 된다는 것, 온전한 인격이 된다는 것은 무엇을 의미하는가? (자존감 - 긍정 - 관계 - 소통)

1차원적 긍정은 어디서 출발해야 하는가? 나와 나의 관계이다. 가장 중요한 것은 자신과의 관계가 좋아야 한다는 것이다. 가장 먼저 내가 나를 긍정하여야 한다. 그리고 그중 가장 중요한 것이 바로 긍정적 언어를 사용하는 것이다. 아무리 어려운 상황 속에서도 긍정적 언어를 사용하면 그것은 긍정적 사고를 불러오고, 그를 통해 우리는 콤플렉스를 극복하고 자신에 대한 긍정성, 자존감을 만들기 시작한다.

우리가 마을에서 경험한 이 고립과 자폐의 이야기를 예수님의 갈릴리 선교 이야기와 연결해본다면 그 첫 이야기는 성서의 문둥병자 이야기와 같을 것이다.

당시 이스라엘에서 문둥병이란 어떤 병인가? 오염되었기에, 그리고 전염되기에 다른 사람과 접촉해서는 안 되는 병이다. 그래서 문둥병이 무서운 것은 이 병이 바로 사회로부터 고립과 격리를 의미하기 때문이다. 사실 오늘 우리 가운데에도 사실 수많은 문둥병 환자들이 있다. 피부가 썩어 문드러져 고립·격리된 문둥병이 아니라, 스스로 마음을 닫아 세상으로부터 고립되고 격리된 마음의 문둥병 환자가 많다는 것이다.

문둥병환자 치유 후의 두 번째 치유 기사는 중풍병 환자의 치유 기사인데, 이는 고립에서 사회적 협동의 차원으로 나오는 것을 의미한다. 이처럼 우리가 문제를 해결하려면 부담스럽다, 상처받았다를 되뇌이며 스스로 고립되어 있는 것이 아니라 몸을 부딪치고 서로 접촉하며 나가야만 한다. 그리고 이러한 협동과 연대는 바로 무리를 넘어선 집단적 지혜로 이어져 지붕을 뚫고 만다. 그리하여 개인에서 공동체로 나가며 공동체의 몸을 만들고, 관계적 몸을 만들고, 그리스도의 몸을 세울 때 우리의 문제와 상처가 진정으로 나아 그 중풍병 환자가 일어나 걸을 수 있었던 것이다.

2강. 괴물과 난쟁이의 나라에서 마당으로 나온 암탉

우리는 이곳에서 공부한 희망의 인문학에 힘입어 지금 이 나라를 두 단

어로 요약하게 되었다. 그것은 괴물과 난장이의 나라이다.

지금 이 정부는 괴물의 탄생과 그 모양이 닮았고, 오늘도 이 괴물의 탄생하에서 많은 서민들은 난장이 가족이 되어가고 있다. 그래 소설 속 난장이는 강제철거를 당한 후 삶의 희망을 빼앗긴 채 굴뚝 속에서 자살했고, 2009년 용산의 세입자들은 옥상에서 철거에 저항하다 불에 타죽었다.

"부자 되세요, 성공하세요"의 실패

한 7년 전부터 우리는 서로에게 '부자되세요' 라는 인사를 나누기 시작했다. 부동산 투기든, 주식 폭등이든, 로또가 되든 어떻게 부자가 되는 것은 상관이 없다. 단지 부자가 되기를 욕망했다.

우석훈 박사의 분석에 의하면 우리가 '부자되세요' 라고 인사하기 시작하면서부터 우리 경제가 어려워지기 시작했다고 한다.

이 시대의 괴물은 누구인가? 오늘 이 시대의 난쟁이들이 누구인가? 우리 사회의 미래를 이끌어가야 할 20대에 붙은 이름이 '88만원 세대' 이다. "지금 20대는 얼굴은 20대인데 몸은 70대"라고 한다. 그리고 그 이유를 20대를 과잉보호한 엄마의 늪에서 찾는다. 우리의 20대가 너무 개인적으로 자라서 공동체적으로 문제를 해결할 능력이 없다는 것이다.

그래서 '고용 없는 성장으로 위기를 맞은 세대' 들이 근대적 핵가정마저도 꾸리기를 버거워하고 있고, 부모의 집에 눌러앉거나, 결혼을 회피한다고 한다. 그런데도 사람들은 아파트를 짓느라고 너무 바쁘다. 그러나 그 아파트에는 진정한 미래의 사람이 살지 않을 가능성이 높다. 그야말로 몇 마리의 괴물과 수많은 난쟁이의 시대가 도래한 것이다.

3강. 이제 마당으로 나와 무대와 장을 만들고 그 인생 무대에 오르자

수요인문학 카페라는 약대동 마을 인문학 모임에서 읽은 『마당으로 나온 암탉』이라는 성인동화의 주인공 잎싹이 사는 양계장은 먹고 알만 낳으면 되는 안정되어 있으나 꿈이 없는 곳이다. 어느 날 주인공은 자유를 갈망한다. "나는 더 이상 알을 낳는 기계가 아니다, 알을 자유롭게 품어 낳고 싶다."

그래서 마당으로 나가고 싶다는 꿈을 꾼다. 그러다 주인공 잎싹은 알을 잘 낳지 않는다고 폐계가 되어 쫓겨나 드디어 닭장을 벗어나 양계장 쇠창살에서 벗어날 수 있게 된다.

그 자유의 여정은 닭장 안에서 마당으로, 갈대밭과 들판으로, 저수지, 하늘까지 넓혀진다. 이처럼 자유와 모험은 그 대가를 치러 잎싹은 오랫동안 천둥오리 새끼를 사랑하고 정성껏 돌보고 키웠으나 천둥오리의 철새 무리가 저수지로 날아오는 그해 겨울에 자랑스럽게 그 무리 속으로 돌려보낸다. 이처럼 잎싹은 '알을 낳고 싶다는 꿈' 을 이룬 후에 스스로를

족제비에게 먹히며 진정한 희생을 통해 새로운 생명을 낳는 또 다른 부활을 준비한다.

이 무기력하고 자폐적인 시대에 어떻게 꿈을 꾸고, 꿈을 불러오나! 가장 중요한 것은 아이들과 청소년들로 무대를 만들어주고 꿈을 꾸게 하고 그 무대 위에서 자신의 인생을 연기할 수 있게 해주어야 한다는 것이다.

4강. 세상에 쓸모없는 사람은 한 사람도 없다

일자리가 문제가 되고 있다. 그런데 이 일자리에 대한 우리의 몇 가지 치명적 고정관념이 있는 것 같다. 그 하나는 일자리는 기업과 회사와 공장이 만든다는 것이다. 그런데 난감한 사실은 오늘의 일자리 문제의 핵심이 바로 '경제가 성장해도 일자리를 만들어내지 못한다' 라는 '고용 없는 성장'에 있다는 것이다. 다시 말해 공장이, 제조업이 더 이상 일자리를 만들어내지 못한다는 것이다. 그동안 최고로 일자리를 많이 만들던 공장과 회사가 더 이상 일자리를 만들지 못한다면 대안은 무엇인가? 그렇다면 일자리는 우리의 마을과 생활세계에 있지는 않는가? 그러므로 우리의 생활세계를 잘 살펴볼 필요가 있다. 동네와 마을 가운데서 나의 생활세계와 관계망을 잘 살필 필요가 있다. 미래의 일자리는 마을 단위의 생활세계와 관계망을 새롭게 짜는 것으로부터 시작될 수도 있다.

둘째로, 우리는 일자리 없는 사람을 실업자라고 부르고 마치 실력이 없고 쓸데없는 자 취급을 한다. 일자리 문제를 해결하기 위해 우리는 이러한 인식부터 변화시켜나가야 한다. 지금 우리가 쓸모없는 사람이라고 여기는 사람은 단지 화폐를, 돈을 잘 벌지 못하는 사람일 뿐이다. 화폐 의

존적인 삶을 줄일 수 있다면 이러한 사람들도 더 이상 쓸모없는 사람이 아니다. 화폐 의존적인 삶을 줄일 수만 있다면 세상에 쓸모없는 사람은 없다. 그러므로 새로운 일자리 전략은 그동안 화폐로 환산되지 않는 영역을 잘 살필 필요가 있다.

지금 우리는 점점 줄어가는 일자리와 임금(화폐) 수입 속에서 어떻게 생존해야 할지 지혜로운 전략을 짤 필요가 있다. 그동안의 직업(사회를 위한 노동)은 주로 화폐로 환산되는 영역에서 나왔으나, 미래의 일자리는 이처럼 공장에서 물건을 생산하는 노동이 아니라 지역에서 사람을 돌보고 교육하는 돌봄 노동 가운데 있을지도 모른다는 것이다. 그러므로 미래의 삶의 가치는 공장과 화폐에서만이 아닌 지역에서 사람을 돌보고 사람 간에 신용을 쌓아가는 관계와 신용과 사회적 자본에서 나올 가능성이 높다는 것이다.

셋째는 문화를 생각해보자는 것이다.

미래의 일자리는 제조업보다 문화에서 만들어질 확률이 높다는 것이 선진국의 생각이다. 육체노동 중심의 산업화시대 이후 지식과 문화 중심의 정보화 시대에는 단순한 육체노동이 아니라 창조적 상상력, 문화적 상상력을 통한 삶의 질과 미를 요청하고 있다는 것이다.

유럽에서는 일자리 없는 사람은 문화적으로 빈곤한 사람이라고 생각한다. 프랑스는 정규교육을 낮 12시에 끝내고 학생들을 전부 사회문화공간(도서관, 박물관, 복지관, 평생교육센터 등)으로 끌고 나가 문화공간과 프로그램 전부를 교재로 사용한다. 문화적 영역에서 새 일자리가 나오기 때문이다. 그러므로 미래의 노동에서 상상력, 감성 등 꿈꾸는 능력이 새로운 능력으로 인정받을 것이다. 이러한 미래 문화적 일꾼을 훈련하는 인큐베이터가 문화의집, 박물관 도서관 등 지식문화 시설에서 자원봉사하는 '문화적 자원봉사자' 들이다. (일본 공민관, 영국 아트센터, 유럽 문화의집 등)

최근 한국사회의 마을마다 세워지고 있는 지역의 공부방, 작은도서관, 박물관과 같은 마을의 교육, 문화, 복지 네트워크가 새로운 지역사회의 학교이고, 지역과 시민사회의 이러한 새로운 문화적 노동을 실험하는 새로운 일자리들이 될 것이다.

결론적으로 미래 시대의 일자리는 새로운 공동체적 관계망을 짜는 일이고, 공동체 한 사람 한 사람이 이러한 관계의 그물망, 구원의 그물망, 안전의 그물망을 짜며 스스로 가족과 같은 소 공동체에서 구원의 삶을 사는 길을 제시하는 것이어야 한다는 것이다.

5강. 화폐를 줄이고 사회적 신뢰(자본)을 높일 때 우리는 쓸모 있는 사람들이 된다

오늘 많은 세상 사람들이 추구하는 것은 무엇인가? 많은 사람들이 이세상의 이익을, 욕심을, 재물과 권력을 추구한다. 그런데 오늘 이 세상이 만들어 내는 이 세상의 지식과 지혜의 결론은 무엇인가? 세상 지혜는 오늘 '000 법정 드라마' 에서 보듯이 결국 '000 죽이기' 와 같이 서로 흠집 내고 상처 입히기로 결국은 실패하고 만다.

2000년 전 '예수 죽이기' 도 결국은 하나로 죽은 예수가 수많은 작은 예수로 부활함으로 실패하고 말았다. 또 "오늘 나는 대학을 그만둔다. 아니 거부한다"는 대자보와 책을 낸 김예슬 양의 사태를 보면서 우리는 지금

대학을 중심으로 한 세상의 지혜가 붕괴되고 있음을 본다. 우리는 여기서 세상적 지혜들, 특히 권력 지향적 지혜의 파멸을 보고 있는 것이다.

오늘 세상이 숭배하고 있는 돈과 화폐는 우리가 그것에 의존할수록 결국 사람을 개인적으로 만들고, 고립되고, 자폐되게 만들어간다. 그러나 우리가 화폐에 대한 욕구를 줄이고 화폐로 지출됐던 것을 공동체적인 상부상조로 해결하여 의존을 줄일 때 우리는 신뢰를 자본으로 삼아 사회적 자본을 늘릴 수 있다. 그리하여 우리가 화폐에 의존하기보다는 지역 공동체에 참여하는 공동체 생활을 통해 사회적 신뢰와 자본을 넓힐 때 궁극적으로 행복한 삶을 살 수 있는 것이다. (지역의 좋은 복지관, 종교시설, 어린이집, 공부방을 발견하고 참여함이 필요)

6강. 다시 마을로 돌아온 소통과 돌봄의 이야기

지난 30년 동안 우리를 지배하고 세상을 지배했던 세계관은 경쟁이다. (시장 주도, 승자독식, 성과주의, 무한경쟁) 그래서 사람들은 이 약육강식의 시대에 협동보다는 개별적 생존을 방편으로 삼고 경쟁과 자기 계발, 토플, 토익, 스펙 쌓기에 목숨을 걸었다. 토플, 토익의 스펙 쌓기 등 20대를 타깃으로 한 자기계발서 열풍이 불었다. 이것이 최고조로 갔던 시기가 바로 신자유주의 시대이다.

그런데 이러한 오늘 우리에게 중요한 것은 지금 이러한 세계가 마감되고 있다는 것이다. 무한한 시장에 자유를 주는, 시장 독점의 시대 그것이 미국으로부터 붕괴되고 있다. 그러면 시장과 경쟁 중심의 신자유주의 이후에는 어떠한 세계가 오고 있는가?

현대 문화인류학 학자들은 이 신자유주의시대 이후의 시대를 칼 폴라니라는 경제학자가 말하는 호혜와 우정의 시대가 올 것으로 예상하기도 한다. 그리고 미래는 무한경쟁과 승자독식의 세계가 아니라 돌봄과 협동의 능력을 요구하는 시대가 오리라는 예측도 있다.

그런데 여기 문제가 하나 있다. 우정과 호혜의 세계, 공정무역의 세계, 돌봄의 사회, 사회적 기업의 새로운 세계가 온다면 가장 불리한 것이 바로 지금 20대인 신자유주의의 자식들이라는 것이다. 왜 그럴까? 이 신자유주의자의 아이들은 경쟁 이외에는 다른 삶에 대한 경험이 없기 때문이다. 너무나 경쟁에 중독되어 협력하는 삶을 살자고 하면 가장 먼저 반대하는 것이 바로 이 경쟁에 물든 아이들이라고 한다. (우석훈 교수)

왜 요즘 사람들이 아이를 낳지 않을까? 지금의 핵가족 제도로서는 아이를 낳고 교육하고 키우기가 힘이 든다. 핵가족을 넘어서 문제를 함께 풀 돌봄의 공동체가 지금은 사라진 것이다. 그러기에 요즈음 젊은이들이 애 낳기를 두려워하고 있는 것이다. 사회학자들은 이것을 사회적 돌봄의 위기라고 이야기한다.

결국 현대사회의 최대위기는 공동체의 위기와 사회적 돌봄의 위기로 요약된다. 그래서 가족, 국가, 시장, 어느 곳에서도 책임지지 않는 돌봄의 위기 속에서, 다음 세대들은 가정을 꾸리더라도 아이를 낳을 여력이 없다. 사실 이것은 지금의 젊은 세대들의 문제만이 아니라 40, 50세대도 마찬가지로 그 노후를 아무도 책임질 수 없다. 왜냐하면 지금 우리 사회의 교실, 직장, 도로, 시장, 길거리, 모든 곳이 전쟁터로 변하며 온통 과잉 경쟁의 장이 되어가며 우리의 가족과 국가와 시장도 그동안 해오던 돌봄의 공동체로서의 역할을 상실해가고 있기 때문이다. 한국 사회는 이제 다음 세대와 노후세대가 어떻게 살아갈 것인지 고민해야 한다. (조한혜정 교수)

최근 독서를 해보면 사회학자 문화인류학자 모두가 입을 모으는 것이 있다. 이러한 핵가족의 위기의 유일하고도 새로운 대안은 얼마 전까지는 작은 돌봄 공동체와 사회적 돌봄이었는데 이제는 한 차원 더 높은 수준이 필요하다는 것이다. 바로 '돌봄 마을'이 만들어져야 한다는 것이다.

마을 도서관에서 바라본 돌봄 마을의 상상력

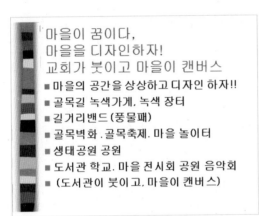

마침 이러한 때 공공 예술 공공미술이 등장하고 마을 곳곳에서 지역사회 연계형 프로그램이 진행되고 있다.

공공예술이 등장하면서 마을의 골목길, 도서관, 공원, 놀이터 등 새로운 장소가 발견되고, 마을과 도시가 캔버스가 되고 골목이나 도서관이 붓이 되는 것을 느꼈다. 이처럼 도서관이 문화예술과 만나면 마을과 도시가 캔버스가 되고 골목이나 도서관이 붓이 되어 마을의 골목 도시관, 공원, 놀이터들이 다시 살아나기 시작할 것이다.

도서관은 책을 통하여 꿈꾸는 곳이다.

도서관이라는 붓으로 마을을 그리자!

마을의 붓으로 도시를 디자인하자!

우리 마을 도서관이 시작해야 하겠다.

골목길로 나가고 동네 공원에 나가고, 그곳에서 책도 읽고, 전시도하고, 그림도 그리고 해야 하겠다.

도서관에서 음악회가 열리고, 전시회가 열려야 하겠다.
다시 아이들과 벽화를 그릴 수도 있다.
거리가 붓이고, 도시가 팔레트다.
공공예술가와 시민예술가외 결합하여 거리로 나서야 한다.
그래서 마을, 도서관, 놀이터, 공원에서 골목길 축제를 벌이자!!

그리하여 우리는 우리의 마을 교회와 마을 도서관과 지역아동센터에서 그리고 놀이터와 공원에서 다시 마을과 도시를 잇는 도시문화의 창조를 꿈꾸어보자!

마을 희망의 인문학 커리큘럼과 내용

1강 : 인문학이란 무엇인가? (고립에서 사회적 협동으로)
2강 : 괴물과 난쟁이의 나라에서 마당으로 나온 암탉
3강 : 아동기부터 노년기까지 생애의 발견
영화 - 라디오 스타/밀양
책 - 생애의 발견/연애의 달인/공부의 달 /임꺽정 길 위에서 펼쳐지는 마이너리그의 향연/고미숙
4-5강 : 지역사회 복지학(마을과 지역사회)
6강 : 세상에 쓸모없는 사람은 없다
7강 : 길을 내는 자 - 세계화, 지방화, 정보화 시대에로의 여행(디지털 노

8강: 다시 마을로 돌아온 소통과 돌봄의 이야기(다시 마을로! 마을이 희망이다)

약대동에서 마을인문학이 진행되고 그 내용과 커리큘럼이 만들어지면서 지난 2010 9월 9-10일 열린 푸른부천21 워크숍에서 부천의 시민사회를 향하여 시민대학을 시작하자는 제안을 하였다. 그래서 부천의 마을마다 마을 인문학 모임을 만들고, 그 마을 인문학을 모아 유럽처럼 부천 시민대학을 만들 꿈을 꾸는 것이다. 이것은 지금 푸른부천21 삶의질위원회에서 토론 중에 있다.

부천 시민대학에 불을 당겨라

푸른부천21이 부천 최고의 민간 파트너십의 위상을 세운 지 이제 10주년을 넘었다. 그동안 작은도서관, 아동인권조례, 학교 숲 가꾸기, 자전거운동, 베스트로 대표되는 시민 환경 교육 등 의미 있는 민관 파트너십의 모범 사업을 잘 진행해왔다.

이제 새로운 10년을 맞이하며 그 새로운 10년의 문을 여는 민·관 파트너십의 상징적 의제 사업이 필요한 시점에 와 있다고 생각한다. 그 출발은 아무래도 그동안의 성과와 앞으로의 방향을 설정하는 가장 중요한 의제 정신의 부활과 그 의제 정신의 핵심인 시민의식이라고 본다.

그리하여 새로운 10년을 여는 첫 의제 사업을 푸른부천의 의제 정신의 부활과 부천의 시민의식을 함께 높이는 시민대학을 만드는 것으로 보고 기초적인 디자인을 제안해보도록 한다.

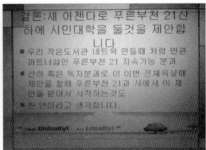

　시민대학의 철학적 기초와 시민대학의 실행방안의 핵심은 '교양시민'
의 육성이다. 한국의 압축 성장 과정에서 결정적으로 빠진 것은 유럽의
사회통합을 이끈 주체인 '교양시민'이다. 교양시민이란 공동체에 대한
배려와 사회윤리가 몸에 밴 중산층을 가리킨다. 공익과 공공선에 대한
헌신 의지를 갖춘 교양시민은 민주주의와 시장원리가 해결하지 못하는
갈등과 쟁점을 시민정신과 역사적 책임감으로 풀어낸다. 프랑스가 자랑
하는 톨레랑스(관용)는 학교교육에서 시민윤리와 공공질서의 중요성을 가
르치고 실습한 때문이다. 교양시민이 두터운 층을 형성하고 있어 사회통
합이 강한 나라는 배려 · 헌신 · 신뢰 · 준법정신이 높다. 이것은 눈에 보
이지 않는 사회적 자본(social capital)이다.(《조선일보》. 2010. 11. 30. 송호균
서울대교수 "유럽사회 통합 이끈 '교양시민'")

시민대학 커리큘럼 초안

　1. 시대의 징표 읽기 : 괴물과 난장이의 시대의 생명평화의 꿈

　2. 마을과 도시의 꿈과 시민사회 : "아이들이 신나면, 마을이 꿈을 꾸
고, 마을이 꿈을 꾸면, 도시가 춤을 춘다!"

　3. 시민 사회의 탄생 : 국가 시장 시민 사회 (NGO/4섹터)

- 근대의 기획과 탈근대의 탈주

4. 세대론 : 근대화/386/IMF

88만원 세대 인문학 카페 대거리 여행

5. 세계화, 지방화 시대의 신자유주의(세계와 지방화 정보화. 국가 기업 시민 마을)

6. 신자유주의 넘어서기 : 상상력과 창조성 프로젝트

7. 지역 문화 읽기 : 마을 문화, 도시 문화, 지역 문화. 삶 읽기, 마을 읽기, 도시 읽기.

8. 인문학적 상상력/미학적 상상력/생태적 상상력/신앙적 상상력

9. 신자유주의의 아이들 그 이후 : 새로운 지능 - IQ, EQ, SQ, DQ. 나눔의 지능, 소통의 지능, 놀이와 축제의 지능.

10. 소통혁명시대 : 웹 2.0 과 '공유, 참여, 개방'의 새로운 시대. 소프트웨어와 소프트 파워와 정보화 사회.

11. 새로운 시장의 탄생 : 우정과 호혜의 새로운 녹색 시장과 장터. 20대 '사회적 기업'으로 간다.

12. 다시 마을로!(녹색 돌봄 자치 마을)

13. 생애의 발견

7장

자! 이제 마을에서 지구촌 축제를 시작하자

마을, 지구촌을 만나다

왜 우리는 지구촌 축제를 시작하는가!

푸른부천21 회의를 마치고 돌아오는 길에 부천 외국인 노동자의 집(이하 줄임말: 부천 외노) 사무국장님과 같은 차를 타게 되었다. 사무장님은 이 땅에 나그네로 온 외국인 이주 노동자들이 이제는 받기만 하는 것이 아니라 우리 부천 시민들에게 나눌 것이 많다고 이야기한다.

지금 부천 외노는 한국인과 외국인을 위한 초, 중, 고, 성인에 맞는 세계 이해 교육, 인권 교육 등 맞춤식 교육을 개발하며, 진행하고 있다는 것이다. 필리핀, 태국, 몽고, 인도, 파키스탄, 중국 등의 나라의 언어와 문화, 음식, 의상들을 함께 나누는 지구촌 학습을 한다는 것이다.

마침 약대동에서 교회와 공부방과 가족도서관이 연합하여 지구촌학교를 만들려는 비전이 있었는데 부천 외노가 부천의 지구화 경험의 문이 되

겠다는 것에 눈이 번쩍 뜨여 연대를 요청했다. 여기서 시작이 된 발상과 움직임이 부천 공부방연합회가 지역아동센터 방학 프로그램으로 프로젝트를 완성시킴으로 제1회 마을에서 시작되는 지구촌 축제가 시작된다.

그때 마을에서 열리는 지구촌 축제의 준비 모임의 풍경을 한번 보기로 하자.

지역 아동과 함께 하는 신나는 지구촌 만들기 준비모임

□ 1차 모임

때 : 2006년 6월 21일(수) 오후 2시~4시

곳 : 가족도서관 동아리방

참석자: 이정심(외국인노동자), 이원돈(새롬교회), 김경희(새롬지역아동센터), 심명숙(부천지역아동센터 공부방연합회), 신순영(부천 시민교육센터), 박정선(부천 시민교육센터), 엄철용(약대신나는가족도서관)

○ 회의 결과

지구촌 공동체 교육. 주제 – '함께 하는 이웃! 신나는 지구촌!' 부제 – '오라! 약대동으로, 가자! 지구촌으로'

목적 : 마을과 시민단체가 합력하여 지구촌 축제를 열고, 참여 아동들에게 세계시민 의식을 갖도록 한다.

1) 일시 : 2006년 8월 27일(일) 오후 2시~5시

2) 장소 : ① 약대 초등학교 체육관

② 약대동 주민자치센터, 새롬교회, 새롬지역아동센터 등

3) 참여 대상 및 인원 ㉠ 초등학생 100여 명 ㉡ 청소년은 자원봉사자로 참여

4) 참가 나라 : 중국, 필리핀, 미얀마 → 나라를 대표하는 프로그램과 그 외 프로그램 준비

5) 행사 내용 : 여는 마당(입촌식), 지구촌 프로그램, 닫는 마당(대동놀이)

○ 회의 내용

소규모 인원으로 계속해서 심화할 필요가 있다. 여러 나라보다는 한 나라를 선택하고 참여하는 학생들이 미리 공부하며—그 나라 사람과 직접 만나야 교육적 효과가 있다. 〈이정심〉

이번 행사는 아동들에게 지구촌의 의미를 알리고 '아~ 재미가 있다'는 정도의 느낌을 받을 수 있도록 하자. 공부방의 운영의 실제와 외국인

의 프로그램이 조화를 이루도록 하는 것이 중요하다. 〈이원돈〉

약대동의 행사로 치르기보다는 부천지역 아동이 참여하는 행사로 나아가고 참여 정도를 알아보기 위한 수요조사를 하자. 〈김경희〉

인원 동원은 큰 문제가 되지 않는다. 관심을 갖는 부모들이 있고, 그리고 운영 방법에 따라서 외국인이 많이 필요하지 않다. 〈김명숙〉

앞서서 지구촌 축제를 알리고 참여자 스스로 각 나라의 정보를 알도록 한다. 초청장을 발송하고, 행사 당일에는 입국 절차 순서를 갖도록 하자. 〈신순영〉

시민단체에서 예산을 지원하고 외국인 노동자들과 지구촌 축제를 마을 단위에서 여는 것이 흥미롭고 고무적이다. 〈박정선〉

회의의 결론으로 만들어진 신나는 지구촌 축제 프로그램 내용

2006 부천 시평생학습 우수프로그램 지원 사업 : 지역아동과 함께하는 신나는 지구촌 만들기

함께하는 이웃, 신나는 지구촌:〈부제〉'오라! 약대동으로, 가자! 지구촌으로!'(2006년 8월 27일: 오후 2시~5시)

○ 세계 각 나라의 문화를 접하기 어려운 아동들에게 외국의 문화를 체험케 하여 다양한 문화를 이해하고 존중할 수 있도록 한다.

○ 세계의 고유한 문화와 접촉하면서 더불어 사는 지구 공동체 의식을 함양케 한다.

○ 다수 지역의 다양한 자원의 네트워크를 통하여 지역아동의 건전한 시민의식과 공동체의식, 함께하는 지구촌의 주체가 되도록 안내한다. (부천지역아동센터 공부방연합회)

자! 이제 우리 마을과 도시에서 지구촌의 꿈을 한번 꾸어보자!

1. 우리는 지역에서 아동과 청소년들과 함께 생활하는 사람들이다. 우리 아동들이 건강하게 자라려면 먼저는 지역사회의 건강한 주인으로, 둘째는 부천의 당당한 시민으로, 셋째는 당당한 지구촌의 세계시민으로 자

라나야 한다.

지역사회의 주인공과 부천의 시민으로서의 무대와 장은 나름대로 확보되어가는 편이나 이 변화무쌍한 세계에서 세계시민으로서 우리 아동들과 청소년들이 경험하고 싶은 지구촌의 경험 기회는 그렇게 쉽게 찾아오지 않았다. 그런 가운데 우리 한국은 월드컵의 거리응원과 한류의 열풍으로 지금 세계 속에 아시아와 새로운 문화적 관계를 경험하고 있다.

또한 지금 이주 노동자 자녀를 위해 한글과 한국문화를 가르치는 '지구촌학교'를 운영하는 외국인 복지센터와 방과 후 교실이 늘고 있어 우리 한국이 국제사회에서 높아진 위상만큼의 책임과 품위 있는 파트너십을 보여주고, 보다 상호적이고 나눔 지양적인 지구촌 시대에 맞는 새로운 감각과 문화적 역량도 성장시킬 수 있는 기회가 생기고 있다.

2. 이러한 새로운 문화적 경험은 시민으로서의 아동과 시민으로서의 외국인 형제들이라는 새로운 지구촌 문화의 경험을 요청한다.

고령화, 저출산 시대에는 어차피 외국 이주민들의 인력이 요청되고, 우리가 선진국으로 가려면 10% 이상의 외국인 노동자와 함께 살 수 있는 훈련이 필요하다는 이야기도 있는데, 이미 외국인이 전체 인구의 1%이며, 농촌에서는 결혼의 30%가 외국인과의 결혼이라고 한다.

우리는 이제 한국 사회 곳곳에서 마을의 주민과 시민으로 등장하고 있는 아동과 청소년과 외국인 노동자와 가족들 특별히 이주민 2세들을 보고 있다. 이에 세계화 시대, 국제화 시대 우리 모두가 어떻게 마을의 주

인공들과 도시의 시민들 그리고 세계시민으로 함께 자랄 수 있는지를 함께 경험하는 무대가 필요한 것이다.

그리고 우리는 이것이 바로 마을에서 세계를 경험하는 것이면 좋겠고, 특별히 우리 마을의 도서관이나 지역아동센터나 교회에서 마을과 함께 연대하여 경험하면 가장 좋겠다고 생각하는 것이다.

3. 우리는 마을과 도시에서의 당당한 시민으로 세계화와 지구촌 시대를 경험하고 싶다. 이 지구촌 학교가 시작될 수 있는 가장 좋은 곳이 바로 마을이다. 지금 마을 단위의 작은도서관/지역아동센터/작은 교회들이 꿍

장히 중요한 시대이다.

이렇듯 이곳에 마을 단위에서 도서관이나 지역아동센터, 교회들이 연합하여 외국인 노동자들과 그 가족을 초대하고 그들의 문화와 언어와 요리를 배운다면 참으로 훌륭하게 마을과 지구촌을 연결하는 그야말로 지구촌 시대를 열 줄로 믿는다.

그래서 이번 약대동 지구촌 축제는 주최가 부천지역아동센터 공부방연합회, 부천외국인 노동자의집, 새롬교회와 부천 시민연합이고, 후원이 부천 시, 부천노회 특수선교부, 약대동사무소 주민자치위원회, 한결문고 등 부천 시와 부천의 시민단체들과 교회 노회 등과 지역의 사업체 등의 파트너십으로 이루어지는 것이다. 이는 이제 지방화와 세계화의 시대를 마을에서 경험하자는 이야기로 '오라 약대동으로, 가자 지구촌으로!' 이라는 부제에서 볼 수 있듯이 마을에서 지구촌을 경험하는 시대가 열리고 있다는 것을 의미하는 것이다.

4. 동네에서 세계 시민의 꿈을 꾸어보자!

지구화 시대에서 마을의 중요성이 강조되는 것은 "지구화가 점점 성숙하면 할수록 최소 사회단위로서의 마을의 힘은 더욱 강해진다"고 말할 수 있다. 마을과 시민단체가 협력하여 지구촌 축제를 열고, 참여 아동들에게 세계시민 의식을 갖도록 해야 한다.

이처럼 마을은 마을과 시민단체가 협력하여 지구촌 축제를 열고, 평화의 푸른 비전을 전하며 참여 아동들에게 세계시민 의식을 공유케 하는 새로운 마을 축제의 환경과 놀이 공간과 무대를 만들어나갈 수 있는 것이다. 무엇보다 마을주민들의 자신들의 '마을'은 세계에 하나밖에 없다는 애정과 자부심이 마을만들기를 활성화할 수 있는 가장 큰 힘이라 할 수 있다.

첫 번째 지구촌 축제가 약대동에서 열리지만 다음해에는 부천의 여러 동네에서 마을마다 열리고 마을과 도시의 축제가 되어 지구촌과 세계화 시대에 만남과 교육과 축제의 장이 마련되길 바란다.

아시아 3개국 문화를 체험하는 행사가 27일 경기도 부천 시에서 열렸다.

부천지역 아동센터와 부천 외국인노동자의 집 등은 27일 부천 시 원미구 약대동 자체센터 앞마당에서 중국과 필리핀, 미얀마 등 아시아 3개국의 문화를 체험하는 '함께하는 이웃, 신나는 지구촌' 행사를 개최했다.

부천지역 초등학생 100여 명이 참가한 이날 행사는 중국 만두 '딤섬' 만들기와 필리핀 전통춤 배우기, 미얀마 전래 공놀이 체험 등으로 진행됐으며 부천지역에 거주하고 있는 3개국 근로자들이 강사로 나섰다.

주최 측은 "아시아 3개국의 다양한 문화를 체험을 통해 이해하고 이주노동자들과의 공동체 인식을 심어주기 위해 이런 행사를 마련했다"고 행사의 취지를 밝혔다.

《연합뉴스》

8장

아이들이 신나면 마을이 꿈을 꾸고, 마을이 꿈을 꾸면 도시가 춤을 춘다

나오면서

2008년 4월 24~25일, 푸른부천21 2008 전체 워크숍이 열렸다. 이날 기름유출 피해를 당한 충남 태안군 신두리의 하늘과 바다사이 리조트에서 교육과환경분과를 맡은 분과장(이원돈 목사)은 '마을과 도시의 디자인'이라는 주제로 다음과 같은 발표를 한다.

이 연구의 시작은 푸른부천21의 지방의제 21과 민관 파트너십으로 출발한다. 이 푸른부천21의 작은도서관만들기 네트워크의 결과로 부천에는 13개의 작은 마을 도서관이 생겼고, 이것이 부천은 물론 전국적으로 지방과 마을의 가능성에 대한 큰 상상력과 가능성을 불러일으켰다.

부천의 50여 개의 지역공부방들은 이 작은 지역 공부방들은 IMF 이후 지역의 가장 중요한 학습 복지 급식 전달체계로 자리 잡고 있다. 지금 부천은

오정구 노동복지회관의 동네 책 잔치

이러한 마을의 도서관과 공부방을 중심으로 공부방 선생님과 도서관 사서님들이 그리고 자원봉사로 참여하시는 어머님들의 교육 그리고 이용자들을 위한 여러 교육 및 축제 프로그램이 각 도서관과 공부방의 연대활동으로 활발한 편이다. 이러한 상황에서 마을만들기가 몇 동네에서 시작이 되었는데 마을만들기를 통해 이렇게 각 연합회로 모여 있는 공부방과 도서관이 다시 동네 마을이나 지역별로 함께 협력하며 마을의 학습 생태계나 복지나 문화 전달체계를 만들어야 할 시점에 이르렀다.

2007 지역아동센터 실무자교육 1차 프로그램

부천지역아동센터연합회에서는 '종사자가 변해야 지역아동센터가 변한다' 라는 주제로 지역사회 이해와 빈곤아동 이해 등을 준비했다. 또 부천 작은도서관 협의회에서는 제1회 도서관시민학교에 이어 제2회 도서관 시민학교를 '마을 도서관 인문학을 만나다' 라는 주제로 열었다.

그리하여 마을 단위로는 교육과 문화의 생태 숲을 만들고, 도시 한 가운데로는 평생학습 축제와 같은 시민 축제의 강이 흐르게 하고, '한 도시 한 책 읽기' 처럼 도시에 나무를 심고, 지구촌 다문화 사회가 공생하는 지구촌의 공원을 가꾸며, 마을의 도서관과 공부방과 지역의 문화와 예술을 사랑하는 도서관친구들과 같은 부천의 친구(자원 봉사자)들을 키우는 것이

부천 시민 사회의 꿈이다.

이를 위해 지금 가장 필요한 것은 각 현장에서 일하는 교사, 사서, 자원봉사자, 주민들이 자신의 현장뿐만 아니라, 그 마을 현장 가운데서 어떻게

공생하는 부천의 문화 복지 학습 생태계를 만들어 마을이 꿈을 꾸고 도시가 춤을 출 수 있을지를 꿈꾸며, 상상하고 디자인하는 것이다. 그리고 이것이 이 책의 즐거운 상상이자, 결론이 될 것이다.

그러면 결론적으로 이렇게 마을의 꿈에서 출발한 우리의 꿈이 어떻게 자연스럽게 도시의 꿈으로 이어지며 도시를 춤추게 할지 우리의 마을과 도시의 꿈을 한번 그려보자.

1. 우리는 부천에 작은도서관 13개가 생기는 과정을 통해 "시민사회와 마을의 공동체가 꿈을 꾸면, 우리의 마을과 삶의 구체적 현장이 어떻게

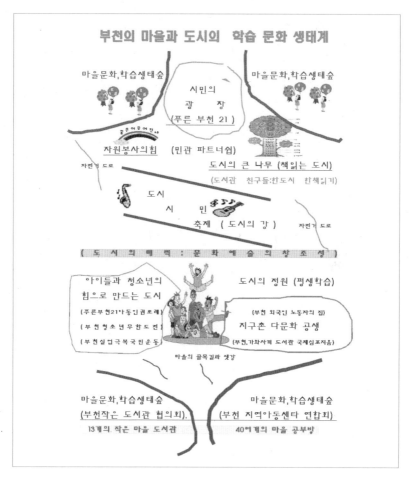

부천의 마을과 도시의 문화 학습 생태계

새로운 마을과 시민 사회의 시간과 공간으로 열릴 수 있는가" 하는 그림
을 구체적으로 그리고 꿈을 꿀 수 있으리라고 본다.

　2. 그리고 60여 개의 마을의 지역아동센터(공부방), 13개의 작은도서관,
그리고 마을만들기가 함께 꿈을 꾸면 마을과 도시를 둘러싸는 학습과 문

화와 복지의 생태숲을 함께 상상할 수 있으리라고 믿는다.

　3. 또 이러한 것이 책 읽는 도시나 평생학습 도시 등 마을과 도시를 잇는 시민축제로 연결된다면 도시의 한가운데를 흐르는 시원한 문화와 학습의 생태강의 가능성도 꿈꿀 수 있다고 생각한다.

　4. 그리고 만약에 이러한 마을과 도시의 꿈의 기초 위에 다문화 공생의 지구촌 정신을 불어넣을 수 있다면, 부천은 도서관과 공부방과 마을만들기가 지구촌과 함께 어우러지며 살아 숨 쉬는 지구촌의 학습과 문화의 도시와 마을 생태계까지도 함께 꿈꿀 수 있으리라 믿는다.

　이제까지의 모든 이야기와 꿈을 모아 한 문장으로 요약한다면 다음과 같이 될 것이다.

> "아이들이 신나면, 마을이 꿈을 꾸고,
> 마을이 꿈을 꾸면, 도시가 춤을 춘다!"

제Ⅲ부

생명목회와 지역 선교
: 교회가 꿈을 꾸면 마을이 산다

1

생명목회 패러다임에서 본
작은 교회 살리기 운동

본 소논문은 이 시대 새 목회를 위해 한국교회에는 '차별성'과 '매력'이 필요하고 한국교회는 이러한 성찰로부터 이번 기회에 교회의 사회에 대한 '문화적' 영향력이 어느 정도인지 점검해볼 것을 제안하면서 출발한다. 한 사회의 구성원이 사회 일반에 대해 문화적 영향력을 발휘하기 위해서는 차별성과 매력을 지녀야 한다고 한다. 차별성이 다른 점을 강조하는 정적 개념이라면, 매력은 그곳으로 이끄는 힘과 관련된 동적 개념이다.

최근 장신대 노영상 교수가 개신교를 비판하는 사람들이 생각하는 한국 개신교에 대한 부정적 이미지들을 정리한 글이 발표돼 관심을 끈다. 기윤실 부설 기독교윤리연구소 소장인 노 교수는 최근 「한국교회의 대사회적 이미지 실추 원인에 대한 분석과 이미지 제고 및 임파워먼트에 대한 방안」이라는 다소 긴 제목의 논문을 발표했다. 이 글에 따르면 한국 개신교는 광신도, 십자군, 초딩, 개독교, 짝퉁이라는 부정적 이미지를 갖고 있다고 한다.

논문에서 노 교수는 교회 밖의 사람들이 교회 및 교인들에 갖는 부정적 이미지를 분석했다. 교회 밖 사람들이 갖는 부정적 이미지 중 먼저 제시된 것은 '광신도 이미지'였다.

노 교수는 "크게 외치며 통성으로 온 회중이 열광적으로 기도하는 모습과 박수를 치며 빠른 박자로 하는 찬송이 기독교인들에게는 주님을 찾는 열렬한 기도이며 은혜로운 찬송이지만, 교회 밖의 사람들의 시야엔 지나치다는 인상을 주기도 하는 것 같다"고 분석했다.

단군상 파괴, 장승 불 지르기, 사찰 방화, 불상 파괴 등의 극단의 다 종교 배타주의적인 행위도 저들이 이러한 이미지를 갖게 하는 데 일조했다는 것이 노 교수의 분석이었다.

다음의 이미지는 '십자군 이미지'였다. 십자군 이미지는 2007년의 아프가니스탄에서 발생한 단기선교사 피랍사건을 계기로 증폭되었다. 그리고 강요적이며 공격적인 선교와 전도에 대한 비판의 글들을 인터넷상에서 많이 찾을 수 있다.

기독교를 비하하여 부르는 용어로 사용되는 '개독교 이미지'도 문제다. 이와 관련해서 노 교수는 "기독교인들에게는 '예수 천당, 불신 지옥'이 의미가 당연한 구호이지만, 교회에 다니지 않는 사람들에겐 거부감이 가는 말"이라면서 "교회 밖의 사람들을 전도하기 위해 그렇게 과격한 전도 구호를 노골적으로 사용할 필요가 있는지 검토해볼 일"이라고 밝혔다.

노 교수는 "일반적인 지적 수준에 미치지 못하는 목회자들의 설교, 약장사 이미지, 번잡한 지하철 등에서의 몰지각한 전도 양태들, 기복신앙의 강조, 다미선교회와 같은 종말론에 대한 광신, 대 사회문제에 대한 교회의 나이브한 발언들, 당회장들의 지나친 권위의식, 헌금에 대한 강조

등. 이 같은 현상들이 기독교를 짝퉁 종교로서의 이미지를 만들고 이것은 병을 고치고, 성공하고, 자녀 잘되게 하는 것이 기독교 신앙의 전부인 것같이 기독교의 진리를 축소시키는 기복신앙의 이미지와도 관련된다"고 했다.

이런 기독교의 부족한 이미지들이 증폭되면서, 노 교수는 "한국교회의 선교 초기의 이미지가 '개화당' 이미지였으나, 3·1운동에 즈음하여 '애국당'의 이미지를, 6·25 이후엔 '구호물품센터'의 이미지를, 1960년대엔 '잘 살아보세!'라는 사회의 지향점과 함께 '축복이 있는 곳'으로서의 이미지를, 이후 민주화운동 때는 '저항'의 이미지를, 요즈음엔 '슈퍼마켓'의 이미지를 나타내고 있다"고 밝혔다.

이어 그는 "이 같은 교회 이미지의 변화를 겪으면서, 한국교회는 이전의 선각의 단체라는 이미지와 고난받는 종이라는 이미지가 퇴색되었다는 아쉬움을 갖게 된다"면서, "이전의 바람직했던 이미지들을 살려 성경에 기초한 새로운 교회 이미지를 창출하려는 노력이 필요하다"고 덧붙였다.(《뉴스미션》. "기독교, 광신, 짝퉁, 개독, 초딩 이미지를 벗어야")

우리는 이제 이러한 거센 역풍 속에서 기독교의 새로운 이미지를 만들어내야 한다. 오늘 우리 기독교는 사회적으로 어떠한 이미지를 만들어내어야 하는가?

1. 이기적 개인주의자들 그리고 자신과 가족의 축복만을 기원하는 종교를 넘어서야 한다.

2. 종교적 포용성을 기르며 교회 밖의 사람들과의 소통능력을 강화해야 한다. 목회자와 신자의 도덕성 및 사회봉사의 실천성을 제고하며, 교

회가 이제 지역과 마을의 교회가 되기 위해 앞장서야 한다.

3. 초딩 이미지의 수준을 넘어서야 한다. 공부하는 교회와 교인들이 되어야 한다. 지적 수준의 고양과 같은 이미지 제고의 방향성을 염두에 두고 새로운 이미지를 구축해야 한다.

4. 새로운 매력을 가진 차별화된 기독교의 새로운 이미지가 탄생해야 한다. 특별히 이 부분에서 사회학자인 이기홍 교수(한림대 사회학과)는 한반도평화연구원(KPI)에 기고한 칼럼에서 "지금 한국사회에서 가장 시급한 문화적 수요 가운데 하나는 저성장 시대에 맞는 가족 및 지역 친화적 여가 문화"라며, "한국의 기독교가 문화적 영향력을 강화하려면 이 부분을 선점해야 한다"라고 주장했다. 이 같은 진단은 과거 고도성장 시대의 여가 활동이 대부분 성인 남성 위주로 이루어져왔다면 현재는 주5일 근무제 확산과 고령화, 여성 취업률 증가 등으로 여가활동 주체가 가족 구성원 전체로 확대되면서 가족 중심적 사고가 보편화된 데에 따른 것이다.

이 교수는 "기독교가 일상생활 측면에서 더욱 큰 영향력을 지니기 위한 전략과 논의가 필요한 시점"이라며 "교회가 가족 친화적이고 지역친화적인 여가문화를 개발해서 대중의 일상 속으로 파고들어가야 한다"라고 제안했다.

그는 "지금의 한국교회는 타 종교 등과의 '차별성'은 남아 있을지 몰라도 라이프스타일 측면에서는 대중에게 매력이 없고 고립돼 있다"면서 "자칫 '문화지체 집단'으로 낙오될 수 있다"라고 지적했다.

그렇다면 어떻게 매력 있는 교회를 만들 수 있을까. 이 교수는 우선 교회 조직이 지금보다 더 가족 중심 단위로 묶이고, 지역봉사나 선교활동

역시 같은 단위로 구성돼야 한다고 제안한다. 예를 들어 교회가 주축이 돼서 주말 등에 온 가족이 다양한 문화생활을 경험할 수 있는 시설이나 프로그램을 제공하는 것이다. 일부 교회에서는 음악회나 영화 상영, 뮤지컬 공연 등을 통해 이미 가족 중심의 목회가 이뤄지고 있지만 여전히 몇몇 중대형 교회에 국한돼 있는 상황이다. 이 교수는 영·유아나 노인층, 장애인, 탈북자, 외국인 이주노동자 등을 위한 선교 차원에서의 복지 서비스 역시 지역 교회 중심으로 이뤄질 때 효과적이라고 설명했다.

5. 더욱 더 생활에 뿌리내려야 한다. 녹색 생명·생태의 교회가 되어 삶과 생활현장에서의 새로운 생명적 실천이 우리 믿는 사람들의 삶이 되어야 한다.

미래 목회는 초딩과 광신자의 개독교, 십자군의 이미지를 넘어 새로운 성숙한 생활인, 사회인, 시민의 이미지와 바람을 몰고 마을과 지역사회로 멀리멀리 퍼져가는 교인과 교회가 되길 기도드린다.

미래시대와 생명목회

현재 한국의 목회와 선교는 성장형에서 선교형으로, 선교형에서 생명형으로 나가고 있다. 지금 우리 교단은 지금 생명 살리기라는 주제로 '생명교회, 생명목회, 생명선교'라는 총회 생명 살리기 프로젝트를 실시 중이다. 낡은 양적 성장형 교회는 과거에서 온 교회로 그 패러다임은 지금 수명을 다해가고 있다. 미래에서 오는 교회는 생명·생태적 시대의 작고 영향력 있는 교회로 지금 탄생 중에 있다.

시대의 분위기 파악하기

현대의 역병은 자폐, 고립, 침묵, 닫힘이다. 그 질병의 핵심은 안으로 걸어 잠금이며, 이를 치유하려면 밖으로 불러내야 한다. 이 침묵과 우울과 허무, 죽음의 문화가 오늘 우리 모두를 뒤덮고 있는 것이다.

교회의 신뢰도 종교 중 꼴찌(10명 중 2명)

"한국교회의 위기를 진단하기 위해 개신교 내부에서 교회에 대한 신뢰도를 조사했습니다. 개신교인들의 말과 행동에 믿음이 가지 않는다는 응답이 50.8%로, 믿음이 간다는 응답의 3.5배에 달했습니다. 가톨릭, 불교 등 다른 종교와의 신뢰도 비교에서도 꼴찌였습니다."(SBS〈8시 뉴스〉)

한국교회를 '신뢰한다'는 응답자는 18.4%인 데 반해 '불신한다'는 비율은 무려 48.3%로 가톨릭, 불교 등 다른 종교와의 신뢰도 비교에서도 꼴찌였다. (10명 중 2명만 신뢰)

우리는 최근에 경제위기와 함께 사회 공동체가 급격히 붕괴하는 소리를 듣고 있다. 이 모든 붕괴 뒤에는 신뢰의 붕괴가 있다. 모든 붕괴 중에서도 가장 무서운 붕괴가 바로 신뢰와 신용과 믿음의 붕괴인 것이다.

몇 년 전 '한국교회 미래를 준비하는 모임'의 후원으로 한국갤럽이 5월과 6월 사이에 6대도시 비종교인 1천여 명을 대상으로 실시한 여론조사 결과 지난 10년간 불교(2.6%)가 기독교(1.5%)보다 성장했으며, 젊은 층을 중심으로 타 종교에 비해 기독교의 이탈율이 가장 높고, 비신자의87.6%가 교회의 대 사회활동이 없다고 판단하고 있다.

이러한 여론조사의 결론을 한마디로 요약한다면 작금에 한국교회의 성장이 정체기를 맞는 중요한 이유 중 하나는 교회를 믿을 수 없다는 신뢰와 신용의 붕괴, 사회적 공신력의 추락에 있다는 것이다.

다시 말해 한국교회가 이미 이웃을 섬기고 봉사하는 사회적 공신력을 상실하고 있고, 이것이 한국교회 전체는 물론 지역을 섬기고 있는 지역 개교회 성장 지체의 가장 큰 원인이 되고 있는 것이다.

이러한 교회의 위기에 대해 다음과 같은 진단과 대안이 나오고 있다.

"교인들을 사회를 섬기는 데 장려하기보다는 교회를 섬기는 일에만 동원했다."

SBS 〈8시뉴스〉. 김병연(기독교윤리실천운동본부장).

한국교회가 사회정의와 사회윤리를 생각하는 설교를 했다면 교회는 대형화되기 어려웠다.

한국교회가 1970년대부터 대형화를 추구하면서 결국 교회다움을 상실했다. 한국교회의 설교는 대 사회적인 영향력을 상실했다. 사람들이 대형화를 추구하고 교회도 대형교회를 추구하면서 문제의 진원지가 대형교회가 됐다.

국민일보 기독교연구소가 주최한 '설교 컨퍼런스'에서 이재철 목사 발언록

한 교회가 대형화에 거부하며 교회를 4개로 쪼갰습니다. 전체 개신교 신도수가 줄어드는 위기 속에, 한 교회가 대형화에 거부하며 현재의 교회를 네 개로 나누는 해법을 제시했습니다. 십자가를 높여 섬김을 받기보단 세상을 높여 섬기는 한 교회의 움직임이 주목받고 있습니다.

SBS 〈8시뉴스〉. 높은뜻 숭의교회 김동호 목사.

교회 미래학자인 연동교회 이성희 목사는 "'성장 중심의 목회구조' 때문에 목회자나 교인 할 것 없이 성장신드롬에서 헤어나지 못하고, 뿐만 아니라 이러한 성장신드롬이 목회자로 하여금 탈진상태에 이르게 했다"면서 '사회변동과 교회환경의 변화로 목회 패러다임의 변혁(paradigm shift)이 필수적으로 요청된다고 지적한다. 그는 "그 이유는 기존의 목회 패러다임들은 급격한 사회의 변화에 적응력을 상실했기 때문이다. 그 결과로 신입교인이 줄어들고 교회는 장기적 침체기 또는 쇠퇴기로 접어들었다"고 진단하고, 교회를 바꾸어야 할 이유 중 하나로 "교회의 관심이 교회자체의 성장보다는 사회에 대한 교회의 사명을 높여가는 쪽으로 옮겨가고 있다"고 지적한 바 있다.

지금 한국교회의 최대의 위기는 바로 우리 교회가 사회로부터 고립되어 자폐되어 소통을 거부하거나 소통에 실패하는 데 있다. 이를 치유하기 위해서 한국교회는 교회의 대형화나 개교회주의에서 벗어나 세상과 적극적으로 소통하는 방법을 익혀야 하고, 교회 성장주의에서 벗어나 세상을 섬기고 세상과 소통하는 선교형에서 생명형 교회로 새로이 거듭나야 할 것이라는 지적이다.

생명 살림 목회와 작은 교회 생명 살리기

한국교회 10개 중 9개는 작은 교회다. 통계청 최근 자료에 따르면, 전국의 교회 수는 5만 2905개로 집계됐으며, 이 중 93%에 해당하는 4만 9192개가 소형 교회로 나타났다.

미래 한국교회의 가능성은 한국교회의 실핏줄이고 지역사회의 실핏줄인 작은 교회를 교회와 마을의 정신적 기둥이요, 섬김과 나눔의 민간 복지와 선교의 안전망으로 다시 살려낼 수 있느냐에 달려 있다. 미래 한국 교회를 이끌 미래 지도력은 지역사회로부터 고립된 개교회를 얼마나 양적으로 부흥시켰느냐에 의해 나오는 것이 아니라, 90%나 되는·마을과 지역사회의 실핏줄과 같은 이 작은 교회들을 다윗과 같이 작고 영향력 있는 미래 교회로 다시 부활시키는 것으로부터 나온다는 것이다.

이런 의미에서 미래교회는 크고 미련한 골리앗과 같은 아날로그형 교회에서 작고 창조적인 다윗과 같은 디지털형 교회로 바뀌어야 할 것이다.

오늘날 우리 한국교회는 그 덩치는 커졌지만 이미 그 믿음과 도덕성과 사회성과 영성을 잃음으로 말미암아 오히려 큰 걱정과 근심과 진통을 앓고 있다.

사실 인류 역사를 이만큼 끌고 온 것은 덩치 큰 골리앗들이 아니다. 사실 규모가 큰 곳에서는 다윗이 탄생하지 않는다. 인류에 실질적인 영향력을 준 사람들의 외모와 공동체는 다윗처럼 작았다. 그러나 그들은 작지만 믿음이 있었고, 용기가 있었고, 기동력이 있었고, 모험을 했고, 창조적이었고, 영향력이 있었다.

무엇보다 다윗이 하나님 이외에는 어떠한 것도 두려워하지 않았듯이 미래의 다윗들은 무거운 갑옷과 투구를 벗고 가벼운 물맷돌 다섯 개를 가지고 골리앗 앞으로 나가는 용기 있는 사람들일 것이다. 같은 원리로 다윗과 같은 미래 교회들은 작지만 창조적이고 영향력이 있는 교회들일 것이다. 이처럼 미래에서 오는 교회는 오직 하나님만을 믿는 두려움이 없는 교회여서, 작지만 아름답고, 작지만 자유롭고 독립적인 교회들이 될 것이다. 또 수많은 더 작은 다윗들로 분화하기도 하고 다시 연합, 연대하기를 자유자재로 하여 작지만 강력한 영향력과 힘을 발휘하는 네트워크의 교회가 될 것이다.

이처럼 미래에서 오는 교회는 크고 멍청한 골리앗이 아니라 작지만 창조적이고 영향력 있는 다윗과 같은 교회로 올 것이다.

21세기 변화의 키워드: 가볍고, 작고, 빠르고, 열려 있는(輕 · 小 · 速 · 開)

대량생산 산업화(하드웨어/ 남성/ 근육) 대(對) 다품종 소량생산 정보화(소프트웨어/ 여성/ 지식창조)

아날로그(크고, 힘세고, 멍청) 대 디지털(작지만 똑똑하고 창조적인 것)

대형교회에서(골리앗 패러다임) 작고 영향력 있는 창조적 교회(다윗 패러다임)로

다윗과 같이 작고 창조적이고 영향력 있는 미래교회

"많은 교회들이 규모에 몰두해왔지만, 최근에는 교회의 규모가 아니라 능력을 개발하도록 격려한다. 중요한 것은 영적인 면과 실제적인 능력에 초점을 맞추어 작고 강한 교회의 특징을 더 발전시키는 것이다. 의도적으로 작고 강한 교회를 지향하는 것도 오늘날 교회의 한 추세이다."『영향력으로 남는 교회』라는 책에서 저자는 이제 크기와 규모로 이야기하지 말고 영향력으로 말하라고 이야기한다.

이제 우리에게 이러한 새로운 기준이 필요하다. 크기와 수량으로 말하지 않고 작고 강하고 영향력 있는 교회, 그리고 자신의 영성과 은사에 감사하며 그 에너지를 집중할 줄 아는 교회가 되게 하소서 하는, 봉사의 희열감과 기도와 사랑에 빠진 작고 영향력 있는 교회의 탄생을 기도해야 한다. 이런 면에서 150명의 성도로 예수중심의 영성활동과 활발한 사회활동, 특히 토기장이의 집, 그리스도의 집, 사마리아인의 집, 미리암의 집 등의 사역으로 빈민지역의 주민들과 실업자 노숙자 마약중독자들을 치유

하고 재활을 도와 미국의 가장 영향력 있는 교회 중에 하나가 된 '미국을 움직이는 작은 공동체 세이비어 교회'의 모범은 영향력으로 남는 교회의 전형을 보여주고 있는 것이다.

미래 교회 : 작고 영향력 있는 교회

IQ, EQ 목회에서 SQ, DQ(사회적 지능과 꿈꾸는 지능) 목회로……

미래 교회와 '교회 밖으로, 지역사회로 나온 교회'

오늘날 많은 교회들이 사람들을 교회 안으로 끌어들이고 교회 안에서 활동하게 하는 것에만 집중하는 것이 현실이다. 그러나 미래 교회는 교회 안뿐만 아니라 교회 밖을 향한 사역에도 관심과 초점을 둘 수 있어야 한다.

그래서 그 책에 나온 '교회 밖으로 나간 어떤 교회'는 첫날부터 지역봉사를 한다. 그들은 봉사를 하면서 이렇게 이야기한다. "우리가 새신자를 뿌리내리게 하는 가장 큰 열쇠는 개인적 보살핌이나, 소그룹에 참여하는 것이 아니라, 첫날부터 지역 일에, 다른 사람을 섬기는 일에 참여하는 것이다. 교회에 정착시키는 일은 지역을 섬기도록 부르는 일이다."

참여하지 않고 섬김을 시작하지 않는 사람은 교회에 출석해 1년 안에 떨어져나간다고 한다. 참석자의 24%가 다른 사람들을 위한 섬김이나 기도가 성경공부를 포함한 어떤 영성프로그램보다 더 유익했다고 대답했다고 한다. 그러면 어떻게 섬기는 일을 발견하고 그것에 참여하며 그리스도의 몸을 세울 것인가? 그것은 교회가 속한 지역의 필요를 찾아내고, 교회 밖으로 나가는 것이다.

우리는 이 기간 동안에 사랑의 집짓기 운동에 사람을 보내고, 무주택자들에게 한 달에 한 번씩 우리 교회의 남는 방을 제공했다. 교도소에서 예수님의 사랑을 전하는 엔젤 사역을 통해 많은 재소자의 가정을 방문하고, 저소득층 주거지에서 자전거를 수리해 주었으며, 청소년을 위한 시설을 개선해 주었고, 학대 가정 희생자를 위해 마련한 지역보호소에서 아파트를 개조하고, 헌혈을 주관하고, 지역사회단체와 연합하여 집 없는 사람들을 돕는 사역을 개설했으며, 청소년 멘토링 사역을 한다. 성도들 가운데는 수단의 미아들을 돕거나 수많은 지역의 단체들 동역하는 사람들도 있으며, 우리는 지역사회에 변화를 주는 교회가 되려고 힘쓴다.

미국의 교회 밖으로 나가는 교회의 사역을 보면 주로 푸드뱅크, 노숙자 봉사, 학대받는 여성들의 피난처 외에도 영어를 제2외국어로 하는 학습센터 운영, 서민용 주택 공급, 미혼모를 위한 주택 공급, 지역의 기존 선교단체나 종교기관과 파트너 맺기 등이 있다.

미래 목회를 위한 준비 : 목회자 개인 영성을 새롭게 열기
– 생명목회 패러다임을 위한 목회자 개인 영성을 새롭게 열기

오직 양적 성장을 위한 IQ 목회에서 목회자의 총체적이고 생명적인 다중적인 목회 지능을 개발할 때이다. 목회자의 감성적 지능(EQ), 사회적 지능(SQ), 꿈꾸는 지능(DQ), 역경 지능(AQ)을 불러주자.

오늘 우리 교회와 교인들이 지금 너무 안으로 고립되고 폐쇄되어 있다. 이러한 영성과 관계성 사회성 향상을 위해 우리의 삶을 3차원으로 한번 상상해보자.

1차원적 관계 : 나와 나의 관계이다. 가장 중요한 것은 자신과의 관계가 좋아야 한다는 것이다. 그러면 우리는 자신의 콤플렉스를 극복하고 자신에 대한 긍정성, 자존감이 생기기 시작한다. 특별히 긍정적인 언어를 사용하고 긍정적인 사고를 할 필요가 있다. ① 자기의 가능성에 대해 자신감을 갖고 있다. ② 마음이 열려 있다. ③ 긍정적이고 적극적인 사고를 한다. 긍정적인 말을 쓴다.

2차원적 관계 : 나와 사회와의 관계이다. 감정 지능과 사회적 지능이 높은 사람의 특징이 있다. ① 유머감각이 있고 잘 웃는다. ② 잘 놀 줄 알고 잘 쉬면서 자신을 돌볼 줄 안다. ③ 적당한 운동을 한다. ④ 인간관계가 좋다. ⑤ 자신의 감정표현이 풍부하다.

3차원적 관계 : 나와 하나님의 관계이다. 믿음과 은혜의 세계이다. 이 세계는 보이는 것을 믿는 것이 아니라 믿음으로 본다. 상상력, 창조성, 영성이 요청된다. 하나님은 보이지 않는 것을 늘 생각하고 보는 추상성을 요구한다. 이러한 믿음의 세계, 은혜의 세계에 있는 사람은 우선 상상력과 창의력이 풍부하다.(차동엽, 『무지개 원리』(위즈앤비즈, 2008))

자신이 가지고 있는 것 이상의 것을 이 상상력으로 보고 믿음으로 나아가는 사람이다.

자신에 대한 비판이나 실패를 두려워하지 않는다. 자신이 하는 일에 즐거움이 있다. 그리고 믿음을 사용하고 하나님의 은혜의 세계를 믿는다. 우리가 하나님의 은혜의 세계를 믿고 믿음의 상상력을 사용하기 시작하면 놀라운 일이 일어난다.

믿음을 사용하면 하나님의 은혜와 은사의 세계가 체험되고 그러한 믿음 위에 하나님이 능력을 주시고 기적을 일으키시고 문을 열어주시는 놀

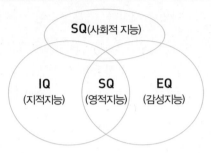

3차원의 관계

SQ(사회적 지능)

IQ
(지적지능)

SQ
(영적지능)

EQ
(감성지능)

세상에는 3차원의 관계가 있습니다.
둘째는 자신과 타인과의 관계입니다.

첫째는 자신과 자신과의 관계입니다.
셋째는 자신과 하나님과의 관계입니다.

라운 체험들을 하는 것이다. 사회성과 영성이 결합되면 봉사, 배려, 도움을 하게 되어 나머지 것은 저절로 문이 열린다.

우리가 이러한 믿음을 가지고 믿음으로 봉사할 때 우리의 은사와 재능과 달란트가 개발되기 시작한다. 나의 삶의 지경과 지평이 넓어지고 하나님의 놀라운 역사와 기적과 은혜를 체험한다.

믿음과 은혜의 3, 4차원의 세계를 경험한다. 이와 같이 우리의 사회적 지능, 영적 지능이 높아지며 이에 따라 행복 지수, 창조 지수도 덩달아 올라가는 것이 바로 신앙이다.

이러한 신앙은 다섯 가지 특징이 있다고 한다. ① 단순한 것에 감사할 줄 안다. ② 봉사활동을 한다. ③ 배움을 즐긴다. ④ 생활에 기도와 예배와 같은 영적 요소가 있다. ⑤ 누군가, 무엇인가를 사랑하고 있다. (차동엽, 『무지개 원리』)

그리고 마지막으로 가장 중요한 영적 지능은 사실 고난과 시련을 견디고 해석하는 능력이다.

우리는 지금까지 자신에 갇힌 분들을 향해 자신에게서 나와 이웃에게 나가라고 하였다. 사람들과 관계를 맺으라고 하였다. 사회성을 기르라고 강조하였다.

그렇다. 사람과 사람 사이의 관계를 잘하여야 한다. 사람과의 네트워크 그물망을 만들어야 한다. 사실 여기까지는 이 사회의 인문사회학과 심리학에서도 제공할 수 있는 것들이다. 그러나 성서와 믿음의 세계는 이와는 다른 차원의 관점을 가지고 있다. 한 차원을 더 가지고 있다. 그것은 영성의 차원이다. 그것은 십자가와 부활의 차원이다.

참 신앙인이란 누구인가? 참 지도자란 누구인가? 그는 자기를 넘어 이웃에게 나온 사람일 것이다. 그러나 사람과 하나님과의 관계에서 하나님에게 먼저 집중할 줄 아는 사람이다.

그러므로 예루살렘 가는 도상의 베드로처럼 단순히 사람의 일, 사회의 일만을 생각해서는 안 된다. 우리 삶에는 이러한 인간적인 관계, 사회적 관계와 지능 이상의 관계와 지능이 필요하다는 것을 알아야 한다. 사람들과의 관계 때문에 사회적 관계와 인연 때문에 사람들과 사회에 잘 보이려고 우상을 세워서는 안 되는 것이다. 이보다 우선되는 일이 하나님과의 관계이고 하나님의 뜻이 무엇인가를 아는 영적 지혜이다. 그리고 이 하나님의 일을 위해 고난과 시련을 해석하고 견디는 영적인 지혜, 이것이 바로 참다운 신앙의 능력일 것이다.

미래 생명목회를 위한 준비 - 마을과 지역사회의 목회자와 교인으로 다시 태어나기

만약 우리가 개교회에 갇힌 사고를 넘어서기 시작하면……

크고 힘셌지만 멍청한 아날로그화된 낡은 교회를 넘어서기 시작한다

면……. 특히 작은 교회 목회자와 교인들이 개교회의 폐쇄된 세계를 넘어서면 교회 안의 자원과 교회 밖 지역사회의 자원 모두를 볼 수 있다. 이때 목사는 개교회의 목사를 넘어 지역사회의 목사로 전환하며 생명목회를 시작할 수 있다. 교인들도 개교회의 교인을 넘어 지역사회를 섬기는 창조적이고 역동적인 생명의 교인들로 거듭날 것이다.

이처럼 개교회 성장패러다임이 교회 자신의 내부와 성장에만 몰두함으로 지역과 사회로부터 고립되어 교회의 인적, 물적 자원의 한계로 절망과 좌절을 느끼는 대신, 생명 패러다임은 하나님의 생명적 생태망과 관계망을 새롭게 발견함으로써 새로운 목회적, 선교적 지평과 자원을 발견하기 시작한다.

만일 우리가 개교회만의 교회나 목회자가 아니라 마을과 지역사회와 생명적으로 연결된 마을의 교회와 목회자로 다시 탄생하게 된다면 우리는 하나님의 영적, 물적 새로운 자원을 발견하게 되어 교회 간의 연합과 연대, 마을과 지역사회, 시민사회 그리고 환경, 생태 등 생명전체를 새로운 선교와 목회의 대상으로 삼고 그곳에 허락하신 모든 자원을, 하나님 나라의 자원을 동원하는 생명목회를 할 수 있다.

우리의 교회와 목회와 선교가 이 모든 하나님 나라의 창조 세계와 창조적 생명 관계를 맺기 시작할 때, 우리의 목회와 선교 지평은 활짝 열리고, 우리는 단순히 고립된 개교회만의 목회자, 교인이 아니라 마을과 지역사회의 목회자와 교인으로 다시 탄생한다.

그 다음에는 하나님이 창조하신 창조 세계 전반과 생명적으로 연결된 마을과 교회의 생명목회자와 교인들로 다시 탄생하게 되는 것이다.

그러므로 이제 우리의 목회는 교회 중심주의에서 하나님 중심주의로,

목회의 방향은 교회를 확장하는 것이 아니라 하나님 나라를 확장하는 것이 될 때 오히려 하나님이 허락하신 풍성한 생명의 자원을 가지고 생명을 살리는 하나님 나라의 생명목회를 할 수 있고, 교회도 자연스러운 성장을 경험할 것이다.

여기에 오늘 우리 한국교회의 고민과 문제 해결의 열쇠가 있으리라 믿는다.

요약: 생명 살리기를 통해 확보된 새로운 목회적 선교적 지평

1. 개교회 목회자의 긍정적 자존감과 목회자상 정립과 함께 개교회 지평에서 훈련동지들, 시찰회, 노회 등 개교회를 넘어선 교회의 네트워크들을 새롭게 인식할 뿐 아니라, 개교회를 넘어서 우선 훈련의 동지들이 생기고, 함께 학습하고 고민하는 소그룹과 지지망으로 시찰회, 노회 등의 새로운 연결망의 모색.

2. 이러한 새로운 목회적, 선교적 지평의 확대로 말미암아 새로운 목회적, 선교적 눈뜸과 자각이 일어나고 새로운 목회적, 선교적 장과 지평과 비전을 보기 시작함.

3. 개교회 패러다임이 자신의 내부만을 봄으로써 교회의 인적, 물적 자원의 한계로 말미암아 절망과 좌절을 느끼는 대신, 생명 패러다임은 생명적 생태망과 관계망을 새롭게 발견함으로써 새로운 목회적, 선교적 자원을 발견하기 시작한다.

4. 교회 간의 연합과 연대, 마을과 지역사회, 시민사회 그리고 환경, 생태 등 생명 전체를 새로운 선교와 목회의 대상으로 삼기 시작한다.

5. 이 모든 생명적 지평의 확대와 관계망을 통해 단순히 개교회만의 교

회나 목회자가 아니라 마을과 지역사회와 생명적으로 연결된 마을과 교회의 생명목회자로 다시 탄생하게 된다.

6. 하나님이 창조하신 온 생명의 관계망을 바라봄으로 새로운 목회적, 선교적, 생태적, 영적 자원과 네트워크하기 시작하고 큰 교회와 작은 교회 간, 마을과 시민사회와 정부와 파트너가 되어 생명을 살리는 새로운 목회와 선교의 영역을 확장한다.

이제부터 부천노회 새롬교회의 지역사회 선교를 통해 마을의 교회와 목회자가 된다는 것, 교회 중심이 아니라 마을과 도시 중심의 목회란 무엇인지 이야기하고자 한다.

그리고 궁극적으로는 하나님 나라 중심의 작은 교회의 생명교회와 목회와 선교 이야기를 통해 작은 교회 생명 살리기 운동의 의미와 가치와 가능성을 살펴보고자 한다.

지역사회 생명선교 프로그램의 개발하기(새롬교회를 중심으로)

지역 선교의 시대별 주제어

① 지역과 아동(지역선교위원회)

② 가족과 마을 : IMF 가정지원센터, 마을만들기, 부천 공부방 연합

③ 생명과 지구촌 : 다문화 가정지원센터, 어르신 공부방, 생명복지 선교 전달 체계

④ 노회와 개교회 그리고 지역사회의 네트워크와 파트너십

1. 초기 지역 선교역사 (지역과 아동의 시대)

① 맞벌이시대 : 어린이집, 공부방

② IMF와 실업, 실직 : 노숙자, 급식시설, 쉼터, 상담소, 방과 후 탁아방

③ 가정해체와 이혼, 가족 해체기 : 가정지원센터, 여성 쉼터, 급식시설, 가정 상담

④ 사회복지 전달체계와 지방문화 · 문화도시 부각과 저출산 고령화 시대의 도래 – 지역아동센터, 작은도서관 운동, 고령화 시대의 노인 선교와 문화 교육

2. 가족과 마을의 시대: 가정사역의 출발과 가정지원센터

새롬교회가 근거지로 하고 있는 약대지역, 특히 공부방이 위치하고 있는 마을은 부천에서 가장 후미지고 가난한 지역인데 이 지역에서 방치된 아동을 보호, 교육할 목적으로 설립된 것이 바로 새롬공부방이었다. 그러나 아동의 보호와 교육보다 더욱더 심각한 문제는 부모의 이혼과 가출로 인한 가정 해체의 문제였다. 여기서 결손 가정의 탄생과 아동학대가 발생한 것이다.

그는 "그동안 이 지역 아동을 위한 사업을 벌이다가 느낀 건데 이건 밑 빠진 독에 물 붓기다라는 생각이 들었어요. 즉 단순한 교육 사업, 복지 사업으로는 이 지역문제의 궁극적인 접근이 불가능하다는 것이지요. 말하자면 아동문제를 아동문제로 보는 것이 아니라 가족구조의 문제로, 가족이라는 전체적인 시스템으로 보고 움직여주어야 한다는 것이지요..

그는 현재 돌봄이 필요한 아이들을 위한 가정지원센터 원장으로서의 역할

뿐만 아니라 인천 아동학대사례 판정위원으로도 일하고 있다.

사실 이 가정지원센터는 오 원장이 미국 주 정부마다 가족지원 시스템이 있는 것을 보고 거기서 이름을 가지고 와 지역에 있는 여러 자원들을 엮어낼 수 있는 거점으로서의 역할을 구상해본 것이다.

지금 그가 실질적으로 기획하고 있는 마을만들기에 대해서는, "현재의 주요 사업은 주민들이 이곳 약대동을 떠나고 싶은 마을이 아니라 정착하여 살고 싶은 마을로서 느끼게, 마을에 새로운 희망의 빛을 입히는 사업을 구상한 것입니다. 하지만 이의 최종 목적은 가정해체와 교육 붕괴를 최전선에서 맞고 있는 저소득층 지역의 가정을 지원하고 지지하는 가정 지원 네트워크를 수립하는 데 있습니다."

이제 교회, 더 나아가 부천 시민들과 함께 펼치는 마을만들기는 아동의 삶 전반을 지원할 수 있는 지역적 기반체계를 수립하기 위한 새로운 전기를 맞이하고 있다.

〈새가정〉

3. 마을만들기 시작

목회 10년차 들어가면서 놀란 것이 하나 있었는데 약대동 사람들의 목표가 우리 마을을 떠나는 것이라는 사실이었다. 그리고 초창기의 가정들이 잘사는 분들은 좋은 동네로, 어려운 분들은 가정이 전부 붕괴되고 해체되어 마을을 떠나는 모습을 보게 되었다.

'마을이 변화되지 않고서는 교회도 목회도 선교도 전도도 필요 없구나!'를 절감하게 되었다. 그래서 교회와 가정과 마을 전체를 목회 대상으로 생각하기 시작하고 가정과 마을 전체를 돌보는 마을만들기를 시작하였다.

아이들이 살기 좋은 마을만들기 출발: 가정지원센터와 육아클럽

어린이들은 가족이나 지역의 지원에 의해 키워진다. 그러나 지금 어린이들이 가족과 함께 즐겁게 충실한 때를 보내는 공간은 주택에서도, 마을에서도, 도시 속에서도 극히 적어지고 있다. 이러한 의미에서 한 마을에는 마을 어린이들과 가족과 부모가 모일 수 있는 공간적 거점이 필요하고, 이것은 마을의 아이와 가족과 마을 상호 간의 교류를 촉진하는 녹색마을의 중요한 생태계 중 하나가 될 것이다. 그래서 우리는 마을 활동의 우선적 실천 대상으로 '가족'을 잡았다.

약대동은 이 일을 위해 약대동 가정지원센터를 세우고, 이곳을 중심으로 약대 육아클럽이 활동했다. 이곳에서 가족 세미나, 가족 등산, 가족 캠프 등 가족 초청이 이루어졌다.

이렇게 우리가 교회와 목회의 영역을 가정과 마을로 열 때 우리는 지역 복지와 문화 선교, 평생 교육이라는 시대의 새로운 테마를 만날 수 있었다.

2000년대에 들어서면서 복지에 관한 관심과 지역 복지 전달체계의 수립의 필요성으로 인해 공부방을 지역아동센터로 확대 재편하며, 그것이 최대의 복지 전달체계로 부각되기 시작하여 방과 후 학습, 급식, 아동 인권 등에 힘을 기울였다.

2001년에는 교회가 주민자치센터 안에 가족도서관을 위탁받는다. 부천의 경우 13개의 작은도서관이 생기고 이것이 문화 도시 부천의 중요한 문화 킨셉으로 자리잡아가고 있다. 그러므로 목회와 선교의 영역을 교회에서 가정과 마을과 지역과 시민사회로 넓혀야 한다.

생명선교를 위해 지역사회와 마을 가운데 교회의 위치를 세우고, 선교 네트워크와 학습 생태계를 만들어야 한다. 새로운 사회의 출현은 새로운 가족의 탄생을 예고한다. 오늘 저출산, 고령화 양극화 시대 모든 교육과 복지와 문화는 지역 통합형, 지역 연계형의 성격을 띠며 그 전달체계를 강조하고 있다. 가장 중요한 것은 교회와 마을과 지역을 잇는 생태계를 만드는 것이다. 공부방, 도서관, 복지관, 주민자치센터, 교회를 잇는 복지 교육 생태계를 만들고 지역, 마을, 도시 중심의 복지, 교육, 문화 생태계를 구성하며 그것이 그물망처럼 서로 연결되어야 한다.

"한 아이를 키우는 데는 한 마을이 필요하다"라는 말에 부응하여 아이들이 살기 좋은 공부방과 마을의 꿈을 꾸도록 마을 전체가 늘 책을 읽고, 학습하고, 신나게 아이들을 키우는 '학습과 축제의 마을 생태계'를 만들어 신나게 아이들을 키우는 꿈을 꿀 때가 되었다는 것이다.

한국교회는 공공성의 회복을 위해 마을만들기에 주목해야

교회의 지역사회 참여는 단순한 구제 및 봉사 차원이 아니라 사회 구조의 개혁을 지향해야 한다. 지역자치센터에 참여하여 예산 심의 등과 같은 주요 의사결정과정에 관여하거나 행정기관 및 관공서와 파트너십을 갖고 지역사회를 위한 활동을 체계를 갖추어 지속할 필요가 있다. 시민사회의 역할은 자원봉사 차원만이 아니라 국가와 행정기구 또는 시장에 대한 비판 활동을 포함하기 때문이다. 이와 관련해서, 최근 시민사회에서 활발하게 논의되고 있는 '마을만들기'(community building)에 주목할 필요가 있다. 이것은 이웃에 대한 배려와 관심으로 더불어 사는 공동체를 추구하는 운동이다. 곧 시민의식을 가지고 지역사회에 참여하는 사람이 되도록 의식을 개혁하는 활동을 포함하여 지역사회를 재구조화하기 위한 시도인 것이다. 이러한 마을만들기 운동에 교회가 참여하는 것은 매우 의미가 크다. 시민의식은 기독교 정신과도 통하는 것이며, 특히 사람들의 의식을 형성하는 데 기독교의 가치를 지향할 수 있도록 협력할 수 있기 때문이다.

교회는 일차로 예배공동체의 성격을 지니고 있지만, 그와 동시에 사회 속에 존재하는 시민공동체이기도 하다. 하나의 의례행위로서 예배에 참여하는 것으로 그칠 것이 아니라 실천 윤리의 행위 지향성이 삶의 무대인 사회생활에서 표출되어 나타나야 한다. 특히 한국교회는 개교회 내부 결속력은 강하지만, 다른 교회와의 협력이나 지역사회에서의 연계 활동은 부족하므로 이에 대한 노력이 더욱 절실한 상황이다. 교회가 지니고 있는 물질과 제도 자원이 지역사회를 위해 효과 있게 활용돼야 할 뿐만 아니라 교회 구성원들이 지역사회 구성원으로서의 정체성을 가지고 적극적으로 참여해야 한다. 그리고 뜻을 같이 하는 다른 교회나 시민 단체들과 협력해야 한다. 그렇게 될 때, 시민공동체가 활성화되고 지역사회가 기독교의 가치를 지향하게 될 뿐만 아니라 교회의 공신력도 회복하게 될 것이다.

《새가정》. 2007. 12. 정재영(실천신학대학원대학교).

4. 주민자치센터와 함께 어르신(노인)과 지구촌 다문화 선교의 시대를 열다

약대동 선교 사업이 어린이집, 공부방에서 시작하여, 주민자치센터가 있는 가족도서관으로 확대되고, 주민자치센터와 네트워크를 맺어 노인 선교인 은빛도시락 배달과 어르신 한글교실 그리고 외국인 한글교실까지 그 지평을 넓히고 있다.

새 무대는 꿈빛, 은빛 선교의 날갯짓으로 열리다

우리 하나님이 우리 인생에 행하신 기적을 체험하며, 아름답고 매력적이며 책임감 있는 주님의 제자와 파트너로 승화되어, "꿈빛, 은빛 날갯짓을 하며 아름답게 세상을 날게 하소서" 하는 기도로 꿈빛, 은빛 비전을 선포하는 시간이 되길 기도드린다.

노인(어르신) 선교와 이주노동자 지구촌 선교 프로그램

1) 홀로 계신 어르신 도시락 배달 : 주 2회 자원봉사자들이 배달

2) 어르신 한글 교실 시작 : 4월부터 12월까지 푸른부천21 프로젝트, 환경사랑프로그램(어린이집과 공동 진행). 그 외 한글, 독서, 취미, 리더십 개발 등에 관련된 소모임 개설 예정.

3) 이주 노동자 한글 교실 : 약대 4거리에 30평을 얻어 꿈빛날개 시작.

주민자치센터와 함께 일하기

2006년 2월 : 당시 자치센터 사무장이 자치센터에서 어떤 복지 사업을 하고 싶어 한다는 정보를 듣고 3개월간의 준비 과정을 거쳐 자치센터 3층 사무실에 새롬가정센터 은빛날개 입성.

2006년 5월 : 어르신 도시락 배딜 은빛날개 현판을 걸다. (자치센터 내 소회의실)

2007년 2월 : 은빛날개와 은빛 어르신 한글교실이 자치센터 정식 프로그램으로 들어감.

2007년 3월 : 꿈빛날개, 즉 외국인 한글교실이 자치위원장님과 동장님의 추천으로 자치센터가 아닌 곳에 공간을 마련함. (이춘림 : 새롬교회 집사)

선교일꾼들은 선교의 봉사를 하면서 나만의 세계에서 너를 바라보고 우리의 관계성과 사회성을 체험하며 그것을 넘어 하나님의 믿음과 은혜의 세계를 보고 영광을 드러내 빛과 소금의 그릇으로 성장하는 놀라운 역사를 경험하고 있다.

생명시대의 지구촌 선교

1. 생명목회와 가정 사역
2. 평신도 성장을 위한 노회 사회부 주최 '노회사회봉사자대회'
3. 지구촌, 저출산, 고령화 양극화시대의 복지와 생명목회 세미나 – 동네에서 세계 시민의 꿈을 꾸어보자!

지난 20여 년 동안 마을 속의 교회를 꿈꾸며 달려온 결과 최근 새롬교회의 선교는 마을을 포근하게 감싸는 다이아몬드 형으로 발전되었다.

내년에는 벌써 많은 가정과 회사와 사업들이 어려워지고 제2의 IMF 이상의 경제위기가 몰려온다는 소식이 들리고 있는 이러한 때에 우리는 하나님께서 수많은 역경 속에서도 약대동에 새롬어린이집, 공부방, 그리고 은빛, 꿈빛날개, 그리고 은빛 꿈터까지 허락하신 이유를 깨닫게 되었다.

그것은 이 약대동에 이제 본격적으로 구원의 선교망 복지망과 안전망과 생태망을 펼치라는 뜻일 것이다. 그래서 내년에는 본격적으로 가난한

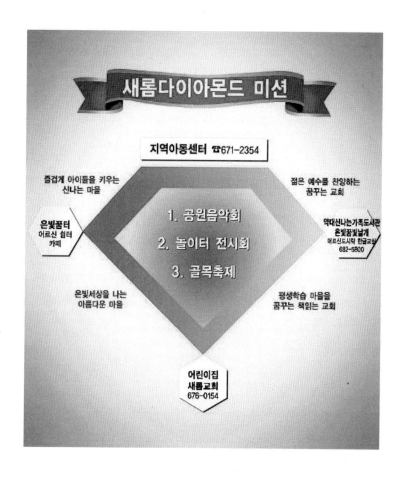

자들에게 기쁜 소식을 전하는 지역의 복지망, 선교망, 생태망을 우선적
으로 깔아나가려 한다. 우리 교회는 이제 개교회를 넘어 마을의 교회로
나서야 한다. 한 마을을 복지, 교육, 생태의 선교망으로 연결하여 지역의
생명을 살리는 교회들이 되어야 한다. 그리고 이것이야말로 한 개교회를
넘어 지역과 마을과 시민사회와 여러 교회들과 함께 하나님의 구원의 생
명망을 함께 펼쳐드는 생명교회, 생명목회의 출발점이 될 것이다.

4. 생명선교 생태계, 학습 생태계를 만들자!

미래 목회와 선교 공간

① 장소: 교회에서 교회와 마을과 가정과 도시.

② 시간 : 주일에서 주중, 주말(놀토). 계절, 마을대학, 마을학교, 여름 마을 학교/지역사회학교, 마을교사대학.

③ 대상 : 교회에서 가정, 마을을 중심으로 아동, 청소년, 노인, 여성, 외국인.

더욱 중요한 것은 도시와 마을단위 노회와 개교회가 생명복지선교전달체계(생태계)를 만드는 것이다. 생명복지선교센터를 만들 수도 있다. (가정지원센터, 지역아동센터, 작은도서관, 한 부모, 결식아동, 외국인) 노인, 청소년, 문화와 한글, 청소년 쉼터, 노인대학, 마을 학교, 계절학교도 운영할 수 있다. (방과 후, 토요일 놀토, 방학에 마을교사대학, 마을학교)

5. 지금은 총회와 노회와 개교회를 잇는 생명선교네트워크와 복지 전달체계를 세울 때이다.

① 지역사회의 가장 의미 있는 교육과 복지와 문화의 전달자로서 자리매김하고 있는 지역아동센터를 이제 국가에게만 맡기지 말고 국가와 시민사회와 우리 총회와 노회가 생명선교의 센터와 생명복지 전달체계로 연결되어 맡아야 할 시점에 와 있는 것이다.

② 이를 위해서 이제 우리는 한편으로는 교회와 마을과 지역사회를 연결하고, 다른 한편으로는 노회와 시찰회와 개교회를 잇는 생명 네트워크와 파트너십을 통하여 생명을 살리는 생명교회, 생명목회, 생명선교를 시작해야 할 시점에 다다랐다.

③ 그리고 '복지-문화-학습-급식의 지역 전달체계로서의 지역아동센터의 최강점을 살려' 우리 교단 산하의 100여 개의 지역아동센터를 생명선교 네트워크로 묶고, 노회와 교회가 있는 마을을 복지, 교육, 생태의 선교망으로 연결하는 지역생명목회와 생명선교를 시작하여야 한다.

④ 또한 이 이외에도 국가 보조가 없는 상태에서 새롭게 시작할 수 있는 기독교의 새로운 선교에 대한 상상력을 확대하여, 국가가 영향을 미치지 못하는 새로운 영역에서 오히려 우리 기독교가 민간의 안전망과 복지망과 선교망이 되어 해체된 가족들과 양극화와 빈곤화의 사각지대에 있는 우리 이웃들에게 가장 먼저 손을 뻗을 때이다.

아무쪼록 예장 산하의 큰 교회와 작은 교회 간, 교회와 교회 간, 도시와 농촌 간 그리고 교회와 마을과 시민사회가 서로를 파트너로 삼는 생명선교의 네트워크와 생명 복지의 전달망이 되어 이제 작은 한걸음이라도 그 첫발을 딛는 시간들이 되길 기도드린다.

약대동 새롬교회의 시대별 지역선교

① 지역과 아동의 시대 (1986-1997)

80년대 맞벌이시대; 어린이집과 공부방 개소

-맞벌이 부부를 위한 새롬어린이집(1986년)과 공부방

(1990년: 부천지역공부방1호/ 현 새롬지역안동센터) 개소

② 가족과 마을의 시대 (1997-2000)

IMF 가족해체의 시대의 가정지원센터와 약대동 마을만들기!

-2000년 가족지원센터와 마을만들기 시작(2001년), 부천의 11개의 작은 도서관 중에 하나인 약대신나는가족도서관개관(2002년 12월 24일)

③ 생명과 지구촌 (2000 -2007)

주민자치센터에서 어르신과 지구촌 다문화 선교의 시대가 열리다!!

(은빛, 꿈빛날개)

– 어르신 도시락 배달 프로그램인 은빛날개와 외국인 한글 교실 프로그램
인 꿈빛날개 시작(약대동 주민차치센터 3층:2006년), 외국인 노동자와 함께
'2006 지구촌 축제' 개최

④ 노회와 총회 개교회와 지역사회의 생명적 네트워크와 파트너십

선교와 복지 중심의 생명교회(목회와 선교) 패러다임을 꿈꾸다!!

– 새롬교회는 이제 21주년을 맞이하여 한편으로는 교회와 마을과 지역사회
를 연결하고, 다른 한편으로는 노회와 시찰회와 개교회를 잇는 생명 네트워크
와 파트너십을 통하여 생명을 살리는 '생명교회, 생명목회, 생명선교'를 기도
중에 있다.

교회의 새로운 생태계로서 생명·평화교회

여는 이야기

이 글에선 산업화 시대의 패러다임인 대량생산, 대량소비, 대기업, 대형 교회가 일정 한계에 다다라 이제 생명 평화의 새로운 패러다임과 생태계를 포용하는 교회의 탄생이 요청되고 있음을 주장하고자 한다.

이를 위해 대형 교회의 메커니즘이 어떻게 형성되었으며, 그러한 상황 속 작은 교회의 현실과 상황을 그려내면서 미래 교회의 생태계를 그려내려고 한다.

우리가 새로운 교회의 생태계를 생각할 때 가정 먼저 생각해야 할 것은 이제 교회를 지역과 사회에서 분리, 격리, 고립된 한 개 교회의 단위로 생각해서는 안 되고 지역과 마을과 자연과 우주와 생태적으로 연결된 하나의 생태계로 보아야 한다는 것이다. 이제 교회는 개교회 단위로 목회하고 선교하는 '개교회 단위의 교회' 를 넘어서서 마을과 지역이라는 생태계 속에 함께 존재하는 교회가 되어야 한다. 목회자와 교인들은 개교회의 목회자와 교인을 넘어 지역과 마을을 목회하고, 선교하는 지역 생명목회자와 교인들로 적극 나서야 한다. 이로써 지역과 마을이라는 새로운 생태계 속에서의 교회의 모습을 그려야 한다.

이러한 개교회를 넘어선 지역과 마을 생태계의 단위로 목회하고 선교하는 생명평화교회의 새로운 생태계의 가능성으로서 지난 80년대 민중교회의 민중선교인 지역아동센터가 만들어낸 '복지-문화-학습-급식의 지역 전달체계'가 전국의 3000개의 지역 아동센터로 발전하면서 전국적인 지역 복지 생태계로 전환되는 과정을 살펴보며 새로운 지역과 마을의 생태계의 가능성을 모색할 것이다. 또 이러한 의미에서 민중교회가 그동안 지역에서 추구해온 교회와 선교의 역사가 마을 생태계와 마을만들기에서 거둔 일정한 성과와 이것의 시민사회와의 연대 가능성을 중심으로 작은 교회의 대안이 될 새로운 생태계의 가능성을 제시해보겠다.

이와 더불어 지구촌의 기후와 환경 붕괴의 시대를 맞이하여 대량생산과 대량소비를 통해 생태계 파괴를 조장해왔고 경제개발주의에 편승했던 교회성장신학(성공/번영 신학)에 대한 반성과 회개의 촉구를 통해 새로운 생명, 생태, 평화교회의 시급성을 제안하고, 이미 대량생산, 대량소비, 무한경쟁과 무한성장에 익숙한 대형교회보다는 대안적 작은 교회들 가운데서 새로운 대안과 실천이 나온다는 사례를 통해 생명 평화교회의 수평적 연대를 통한 새로운 대안적 교회 생태계의 가능성과 필요성을 4가지로 제안하고자 한다.

한국교회 생태계의 위기 : 사회로부터 고립, 자폐화된 한국 교회

지금 한국교회의 최대의 위기는 바로 우리 교회가 사회로부터 고립되어 소통에 실패하는 데 있다. 오늘 한국교회는 덩치는 크지만 지역과 사회로부터 고립되어 아무런 영향력도 미치지 못하는 고물로 취급되는 경향이 있다. 크기는 크지만 그 빛을 잃고 소금 맛을 잃어 사람들에게 미련하고 멍청하게 보이는 골리앗과 같은 모습이 오늘 우리 교회의 모습은 아닌가 반성하게 된다.

이러한 결과는 아무래도 교회가 '개교회 성장 중심의 교회 구조' 때문에 건물과 교인수 등 양적 성장에 온갖 힘을 탈진할 정도로 쏟고 있기에 새롭고 창조적인 목회와 선교를 생각할 겨를이 없었기 때문이 아닌가 한다. 또 이러한 개교회 성장주의가 지금 사회로부터도 영향력을 잃었을 뿐 아니라 목회자나 교인들도 탈진상태에 이르게 하지 않았나 하는 생각도 든다.

그러나 이제 이러한 시대는 가고 있다. 사회적으로도 지금은 크기를 중시하는 골리앗과 같은 아날로그형 대량생산의 시대를 넘어서, 다윗과 같은 창조성과 상상력을 요구하는 다품종 소량생산의 정보화 시대로 넘어가고 있다.

혹시 우리 교회만 낡은 산업화 시대의 대량생산 체계를 닮은 대형교회의 모습을 흠모하고 닮으려 하여 새로운 디지털 시대의 작고 빠르고 창조적인 교회의 모습을 상상하며 세상과의 새로운 소통을 꿈꾸는 하나님의 일을 게을리 하고 있지는 않은지 생각해볼 일이다.

이를 치유하기 위해서 한국교회는 교회의 개교회주의나 대형화 지향에서 벗어나 세상과 적극적으로 소통하는 방법을 익혀야 하고, '산업화 시대의 개교회 성장 패러다임'을 넘어 정보화 시대에 창조적으로 지역과 소통하는 '지역 섬김형 생명목회 패러다임' 교회의 탄생을 기도해야 할 때이다.

1. 대형교회 공룡 생태계의 형성과 몰락

문제의 대안은 부분적인 수정이 아니라, 새로운 교회의 생태계가 등장하여야 한다는 것이다. 맘몬 메가 처지의 낡은 메커니즘을 극복할 수 있는 새로운 교회 생태계의 등장이 요청된다. 그리고 그 생태계의 핵심 가치는 바로 생명과 평화가 되어야 한다.

이를 살펴보기 위해 먼저 기존 성장형 패러다임이 어떻게 한국교회와 사회를 붕괴시켰는지에 대해 이야기하고, 새로운 생태계로서 생명, 생태, 평화교회에 대해 이야기하도록 하겠다.

한국교회의 가장 큰 위기는 역설적으로 교회 성장주의가 가져왔다. 교회가 물량적 팽창주의로 치달으며 외적으로 대형화되려는 유혹을 갖는 데에 위기의 본질이 있다는 것이다.

소장파 신학자 신광은 목사가 내놓은 책 『메가처치 논박 – 나의 교회여, 크기에서 자유하라!』(도서출판 정연 펴냄)는 한국 개신교의 문제점을 지적하는 숱한 책들 가운데 보기 드물게 교회의 대형화 문제를 정면으로 비판한다.

신 목사는 "한국교회의 위기는 메가처치 현상에서 출발한다"면서 "교회의 크기 문제를 다루지 않으면 한국교회가 앓고 있는 질병을 제대로 진단해 치료할 수 없다"고 말한다.

"교회의 성장주의나 영웅주의, 세속적 경영 등을 비판하는 목소리는 많지만 교회의 크기 자체는 문제 삼지 않았습니다. 대형화는 여러 문제점 중 하나로 언급만 되거나, 대형 교회에도 좋은 점이 있다거나 훌륭한 목사님이 많다는 정도의 이야기들이었지요. 하지만 교회의 대형화는 신학적으로도 교회가 하느님의 말씀과 멀어지게 하는 가장 본질적인 원인이 되고 있어 반드시 짚고 넘어가야 합니다." 김경호 목사는 이렇게 지적한다.

"교회가 다단계판매 조직처럼 되어서, 중간관리자를 중심으로 움직입니다. 이러한 대교회주의는 지금 한국만큼 성공한 나라가 없습니다. 유럽에도 이렇게 큰 교회가 없고, 미국보다도 훨씬 더 신자유주의적입니다. 그러나 백화점이 한 개 들어오면 구멍가게 오륙백 개가 문을 닫는 것과 같이 큰 교회 하나가 생기면 주변에 작은 교회들이 문을 닫아야 합니다."

김경호 목사는 대형화를 반대할 이유를 다음과 같이 들고 있다

1. 대형교회는 자연히 태생적으로 보수화될 수밖에 없다.

2. 대형화된 교회는 사회정의나 지역사회의 문제에 관여하기가 구조적으로 어렵다.

3. 한 조사에 따르면, 대교회에 나가는 가장 큰 동기가 사회 저명인사와 같이 사귈 수 있고 신분적 지위가 상승된다는 것이 첫 번째 동기였다.

4. 대형교회를 찾는 또 다른 이유는 '익명성'이 보장된다는 것이다.

숭실대 구미정 교수는 대형교회를 '강북형'과 '강남형'으로 나눈다. 그리고 강남형 대형교회는 1970~80년대 개발독재 패러다임을 그대로

차용한 강북형 모델이 진화한 월마트형 후발 대형교회로 보고 있다. 특히 그녀는 강남형 교회 신도들의 70% 이상이 여성이라는 점과 기독교계 자기계발 서적의 주요 소비층이 여성이라는 사실에 주목한다. 그것은 (강남형 교회들이) 탈권위주의적인 조직 운영과 여성 친화적인 각종 프로그램을 통해 스스로를 자율적 주체로 간주하는 중산층 여성들의 종교 소비 욕구를 한껏 자극하기 때문이라는 것이다.

가히 "마트형 대형 교회 등장에 작은 교회 설 자리 잃어", "지역사회와 교회 고사시키고 월마트형 교회와 패스트푸드 신자를 양산하는 한국교회"라는 교계신문의 표제가 현실화되어가고 있는 것을 우리가 지금 직접 보고 있는 것이다.

지금 한국 기독교는 이마트와 같은 대형할인점이 엄청난 자금과 노하우를 통해 지역 상권을 무력화한 것과 마찬가지로 신도시 대형 교회들도 비슷한 전략을 통해 지역 교회들을 고사시키고 있다. 결국 목회자들이 교인들에게 음식으로 얘기하면 햄버거 같은 정크 푸드(Junk Food)를 주는 셈인데 교인들 역시 그것을 받아먹는 데 개의치 않는 듯하다. 역사와 사회에 대한 책임은 눈곱만치도 없이 그저 미국식 성공을 강조하고 지역사회와 교회를 초토화하는 초대형 교회들의 대형할인점식 선교 전략과 이에 편승하는 패스트푸드 신자들의 저급한 신앙관은 결국 한국교회의 종말을 부추기고 있다.

《오마이뉴스》. "월마트형 교회와 패스트푸드 신자 양산하는 한국교회"

이러한 기독교는 거기서 그치지 않고 최근 우파로 정치세력화까지 꾀하고 있다.

개신교는 지난 30여 년간 급성장했다. 이렇게 클 수 있었던 것은 이전 정권의 영향력도 배제할 수는 없다. 또한 한국자본주의 성장, 경제성장 논리에 기독교 교회의 성장 논리, 즉 적극적인 사고와 자본주의 사회에서 내가 뭐든지 하면 그만큼 축복을 받고 보상을 받는다는 신앙적 사상과 맞아떨어졌기 때문이다. 이를 통해 대형교회로 성장했고 지금처럼 정치세력화까지 꾀하게 된 것이라 본다.

〈스페셜 인터뷰〉. 성공회대학교 신학과 김은규 교수.

그런데 한신대 김희헌 교수에 따르면 아이러니하게도 성장주의를 동력으로 삼은 한국 개신교회는 지난 20년 동안 양적으로 감소하였고 질적으로 추락하였다고 한다.

80년대 후반 1,200만 성도수를 구가하였던 한국 개신교는 2005년 860만이라는 공식 통계 앞에 굴복하고 말았다는 것이다. 이러한 결과로 이제 성장주의적 목회방식은 그 유효성에서부터 분명히 의심을 받고 있지만, 더 주목해야 할 점은 그 모델로 이상화된 대표적 교회들이 한국사회 속에서 받고 있는 현실적 평가이다. 성장모델을 충분히 구현하여 충분히 (양적으로) 성장한 한국의 대표적인 교회들은 교회 내적으로는 유대감의 중심이기보다는 권력의 정점만을 보여줄 뿐이요, 외적으로는 (사회과학적 기본 소양을 갖춘 사람들의 눈에는) 민족의 미래를 위해 사라져줘야 할 대상으로 전락해가고 있다는 것이다.

이는 이제 지난 30년을 주도해왔던 대교회 중심의 교회 성장 패러다임과 그 생태계가 붕괴에 직면했고 새로운 패러다임과 생태계의 탄생이 간절히 필요함을 알리고 있는 것이다.

새로운 생태계의 가능성 : 민중선교 지역아동센터에 나타난 한국교회의 작은 개척교회의 생태계

《뉴스앤조이》에 실린 '개척 교회의 목사의 애환'(배종부 새성교회 목사)이라는 기사를 보면 개척 교회의 애환으로서 1) 물질적 애환과 2) 사람 없음에 대한 애환, 그리고 3) 사회 현상에서 오는 애환을 이야기한다.

이제 개척 교회 시대는 지나갔다. 이제는 정말 개척 교회는 안 된다. 지난날 한국교회가 뿌려놓은 병폐의 후유증을 고스란히 개척 교회들이 직격탄으로 맞고 있다. 개척 교회를 담임하는 목사들이 고스란히 그대로 당하고 있다는 말이다. 1) 쓸 만한 사람은 이제 절대 개척 교회로 오지 않는다. 2) 기복주의, 성공지상주의, 과시주의, 외형주의의 부산물인 쓰레기가 고스란히 개척 교회에 던져진다. 그러한 눈으로 보는 대부분의 사람들은 이미 개척 교회를 외면한다. 3) 대형 교회들이 사회에 끼친 부정적 영향력이 그대로 개척 교회에는 쇠망치로 정수리를 내리치는 것같이 치명적인 성장과 부흥의 걸림돌이 된다. 전도가 아예 안 된다. 한국교회의 모판이요, 뿌리인 개척 교회들은 철저히 외면당한다. 기성 교회 목사들이 외면해버리고, 그나마 찾아와주어야 할 성도들이 외면해버린다.

우리 예장통합 서울북노회 안에도 소위 미자립 상태인 개척형 교회가 1/3이 훨씬 넘는 40여 개에 육박한다. 노회에서 그들의 목소리는 철저하게 외면당한다.

이러한 열악한 현실에서 작은 개척교회의 현실 타개책으로 열렬히 호응을 받고 시행되는 프로그램이 바로 지역아동센터 선교 프로그램으로, 작은 개척 교회의 지역아동센터가 전체 지역아동센터의 70-80%에 이른다. 그럼에도 불구하고 이제는 국가가 요구하는 일정 정도의 공간과 규모와 시설을 확보하지 않으면 이러한 헝그리 정신도 펼칠 수 없는 상황을 맞이하고 있다.

지역의 작은 개척 교회와 지역 아동센터

2003년 12월 19일 아동복지법 재개정으로 아동복지시설 중 '지역아동센터'가 신설되었고, 2004년 1월 29일 개정된 아동복지법에 의해 지역아동센터가 법정 아동복지시설 중의 하나가 되는 결실로 나타났으며, 지역아동센터는 방과 후 학습과 급식과 인권의 최대의 복지 전달체계로 부각되기 시작하였다. ('복지-문화-학습-급식의 지역 전달체계')

지금 지역아동센터가 3000여 개나 생겨 전국의 도시와 마을마다 없는 곳이 없을 정도로 발전하고 국가의 아동 청소년 복지체계의 가장 중요한 전달체계로 부상하고 있는 이 시점에서 우리가 한번 꼭 돌아보아야 할 일이 있다.

1980년대 공단과 빈민촌으로 들어간 민중교회들로부터 시작된 공부방 운동이 전국적인 지역아동센터로 변신하면서 만들어놓은 이러한 지역 복지 체계가 국가 복지 체계로 흡수된 것은 일면 어쩔 수 없는 상황임을 감안하면서도 이제 이러한 과정 가운데 교회와 국가 간에 지역아동센터의 운영을 가지고 여러 가지 문제가 발생하고 있는 작금의 현실을 볼 때 이제 우리 기독교 교계가 국가와 사회와 관계를 맺으면서도 독자적인 선교론의 입장을 정리할 때에 이르렀음을 알아야 한다.

오늘 지역아동센터의 현실을 보면 지역아동센터의 70-80%가 지역의 작은 개척 교회에서 이루어지고 있는 현실에서도 알 수 있듯이 지역아동 센터의 문제, 그것은 한국의 개척교회의 현실이 고스란히 반영되고 있다. 이를 위해 한국교회 안에 이 시대에 교회와 국가 그리고 시민사회의 관계를 잘 규명하고 잘 다룰 수 있고 권위 있는 에큐메니칼 NGO 선교공 공신학과 기관이 탄생되어야 한다.

지금은 교회와 시민사회와 정부 그리고 총회와 노회와 개교회를 잇는 생명선교 네트워크와 복지 전달체계를 세울 때

① 지역사회의 가장 의미 있는 교육과 복지와 문화의 전달자로서 자리 매김하고 있는 지역아동센터를 이제 국가에게만 맡기지 말고 국가와 시 민사회와 우리 총회와 노회가 생명선교의 센터와 생명복지전달체계로 연 결해야 할 시점에 와 있는 것이다.

② 이를 위해서 이제 우리는 한편으로는 교회와 마을과 지역사회를 연 결하고, 다른 한편으로는 노회와 시찰회와 개교회를 잇는 생명 네트워크 와 파트너십을 통하여 생명을 살리는 생명교회, 생명목회, 생명선교를 시작해야 할 시점에 다다랐다.

③ 특별히 지역아동센터는 무엇보다도 먼저 마을에 뿌리를 내려야 한 다. (마을만들기) 공부방의 교육은 마을 교육이어야 하고 이 마을 교육 의 핵심은 지역의 학습 생태계를 만드는 것이다. 마을의 교사들은 교사 교육과 스스로의 성장구조와 지역아동센터의 복지권, 교육권, 학습권, 시민권의 확보를 통해 앞으로 전개될 교육 자치 시대에 시민사회의 지역 사회 교육기관과 평생학습기관으로 당당하게 서야 한다.

④ 에큐메니칼 차원의 대안 : 지금 한국사회에서 가장 의미 있는 교육 과 복지와 선교의 전달체계를 감당하고 있는 교회에서 운영하고 있는 지

역아동센터를 위해 이제 교단과 교계의 대표성을 아우를 수 있고, 교회의 공공신학과 공공적 실천을 협의, 실천할 수 있는 에큐메니칼 선교협의체를 구성하는 형식으로 적극적으로 나섬으로써 지역의 작은 개척 교회들이 투명성과 공정성을 잃지 않도록 재정적, 선교적 협력 체계와 선교적 네트워크를 구성해주어야 한다. ('예장 총회사회부 선교 현안 세미나' 발표문 중. 이원돈 목사) 이제 우리 교계가 힘을 합하여 투명성과 공신력, 사회성에 더욱 힘을 쏟고 교회의 것을 나누면서 지역사회와 시민사회가 발전하면 오히려 교회가 더욱 발전하고 더 많은 섬김의 기회가 온다는 공공신학을 강조할 때이다.

3. 새로운 생태계를 어떻게 형성해나가야 할 것인가?

민중교회의 민중선교 전통을 살려 민중과 시민사회와의 선교 생태계를 연결해야

1970년대 개혁의 견인차 역할을 했던 한국교회가 1990년대 들어 시민사회의 높은 규범적 기대를 충족시키지 못하고 시민시대를 따라가지 못하며 뒤쳐지기 시작하여 시민사회로부터 소외되며 손가락질의 대상이 되기 시작했다. 이것은 지금 교회에 아주 중요한 시사점을 주고 있다. 민중교회 운동은 교회 밖 기관이나 단체가 아닌 바로 교회와 지역의 현장에서 1980년대의 시대적 목소리를 실현시키고자 일어난 운동이다. 그리고 이러한 과정에서 얻은 민중교회의 경험은 이제 민중교회가 몸담고 있는 지역사회와 시민사회뿐 아니라 한국교회에도 굉장히 중요한 의미가 있다.

우리는 이러한 경험들을 적극적으로 활용할 필요가 있다. 그리고 민주화세대를 넘어 정보화, 지방화, 세계화 시대의 시대와 교회의 대안을 제시할 수 있기까지 우리의 교회적, 선교적 지평을 열어가야 한다. 오늘날 한국교회의 가장 중요한 선교적 과제는 새롭게 시대의 중심으로 부상하고 있는 시민사회와의 만남이다.

사실 민중교회는 지난 20년 동안 민중교회운동을 통해 지역의 서민들과 함께 호흡하면서 이러한 지역사회와 시민사회의 등장에 한 몫을 감당하여왔다.

민중교회의 회중 성장에 대한 평가가 상당히 비관적으로 그려지고 있는데 좀 더 깊은 고찰을 요한다고 생각한다. 민중교회도 1980년대 개척 교회로 출발한 것인데 1980년대 후반부터는 일반 도심의 중심에서 시작하는 교회들도 이미 교회 개척의 시대는 끝났다는 말을 들었다.

현대 교회의 개척도 철저한 시장의 논리에 편입되었고 광범위한 수평이동이 시작된 90년도부터는 마이너스 성장을 시작한다. 그래서 상가에 세낸 교회는 성장하기 힘들고 목이 좋은 위치의 투자가 많이 된 교회, 큰 교회에서 지원하는 교회들 이외에는 점점 교회의 수적 성장이 힘들다는 것이다.

민중교회는 교회 성장사로만 본다면 가장 시장성이 없는 공단과 빈민 지역에 세워진 교회들이다. 다시 말해 처음부터 의도적으로 수적 성장의 잠재력이 없는 곳에 찾아들어간 교회이다. 그리고 단순한 양적, 수적 성장을 교회의 성장으로 보지 않는 신앙관을 가지고 있는 교회이다. 게다가 거의 외부적 지원이 없거나 오히려 비난이 있고 박해가 있는 상황 속에서 개척된 교회들이다. 이러한 상황하에서 선교에 주력한 교회이기에 다른 평가의 기준이 필요한 것 같다. 그래서 단순한 양적인 성장이 아니라 교회의 주체세력의 형성, 선교 마인드, 교육 마인드 등 질적인 성장에 대한 비전을 봐야 한다. 또 시장의 질서가 관통하는 세계에서 비시장적

논리와 대안적 신앙, 특별히 선교적 비전과 미래의 비전을 중심으로 하여 개척한 교회들을 평가하는 객관적이고도 공평한 새 기준이 필요하다.

필자는 민중교회운동의 가장 큰 업적은 후일에 아마 1980년대에 한국 교회의 선교부흥을 일으키고, 선교적 시각을 크게 넓혔다는 것으로 평가되리라고 생각한다.

민중교회운동은 1970-80년대 한국기독교 민주화운동의 특성인 단순한 기구나 사건 중심적 기독교운동에서 벗어나 사건과 살림살이가 어우러지는 민중교회론으로 전개되었으며, 1990-2000년 사이에는 외국인, 노숙자, 실업자, 지역아동센터 등의 다양한 선교형태로 뻗어나가는 역동적인 양상을 지니고 있다.

그리고 이러한 민중교회운동은 결국 예수가정 운동, 노숙자, 쉼터, 공부방, 아동복지 센터, 실업극복, 이주노동자, 비정규노동자 등 우리 한국 교회에게 낯선 사람들인 민중과 다중과 시민과의 만남으로까지 귀결되어 갔다.[1]

---

1) 민중과 시민사회의 만남의 사례―민중현장에서 시민사회와 네트워크 속으로 나가는 민중교회. 2000년 이후의 시기에는 부천의 마을마다 13개의 작은 마을 도서관이 형성되고, 처음의 4-5개의 지역아동센터가 40여 개 그리고 최근 60개로 확장되어가는 지역아동센터의 변화를 보고 작은 마을교회와 마을 도서관 그리고 마을의 지역아동센터의 중요성과 네트워크를 생각하게 되었다. 그리고 마을단위로 작은도서관, 지역아동센터, 작은 교회들이 평생학습이라는 고리로 연결될 수 있는 가능성을 보았다. 우리는 마을마다 동네마다 일어서는 부천의 작은도서관 운동을 통해 마을과 시민의 힘을 배웠고, 부천의 서민지역 곳곳에 자리 잡아가는 부천 작은공부방 운동을 통해 마을과 지역을 살리는 가장 중요한 교육과 복지 전달자가 누구인지를 보고 배울 수 있었다. 교회는 이러한 시민단체와 힘을 합쳐 도시와 마을의 환경교육/평생학습/마을인문학/마을만들기 그리고 복지와 교육의 그물망을 만드는 등 지역사회와 시민사회와 함께 마을과 시민사회의 꿈을 이루고, 만들어가고 있다.

개교회 목회가 아닌 마을 생태계를 살리는 마을 목회와 선교가 이제는 시민사회 생태계로 연결되어야

앞서 살펴본 대형교회와 작은 교회들의 상황 그리고 민중교회의 출현과 지역사회에서 새로운 선교 생태계를 형성해낸 민중선교의 상황을 보면서 우리는 교회 속 새로운 생태계의 맹아와 성장 과정을 볼 수 있다.

우리가 새로운 교회의 생태계를 생각할 때 가정 먼저 생각해야 할 것이 이제 교회를 지역과 사회에서 분리, 격리, 고립된 개교회의 단위로 생각해서는 안 된다는 것이다. 이제 교회를 스스로 고립되고 자폐된 한 개체교회로 생각해서는 안 되고 지역과 마을과 자연과 우주와 생태적으로 연결된 하나의 생태계로 보아야 한다.

편의상 먼저 지역과 마을의 생태계와 연결된 생명평화교회를 이야기하고 이어서 자연과 우주라는 생태계에 연결된 생명평화교회를 이야기함으로써 미래 교회의 새로운 생태계에 대하여 이야기해보도록 하겠다.

새로운 교회의 생태계에서 이제 교회는 마을 속의, 지역 속의 교회가 되어야 하고 목회자는 교회의 목회자인 동시에 지역과 마을을 목회하는 지역생명목회자로 적극 나서야 한다.

우리는 지금 정보화시대의 다품종, 소량생산체제의 시대를 살고 있다. 정보화, 다품종, 소량생산 시대의 미래 교회는 작고 영향력 있고 창조적인 다윗과 같은 교회가 될 가능성이 높다. 다윗과 같은 미래 교회들은 오직 하나님만을 믿는 믿음으로 두려움이 없는, 작지만 아름답고, 작지만 자유롭고 창조적인 교회들을 의미한다.

이러한 다윗과 같은 교회들은 수많은 더 작은 다윗들로 분화하기도 하고 다시 연합, 연대하기를 자유자재로 하여 작지만 강력한 영향력과 힘을 발휘하는 네트워크로 연결된 교회가 될 것이다.

다윗처럼 작고 빠르고 새롭고 건강한 영성으로 충만한 창조적 작은 교회들이 지역을 파고들면서 실핏줄처럼 서로 연결되어 있을 때 미래 교회와 선교의 희망이 있는 것이다. 우리는 이것을 지역 섬김형 생명목회라고 이야기하고 싶다.

가장 중요한 것은 교회와 마을과 지역을 잇는 영적인 동시에 복지·교육·문화적인 지역 생태계를 만드는 것이다. 마을 한가운데로 공부방, 도서관, 복지관, 주민자치센터 등의 복지 교육 생태계를 만들고, 이러한 복지, 문화적 생태계들을 교회의 영적 그물망과 서로 연결, 소통할 때 교회는 마을과 지역을 살리는 영적 생명의 구원망으로 다시 설 수 있을 것이다.

우리 작은 교회들은 안에 여러 가지 인프라나 사회적 자본이 없기에 교회 내부만을 바라보면 자연적으로 절망하거나 좌절하기가 쉽다. 그러므로 우리 작은 교회들은 그러한 인프라나 사회적 자본을 지역 사회와 시민 사회와의 네트워크에서 구해야 한다. 작은 교회일수록 지역 사회의 교회가 되어야 하며 자신만을 위한 교회가 아니라 지역 사회를 위한, 지역의 교회나 마을의 교회가 되어야 한다.

목회자도 개교회 목사가 아니라 지역 사회의 목사가 되어야 하며 지역 사회에 있는 자원을 연결하고 동원할 필요가 있는 것이다.

요약하면 마을과 지역사회의 목회자와 교인으로 다시 태어나기, 이것이 교회와 지역사회의 핵심적 관계 설정이 아닐까 생각해 본다.

이제 녹색 생명 생태 교회의 꿈을 꾸자

– 수평 연대에 기초한 대안 교회 생태계의 형성

이제 하나의 교회는 지역과 마을의 교회가 되고, 교회의 목사도 마을과 지역 단위로 목회를 해야 하고, 교인들도 교회를 자기 교인들만이 모이는 교회가 아니라 지역과 마을 전체를 목회하고 선교하는 교회로 인식하도록 되어야 한다. 이 새로운 패러다임의 교회의 탄생을 기도하며 이러한 생태적 교회가 단순히 지역과 마을의 교회가 아니라 우주와 자연 생태계와의 관계 속에서 어떻게 새로운 생명과 평화의 교회로 자리 매김 되어야 하는가에 대해 이야기해보도록 하겠다.

얼마 전까지만 해도 생태계와 환경 문제는 그리 절실한 이슈가 아니었다. 지구 온난화를 이야기하면 코웃음 치는 사람들도 있었다.

그러나 현재 우리가 겪고 있는 기후변화의 위기는 돌이킬 수 없는 위기다. 현재 위기의 심각성은 우리에게 주어진 시간이 매우 촉박하다는 사실을 일깨워준다. 앞으로 몇 년이 '마지막 기회'라는 경고는 단순히 과학자들의 경고라기보다는 종교인들로서는 하늘이 우리에게 내리는 엄중한 경고로 볼 수 있다. 그만큼 시간이 촉박하다. 김준우 교수는 예수 목회의 시급성을 다음과 같이 정의한다.

1) 생명 중심의 세계관은 예수의 하나님 나라를 전하는 복음의 관점에서 신자유주의적 시장 자본주의에 대해 철저한 비판적인 입장을 필요로 한다. 우선 대량생산과 대량소비를 통해 생태계 파괴를 조장해왔던 경제 개발주의에 편승했던 교회성장신학(성공/번영 신학)에 대한 반성과 회개가 필요하다.

2) 우선 교회가 감당해야 할 일차적인 사명은 교회성장목회의 핵심 내용이었던 개인 영혼구원 중심의 내세주의, 인간중심주의, 성공과 번영이라는 물질적 축복주의의 온갖 비복음적 요소들과 폐해를 극복하고, 생명 중심의 세계관과 가치관을 뿌리내리는 운동을 전개하는 일이라 생각한다.

3) 예수의 하나님나라 운동이 당시 3중, 4중의 착취구조로 인해 무너져내리던 마을공동체를 회복시키는 운동이었다는 사실에 근거하여, 이 시대에 생태마을공동체를 건설하는 길이 예수운동에 동참하는 길이다.

4) 그리고 생명 평화교회는 사회 성찰의 불길을 끌어올리는 역할을 해야 한다. 기후변화에 대해 교회가 신앙적 성찰을 통해 삶의 양식을 바꾸고 지역사회를 변화시키며 사회가 성찰할 수 있도록 불길을 끌어올리는 중요한 역할을 해야 한다.

이처럼 지역섬김형 생명목회를 하기 위해서는 우리의 목회와 선교의 영역을 교회에서 가정과 마을과 지역과 시민사회로 그리고 자연과 우주의 생태계까지 넓혀야 한다.

양과 규모와 크기를 숭상하던 산업화 시대 이후의 새로운 생명 생태시대에는 마을을 기반으로 한 작은 교회들의 생명 평화적 수평 연대가 무엇보다 중요하다. 그런데 이미 대형화된 교회, 대형교회를 지향하는 교회는 이러한 새로운 생태계에 적극 참여하기가 어렵다. 이미 산업화의 경쟁과 크기에 종속되어 있기에 전환이 힘들다. 결국 이러한 새로운 생태계에선 지역과 시민사회에 뿌리를 내린 작은 교회들의 수평적 연대가 가장 중요하다.[2]

한 달에 한 번씩 차 없는 주일을 지키고 있고, 교회 주차장을 생태공원
으로 바꾸고. 태양광 발전기를 달아 교회가 쓰는 에너지보다 더 많은 전
기를 생산해 오히려 수익을 올리고 있는 교회들은 대부분 작은 교회라고
한다. 이외에도 회색 도시에서 교회만이라도 녹색 공간을 이뤄내려는 의
지로 교회 담장을 헐고 나무 울타리를 만들거나 마당과 옥상에 정원을 지
어 자투리땅에 나무와 꽃을 가꾸기도 한다. 마당이 없는 교회는 옥상에
라도 작은 녹지를 만들고 자전거타기 운동 실시, 환경수련회와 녹색장터
운영 등 활발한 환경운동을 펼치고 녹색가게를 열어 자원을 재활용하는
운동을 실천하는 것 등도 주로 작은 교회들이 한다.

이것은 이미 작은 교회의 생명적 연대 안에 무한경쟁을 기초로 한 산업
사회의 약육강식 모델을 넘어설 수 있는 새로운 생태계의 가능성이 내재
함을 의미한다.

이는 작은 교회들이 새로운 생명적 생태계에 대한 꿈을 가지고 수평
적 연대를 지향한다면 무한경쟁 그리고 포스트 포디즘과 같은 후기 산
업사회의 대형마트 대형 기업, 대형 교회의 논리를 넘어설 수 있음을 의
미한다.

이처럼 미래 교회의 교회 목회자는 단순히 자신의 교회나 교인들만을
대상으로 목회하는 것이 아니라 마을을 대상으로 목회를 해야 하고 마을
의 목사가 되어야 한다. 그래서 인간의 환경만 아니라 빈부격차, 생태계
파괴, 물질 숭배주의 등을 심화시킨 신자유주의 경제세계화를 극복하면

2) 기후변화에 관한 시대적, 신학적 성찰을 이야기한다는 기독교환경운동 정책 세미나 (12월 19일)에
   서 나온 이야기에 의하면 요즘 대형교회들을 비롯한 많은 교회들이 기독교환경운동연대의 제안에 그
   리 달갑지 않은 시선을 보낸다 한다. 차 없는 주일을 제안하면 교인이 안 올 것이라고 꺼리고, 에너지
   문제에서는 한술 더해 난방과 에어컨을 빵빵하게 틀어놓고, 조명과 스피커도 최대한 밝고 좋아야 설
   교가 잘 들어온다고 한다. 오히려 작은 교회 곳곳에서 이미 변화가 시작되었다고 한다.

서 정치적으로는 냉전적 극보수의 논리를 넘어서 평화의 생태계를 만들어가는 교회가 됨을 의미하고 자연과 우주까지 포함한 대안적 생명과 생태와 녹색의 생태계를 만드는 것을 의미한다.

만일 우리가 개교회만의 교회나 목회자가 아니라 마을과 지역사회와 생명적으로 연결된 마을의 교회와 목회자로 다시 탄생하게 된다면 우리는 하나님의 영적, 물적 새로운 자원을 발견하게 된다. 이때 목사는 개교회의 목사를 넘어 지역사회의 목사로 전환하며 생명목회를 시작할 수 있고, 교인들도 지역사회를 섬기는 창조적이고 역동적인 생명의 교인들로 거듭나며 우리의 목회와 선교 지평은 활짝 열리고, 우리는 단순히 고립된 개교회만의 목회자가 아니라 마을과 지역사회 그리고 자연과 우주 생명과 호흡하는 목회자와 교인으로 다시 탄생하게 되는 것이다.

대안 생태계로서의 생명평화교회

문제의 대안은 부분적인 수정이 아니라 새로운 교회의 생태계가 등장이다. 맘몬 메가 처지의 생태계를 새롭게 할 수 있는 새로운 교회의 생태계의 등장이 요청된다. 그런데 그 생태계의 핵심 가치는 바로 생명과 평화가 되어야 한다.

이미 대형화된 교회들은 산업화의 대량생산, 대량소비, 크기와 경쟁의 논리에 너무 익숙하기에 새로운 생태계를 구성하는 데 맞지 않고 오히려 방해가 될 가능성이 높다. 생명평화의 새로운 생태계는 작은 대안적 교회로부터 출발해야 할 것이다. 그리고 산업화 시대의 무한경쟁, 무한성장 논리를 회개한 중형, 대형교회와의 연대로 차츰 그 수평연대의 지평을 넓혀나가야 할 것이다.

한국교회가 이처럼 생명평화에 기초한 새로운 생태계를 형성할 때에만 한국교회의 지역사회의 대형, 중형, 소형 교회들이 각 도시와 마을과 교회를 잇는 복지, 교육, 문화 선교의 그물망으로 서로를 연결하며 서로의 우열을 앞세우는 관계가 아니라 생명선교와 생명목회의 동반자가 되어 마을을 살리고 도시를 살리고, 자연과 생태계를 살리며 서로 상생하는 생명교회들로 거듭날 줄로 믿는다.

이러한 대안적 생명평화교회의 생태계의 확산을 위해 작은 교회의 수평적 연대에는 4가지의 원칙이 필요하다는 것으로 이 글을 맺고자 한다.

첫째로, 이러한 생명적 평화교회를 추구하는 작은 교회는 그 교회의 목회와 선교의 단위가 개교회 단위로 자폐된 교회가 아니라 반드시 지역과 마을을 교회의 생태계로 삼는 교회가 되어야 한다.

둘째로, 시민사회가 중요하다. 생명 평화교회는 반드시 시민사회와 물적 인적인 교류가 있으며 냉전과 분단적 사고를 넘어서서 시민사회와 함께 생명평화생태계를 형성해나가는 교회들이 되어야 한다.

셋째로, 생명 평화교회에는 반드시 자연과 지구촌과 우주의 생태계와 소통하며, 그것을 교회의 자연스러운 한 생태계로 받아들이고, 이러한 생명 평화 생태계를 유지하기 위한 신앙고백과 신앙적 실천이 있는 교회들이 되어야 한다.

마지막으로, 생명평화교회는 목회자로부터 평신도 그리고 인간으로부터 자연까지 새로운 생태계를 회복하기 위해 반드시 수평적 연대의식을 가진 교회들이 되어 목회자, 평신도, 지역 주민들이 서로 소통하고 연대하며 죽어가는 지역과 마을과 지구촌을 회복하여 새로운 생태계를 형성해나가는 생명적 대안 생태계가 되어야 한다.

4

한국 사회와 교회의 생태계의 위기와
생명교회와 생명망 짜기

1. 한국 사회와 교회는 위기이다

2011년 지금 세계는 세 개의 큰 쓰나미에 직면해 있다.

한국의 상황은 2011년을 시작하면서 한국의 대형교회가 각종 사회적 문제를 일으켜 급기야는 대형교회의 모임인 한기총 해체라는 요구를 받고 있는데 이것은 대량생산, 대기업, 대형교회라는 산업화 시대 대량생산 시스템에 문제가 발생하고 있음을 드러내는 사건이다.

두 번째 쓰나미는 중동지역의 시민 혁명인데 이러한 중동지역의 시민 혁명은 이제 매스 미디어라는 산업화시대의 대중소통의 시대에서 트위터와 페이스북으로 대표되는 소셜 네트워크의 시대로 진입해감을 의미한다.

세 번째 쓰나미는 일본의 지진과 기후변화로 이것은 이제 인류의 환경 문제가 그 끝으로 치닫고 있음을 드러낸다. 즉 대량생산, 대량소비, 대량 폐기라는 산업화의 문제가 이제 기후변화를 일으키고 지각변동을 일으켜

대규모 지진사태와 방사능의 문제와 같은 심각한 문제를 일으키고 있다
는 증거이다.

그렇다면 그 대안은 무엇인가? 이제 우리는 대량생산, 대량소비, 대중
미디어, 대량폐기 등의 산업화 시대의 세계관을 버리고 작고 대안적이며
생명지향적인 생명과 평화의 교회와 선교를 추구해야 할 때라는 것이다.

2. 사회적 생태계의 위기에 봉착한 한국 사회 이해하기

불안증폭사회 – 벼랑 끝에 선 한국인의 새로운 희망 찾기

한국인들의 마음은 시퍼렇게 피멍이 들었고 그것은 어느새 치명적인 마음의 병이 되어버렸다. 오늘의 한국인들은 과거 어느 때보다 불안하고 우울하며 무기력하고 또 분노하고 있다. 세계 최고 수준의 자살률이 말해주듯 우리는 적어도 정신건강이라는 측면에서는 이미 돌아올 수 없는 다리를 건너버렸는지도 모른다.

오늘의 한국인은 단군 이래 최악의 불안과 우울, 무기력과 분노를 경험하고 있다. (김태형, 『불안증폭사회(위즈덤하우스, 2010)』)

누가, 왜 우리를 불안과 공포로 내몰고 있는가?

불안증폭사회가 대형 교회 신드롬을 낳았다
– 불안증폭사회의 자기계발서와 오프라 윈프리의 미국식 테라피 이론

최근 대학가에서 최고의 박사논문이라는 칭송을 받는 서동진 박사의 『자기계발 담론으로 본 신자유주의』라는 책을 읽으면서 깜짝 놀랐다.

이 책은 한국사회와 중산층이 1990-2000년대까지 어떻게 신자유주의라는 시장논리에 굴복하였는가를 그려낸 최근 사회과학계의 수작인데, 그 책에서 한국의 이러한 신자유주의의 시장논리를 가장 성공적으로 전한 집단으로 한국의 개신교를 꼽고 있다는 점이다.

한국교회의 설교는 미국식 번영 축복 영성과 신자유주의의 시장 영성에 물들어 1) 처음에는 처세술과 성공학의 설교에서 2) 예수 성공, 불신 실패라는 처세술과 성공학 3) 『성공하는 사람들의 7가지 습관』과 같은 자기계발서와 미국의 오프라 윈프리 쇼와 같은 토크쇼이자 신자유주의 시대 미국적 심리학인 테라피 이론과 같은 설교로 점차 변질하여 신자유주의라는 시장 신(神)의 대변자가 되었다는 것이다.

김진호 교수는 불안 증폭 사회에서 대형 교회를 찾는 이들의 심리상태를 현상을 이렇게 묘사한다.

"내가 생각하기에는, 교회를 찾는 이들이 대형 교회를 선호하는 이유는 존재의 안전에 대한 갈망과 관련이 있다. 어느 시대나 사회적인 불안이 신앙을 선택하는 동기가 되지만, 지금 우리 사회는 안전에 대한 불안감이 끝없이 치솟고 있는 추세다." (김진호, "불안증폭사회가 대형교회의 원인")

그런데 개신교, 특히 한국의 대형 교회들은 그러한 사회적인 안전에 대한 욕망을 신앙상품으로 개발하는 데 있어 세계에서 가장 성공한 종교집단이라는 것이다.

성공, 긍정, 번영을 찬양하는 복음주의 초대형 교회들

긍정주의의 활약은 비단 기업계에만 그치지 않는다. 초대형 교회들이 바통을 그대로 이어받았다. 2001년부터 2006년 사이에만도 주간 예배 참석자 수가 2000명 이상인 초대형 교회의 수는 배로 증가해 1210개에 달했다. 신복음주의가 전하는 설교는 '하느님은 사람들이 번창하길 바라신다'는 것이고 이를 실현하는 방법은 기도와 같은 고전적 수단이 아니라 긍정적 사고이다. 위기를 초래하고 위기 속에 자라나는 '긍정주의'. 이렇게 자본주의와 은밀한 커넥션을 통해 사회에 긍정의 힘을 만연시킨 '긍정주의'는 결국 제 발등을 찍고야 만다. 2006년에 미국에서는 위험한 서브프라임 및 알트-에이(Alt-A) 모기지가 전체 모기지의 40퍼센트로 늘어났으며 2007년 한 해에만 개인 파산 건수가 40퍼센트 급증했다. 그러나 이 모든 경고들은 별것 아닌 일로 치부되었다.

리먼브라더스의 고정자산 부문 글로벌 책임자였던 마이크 겔밴드(Mike

Gelband)는 2006년 말, 부동산 거품을 감지하고 CEO 리처드 풀드(Richard Fuld)에게 "우리의 비즈니스 모델을 다시 생각해봐야 합니다"라고 말했다. 풀드는 곧바로 그 비관론자를 해고했고, 그로부터 2년 뒤 리먼은 파산했다. (바버라 에런라이크 지음. 전미영 옮김. 『긍정의 배신』(부키, 2011))

연세대 조한혜정 교수는 우리가 3.11 이후의 시대를 산다고 한다.

3.11일본 지진 전후로 우리 아시아인의 인생이 달라졌다는 것이다. 이러한 쓰나미 시대의 특징은 더 이상 한 개인이 재앙을 막을 수 있는 시대가 아니며 공동체의 지혜가 필요한 시대라고 한다. 그러나 이러한 쓰나미 시대의 대안이 되어야 할 한국교회는 도저히 눈뜨고 볼 수 없는 상황에 도달하고야 말았다.

쓰나미 이후 간절히 선한 목자를 바라는 이 시대의 백성들은 지금 목자를 잃고 처절한 양떼의 상황을 맞이하고 있는 것이다.

2011 새해 벽두부터 삼일, 순복음, 소망교회 등 한국의 대형 교회가 문제를 일으키더니 최근에 한국의 신문기사에는 드디어 이러한 기사들이 실리기 시작했다.

1. "한기총 해체해야 한다. …… 자정능력 없어."

2. "돈 있는 곳에 소망교회 신도 꼭 있다"

3. "교회 건물 사면 교인은 덤으로" 권리금까지 받는 교회 매매 실태 보도(《한겨레》)

4. 한국교회는 지금 '변호사 직무대행 시대'를 보내고 있다. 법정 다툼을 벌이고 있는 한국기독교총연합회와 기독교대한감리회의 경우, 법원이 성직자가 아닌 외부 변호사를 대표 직무대행, 즉 '수장'에 임명한 것이다. 종교 지도자들의 다툼을 법정 관리인이 해결하는 모양새가 되고

말았다.

 많은 지성인들이 이야기한다. 앞으로 한국사회에 몇 개의 쓰나미가 더 올 것이라고. 그런데 이러한 쓰나미 시대에는 공동체의 지혜가 필요하다 고 한다.

 그러면 기독교인들은 공동체적으로 교회에서 어떻게 해야 할 것인가? 앞으로 위기의 지구촌이 살려면 지구촌 생명망(web of life)을 짜야 한다. (이홍정 교수)

 첫째로, 오늘의 이 시대의 특징을 요약한다면 한마디로 '내몰림'과 '따 돌림'의 시대이다. 오늘 우리의 상황은 목자를 잃은 양떼와 같은 상황이 다. 이처럼 쓰나미가 몰려오고 그 쓰나미로 고립, 왕따, 내몰림이 전개되 는 이 시기야말로 고치고 싸맬 때이고, "내 양을 치라"는 예수님의 말씀 이 더욱 절실해지는 시기이다.

 이 위기의 시대에 우리는 혼자 살 수 없다. 위기의 시대에 우리는 더 욱 생명 공동체로 모여야 하고, 생명나무 가지가 생명나무에 붙어 있는 것 같이, 함께 단단히 뿌리내린 포도나무와 같은 생명 공동체를 만들어 나가며 죽음의 권세가 쓰나미처럼 몰려오는 시대에 생명목회를 시작해 야 한다.

 오늘날 이 시대가 고치고 싸매고 치유하는 목양이 중요한 시대로 변해 가는 첫 번째 이유는 산업화 시대가 황혼에 접어들었기 때문이다. 이러 한 쓰나미의 시대에는 산업화 시대의 무한 경쟁적 승자독식주의의 경쟁 형, 회사형 인간은 이제 그 수명이 종말에 이르렀다. 최근 우리 모두는 산업화 시대가 만들어낸 '생존경쟁-효율-속도-성과주의'가 이미 파산했 으며 그 폐해가 얼마나 큰 것인지를 카이스트 학생과 교수들의 자살을 통해 똑똑히 목격하였다.

이제 우리는 낡은 산업화 시대의 무한경쟁/승자독식의 경쟁형, 회사형 인간의 탈을 벗어버리고 새로운 사회의 새로운 인간의 삶을 꿈꿀 때이다. 그것이 바로 부활한 예수님이 우리에게 내 양을 치라고 하신 말씀의 뜻이다. 이제 우리는 나눔과 섬김과 돌봄의 목양적 인간으로 돌아설 때가 되었으며 바로 이러한 인간형이 존경받는 시대가 오고 있다.

그런데 오늘 우리 가운데 이 돌보고 섬기고 나누는 목양적 인간관을 가장 잘 드러내고 있는 사람들은 누구인가? 교회의 목사인가? 장로인가? 아니면 그리스도인? 교회?

'소셜테이너'는 '사회적 발언을 하는 연예인'이라는 뜻이라고 한다.

최근 주목받는 소셜테이너는 단연 배우 김여진 씨이다. 그녀의 이름 앞에는 '개념찬 배우'라는 수식어가 붙는다. 그녀는 홍익대 청소노동자들의 부당한 대우 소식을 듣고 홍익대학교 본관에서 머물며 농성 중이던 이 학교 청소·경비노동자들과 함께 밥을 먹었다.

그녀는 트위터로 부지런히 홍대 청소노동자들의 소식을 실어날랐고, 농성 현장으로 쌀과 반찬을 실어날랐으며, 트위터로 뜻을 모은 시민들과 함께 청소노동자들을 지지하는 광고를 신문에 실었다. 지난 3월 24일에는 MBC 〈100분토론〉에 패널로 출연까지 했다.

정혜신 박사는 "평택시민들에게 꼭 하고 싶은 이야기가 있다"며 기독방송과 인터뷰를 했다. 정 박사는 쌍용 노동자들이 70여 일 동안, 아주 극단적인 상황에 내몰렸고 그런 상황에서 그들이 느꼈던 심정은 마치 전쟁터에 나갔다가 돌아온 병사들에게서 나타나는 증상과 아주 유사하다고 했다. 그들은 자신의 존재할 이유를 잘 못 찾아 아주 무가치하고, 초라하며, 더 이상 남루할 수가 없는 자신의 존재감을 느끼며 "그냥 언제나 죽을 수 있다……" 하는 상태이다. 실제로 이 사람들이 그냥 픽픽 쓰러져서 목숨을 잃는 것을 보면서 이러한 엄청난 상황에 대한 우리의 무관심이야말로 우리 사회의 가장 큰 위기라고 한다. 하여 이런 생각으로 "평택시민들에게 꼭 하고 싶은 이야기 있다"는 인터뷰를 하게 되었다는 것이다.

그녀가 자살의 위기에 직면한 쌍용 자동차 노조원을 심리상담 하는 동안에 그들의 아이들과 바깥에서 정말 진심을 다해서, 정말로 열심히 놀아주던 사람이 있었는데, 바로 평택 쌍용차 해직자 가족을 찾은 가수 박혜경 씨와 레몬트리 공작단이었다고 한다.

김여진, 박혜경, 정혜신. 이들은 이렇게 이 사회의 대안 매체가 되었다. 더욱이 이들은 제레미 리프킨이 지적한 바와 같이 공감의 능력이 점차 중요해지는 사회에서 민감한 공감능력으로 보다 사회적 이슈와 공명하고 네트워크화해서 우리 사회의 변화를 이끌어내었던 것이다. 이처럼 우리는 최근 신문기사에서 영화배우 김여진 씨와 가수 박혜경 씨, 그리고 정신과 의사 정혜신 박사를 보며 이들이야말로 파산한 무한경쟁과 승자독식 시대인 신자유주의의 인간형 이후 고치고 싸매고 치유하는 목양적 인간의 매력을 가장 잘 드러낸 사람이라고 생각한다.

오늘 한국 사회는 한국교회가 교인들끼리만 재미있게 지내기를 원하지 않고 있다. 한국교회가 지금 사회로부터 고립당하는 것은 한국교회가 너무 교회 중심적이기 때문이다. 교회는 개교회주의를 넘어서 지역을 섬겨야 한다. 이제 교회는 지역의 교회가 되어야 하고 목회자와 교인들은 지역의 목사와 교인들이 되어야 하고 교회의 목표는 성장이 아니라 섬김이 되어야 한다.

이제는 교회도 성공만을 바라보고 서로 경쟁하는 낡은 시대의 삶의 가치를 버리고 서로 나누고 섬기고 돌보며 내 양을 치는 목양적 삶을 사는 인생들로 새롭게 거듭나 서로 나누고 섬기고 돌보는 생명목회를 시작해야 할 때이다.

둘째로, 이러한 포도나무와 같은 생명나무 공동체를 기반으로 우리의 선교가 이 생명망 선교를 위해 한 발짝 더 나가기를 기도드린다.

우리는 지금과 같은 지구촌 위기의 시대에 생명망 선교로 한 발짝 더 나가야 한다. 이제 교회의 선교는 프로그램으로 교회 자체만 섬기는 것만이 아닌 지역사회의 아이들과 가족을 향하여, 특별히 그들이 처해 있는 위기와 어려움이 있다면 한 발자국 더 생명망으로 묶어나가야 한다는 것이다. 이제 교회는 교회 안으로 들어온 교인들만 선교하고 돌보고 심방하는 것이 아니라 지역사회를 선교하고 돌보고 심방해야 한다.

셋째로, 이처럼 이제 교회는 교회를 넘어 지역사회를 돌보고 섬김으로 우리 앞에 닥쳐올 쓰나미와 같은 위기에 대응하며 이 지역을 살릴 생명망을 짜들어가야 한다. 우리가 지역에서 이 생명망을 짜려면 3가지 요소가 필요하다.

첫째, 선교를 통한 섬김의 생명망이 필요하다.

둘째, 성령님이 우리를 도와야 한다. 그러기 위해선 생명망 운동은 기도운동이 되어야 한다. 앞으로는 각 교회 구역장님까지 활발히 참여하여 구역과 전교인이 참여하는 생명망 짜기 운동이 일어나길 기도드린다.

셋째, 미래의 생명 생태시대 생명망 짜기 운동이란 이제 교회의 전도, 심방, 기도도 산업화 시대의 교회성장주의의 전도, 심방, 기도 방식을 뛰어넘어서 지역사회를 돌보고 방문하는 구역과 전 교인이 참여하는 지역의 생명망 짜기 전도, 심방, 기도운동으로 전환되는 것이다. 우리가 이렇게 변할 때 성령님께서도 이 생명망 짜기 운동에 활발히 참여하는 그야말로 생명을 살리는, 생명망 짜기 성령 운동이 들불처럼 일어나길 기도드린다.

산업화 시대에서 생명생태 시대에로의 패러다임 변화 흐름

2011 세 개의 쓰나미	1. 한국 대형 교회 쓰나미 2. 중동 쟈스민 혁명 3. 일본 대지진과 기후 변화	환경재앙 매스미디어⇒소셜 네트워크로 대량생산체제의 위기
시대 구분과 시대의 신학	1. 산업화 시대 2. 민주화 시대 3. 생명생태 시대	교회 성장 시대 선교의 시대 선교 신학 생명교회 생명목회 생명선교
생명 시대 교회와 선교의 핵심	개교회의 목회자가 아니라 마을과 지역의 목회자와 교회	생명망 짜기

	산업화 시대	생명생태시대
장소	공장	마을
생산방식	대량생산, 대량소비, 대량폐기(메가처치의 불안증폭사회)	다품종, 소량생산
노동	장시간	단축(단축된 노동시간에 교육, 문화 활동 활성화)
최고가치	물질/화폐	비물질/사람/자연 (지역화폐/사회적 자본 : 신용 생명자본)
인간형	무한경쟁/승자독식/스펙 쌓기	우정과 환대(섬김, 나눔, 돌봄) 소셜테이너 : 김여진(홍대날라리지원단)/박혜경(레몬트리공작단)/정혜신(쌍용자동차 정신상담)
라이프 스타일	웹 1.0 소유/독점/폐쇄/고립	웹 2.0 참여/개발/연대/공유/공감

교회 신학의 변화	미국식 번영, 축복, 영성과 신 자유주의의 시장 영성 1. 처세술과 성공학, 자기계발서 2. 예수 성공 불신 실패 3 테라피 시대의 심리학에 포로가 된 교회	공동체와 지구촌 돌봄, 목양 영성에 기초한 생명생태신학

5

교회와 함께하는 '지역가꾸기'

왜 지역인가?

'네 이웃을 네 몸과 같이 사랑하라' 는 주님의 말씀은 크리스천의 사회적 책임이다. 그러나 '네 이웃' 의 개념이 때론 추상적인 의미로 다가온다. 선한 사마리아인의 비유처럼 우리의 손길이 필요한 곳이 진정 우리의 '이웃' 이라면…… 내가 속한, 그리고 교회가 위치해 있는 '지역사회' 로 사랑의 시선을 돌려보자. 그러면 새로운 선교의 지평이 열릴 것이다.

(교회와 함께하는 '지역가꾸기' 특별취재부)

신학도인 이재안 전도사(부산장신 신대원1)는 요즘 생각이 많아졌다. 개척교회를 하려니 열이면 8-9개는 실패한다는 현실도 그렇거니와 격려는커녕 또 교회냐 하는 주위의 차가운 시선 때문이다. 오랜 고민 끝에 지역 섬김이로서 '지역가꾸기' 를 통한 목회를 하기로 결심하고 주위를 살펴보니 의외로 자신과 같은 생각을 가지고 꿋꿋이 지역을 지키며 목회를 하는 사역자들이 많다는 사실을 알게 되었다. "목회를 염두에 두고 지난 10여 년 간 시대를 이끄는 사역을 하는 선배님들을 만나보았어요. 지역의 중요성을 깨닫고 지역사회 속에 뿌리를 내리는 목회를 하고 있었어요. 저에겐 큰 도전이 되었습니다."

최근 사회 각계각층에서 분출되는 한국교회를 향한 본질적인 문제제기에 '지역의 재발견'을 통한 교회의 역할에 깊은 관심을 보이고 있는 교회가 늘어 주목받고 있다. 이 같은 현상은 어제 오늘의 일이 아니지만 교회 성장의 둔화로 인한 위기감 속에 교회가 지역 속에 파고들어 마을의 발전과 주민의 삶을 풍요롭게 하는 '지역가꾸기'라는 목회형태로 새롭게 조명되어 이 시대, 또 하나의 현실적 대안으로 부상하고 있다.

지역의 재발견

이러한 현상은 몸집이 작아 순발력이 있는 작은 교회로부터 시작되고 있다. 8년 전부터 지역밀착형 '샘터교육문화원'을 세우고 이를 기반으로 어린이전용도서관인 '샘터 꿈의 도서관'을 설립, 매스컴에도 널리 알려진 안중덕 목사(샘터교회)는 미국의 유명한 교회상담가로 알려진 캐논 캘러한(Kennon L. Callahan)의 『영향력으로 남는 교회』라는 책을 인용하여 '21세기는 작고 강한 교회의 시대'라고 전망하면서 이제는 교회의 규모가 아닌 능력, 즉 영향력을 계발하고 발휘해야 한다고 강조한다. 교회가 커진다고 나아지는 것이 아니라 중요한 것은 영적인 면과 실제적인 면에 초점을 맞추고 지역사회에서 교회의 특징을 더 발전시켜서 지역사회를 위한 교회의 본질을 회복하고 규모에 치중하거나 문화에 편승하지 말고 변함없는 하나님의 사랑을 붙들고 능력 있게 나아가는 것이라고 권고하고 있다.

대형교회라고 예외는 아니다. 부산의 대표적 목회자인 최홍준 목사(호산나교회)는 목회자가 원하는 방향과 평신도의 입장이 다른 점에 주목한다. 최 목사는 "목회자는 말씀의 전파와 양육에 관심을 두지만, 평신도들은 치유사역, 즉 긍휼사역에 관심과 열정이 많다"면서 지역사회를 위해서 헌신하는 비중이 클수록 대형교회로 발돋음한다는 미국의 최근 동향을 인용하여 '지역사회의 소외계층을 끌어안는 전략과 프로그램의 필요성'을 역설한 바 있다.

이러한 흐름을 자연스러운 현상 중에 하나로 보는 시각도 있다. 김길구 사무총장(부산YMCA)은 "자치의 경험이 부족한 우리나라는 지금 주민자치로 가는 길목에 있다"며 "지역을 보는 의식에서부터 생활패턴 등 모든 면에서 인식의 전환이 필요한 시점"이라고 주장하고 있다. 지방자치와 분권의 제도적 장치가 미흡하지만, 지역현안을 발굴하고 조직하여 주민 스스로 해결하려는 주민자치의 시대적 흐름은 거스를 수 없는 자연스러운 현상의 하나로 이러한 "사회적 요구에 교회가 능동적으로 대처해 지역에서의 선한 영향력을 선점할 필요가 있다"고 말한다.

우리 사회에서 기독교는 더 이상 소수의 종교가 아니다. 민족을 품고 더 나아가 통일한국과 아시아와 세계를 섬기는 교회가 되어야 한다. 그러기 위해선 교회가 지역사회와 유리된 채 높은 담을 쌓고 우리만의 외톨이로 전락해서는 안 되며, 우리나라의 복음전래 초기의 역동성을 되살려

서양의 기독교가 아닌 한국 사회 깊숙이 뿌리 내려 우리의 토양에 맞는 목회적 모델이 절실하다는 지적이다.

지역의 문제는 지역에서……

교회의 이러한 시대적 · 선교적 사명을 재인식하고 지역과 함께하며 선한 영향력을 끼치는 교회와 교회연합체들의 활동이 우리의 주목을 끌고 있다.

경기도 부천에 부천새롬교회(이원돈 담임 목사)의 경우, 약대동에서 목회를 시작한 지 10년쯤 되었을 때 자신의 목회를 회고해보다가 깊은 고민에 빠져들었다. 어린이집, 공부방, 약대글방 등을 통해 이 지역을 10년 이상 섬겼는데, 교인들이 가정적으로, 경제적으로 어려운 상황이 좀 나아지고 이젠 무언가 함께 나눌 수 있겠다 싶으면 이상하게 다 이사를 가는 것이었다. 처음에 한두 가정이 이사를 나갈 때는 개인적인 사정이 있는가 보다 했으나 이런 일이 반복되자 '약대동 사람들은 조금이라도 형편이 나아지면 환경이 조금이라도 나은 곳으로 떠나는 것이 이들 삶의 목표이구나!'라는 결론에 이르렀고 "이 마을을 살기 좋은 마을, 살고 싶은 마을로 만들지 않고서는, 교회도 공동체도 선교도 목회도 어렵다"는 것을 깨닫게 되었다.

그래서 시작한 일이 마을에 있는 주민자치센터와 연계하여 해체되어 가는 가정과 지역공동체를 지원할 수 있는 구체적인 안전망을 만들어나가는 것이었다. 쉬운 일은 아니었으나 순수하게 신뢰감을 쌓아가면서 교회가 실제적으로 지역에 영향력을 끼치게 된 것이다.

이원돈 목사는 "떠나는 마을이 아니라 정착하는 마을로, 이 마을의 아동뿐만 아니라, 여성 및 모든 공동체 구성원들이 자기 삶의 질적 문제, 즉 자기 삶의 프로그램을 짜는 일을 스스로 할 수 있도록 돕고, 교회는 이러한 일을 잘할 수 있도록 옆에서 복음적으로, 신앙적으로 지원하고 있다"고 말한다. 이처럼 부천새롬교회는 지역적 특성을 먼저 통찰한 후 구체적인 대안을 가지고 지역의 문제를 개선해나가는 데 적극적으로 개입하여 교회의 영향력을 발휘하는 모범적인 사례가 될 것이다.

최무열 목사(부산장신대 교수)는 수년 전 국민일보 기사를 보고 큰 충격을 받았다. 대구의 김윤진 양이 굶어 죽은 채 발견되었는데, 우리를 당혹하게 한 것은 김 양의 집을 중심으로 반경 50m 안에 6개의 교회가 옹기종기 모여 있었는데도 아무런 도움이 되지 못했다는 사실 때문이다. 물론 교회가 구제단체는 아니며, 사회적 책임의 한계도 모호한 측면이 있다. 그러나 이러한 문제를 해결하려는 긍정적인 움직임도 감지된다. 지역네트워크가 그것이다. 영도지역의 교회들이 연합하여 만든 영도기독교연합회(회장 박성화 목사)는 지난 3월 24일(월) '러브영도센터' 개소예배를 갖고 '러브영도'의 출발을 알렸다.

'러브영도'는 영도기독교연합회가 지역 복음화를 위해 시작하는 사랑 실천운동으로 '러브영도센터'는 봉래동에 위치한 상설모임장소이다. 현재 행복한 가게, 쌀은행, 연탄은행, 푸드뱅크 등이 운영되고 있다. 러브영도위원장인 김운성 목사를 중심으로 영도기독교연합회는 영도지역 부흥을 위해 6년 전부터 해마다 연합전도집회와 부흥회를 열고 있으며, 또 지역교회 연합을 위해 교회들 간 교파를 초월해 강단교류를 갖고 있다. 특히 올해는 '러브영도'를 시작으로 영도구청과 연계해 일대일 구제 운동인 '사랑의 사다리'와 성금을 통한 '개안 수술' 등 지역의 안전망을 구축 중이다. 이렇게 지역교회들이 연합하여 지역의 어려운 문제들을 함께 풀어감으로써 교회의 이미지를 새롭게 하고 교회의 영향력을 확장해가는 모범적인 사례로 다른 구(區)에서 많은 관심을 보이고 있어 확산여부에 관심이 모아지고 있다.

위기를 기회로

연일 매스컴은 일찍이 경험한 바 없는 미국발 금융위기로부터 촉발된 세계적인 경기불황으로 인해 올겨울은 어느 때보다도 차가운 겨울이 될 것임을 예고하고 있다. 그러나 위기는 곧 기회이다. 이제는 교회가 지역을 가꾸는 사역에 주도적인 역할을 감당해야 한다. 그래서 지역의 공동체를 변화시키는 주체가 되어야 한다. 해외선교만큼 중요한 사역이 바로 지역을 변화시키는 일이다. 말씀뿐 아니라 구제와 자선을 넘어 섬김과 나눔을 통하여 더불어 사는 아름다운 마을 공동체를 만들어나갈 때 교회도 함께 성장하는 윈윈전략이 될 것이다. 120년 역사의 한국의 기독교가 빛과 소금의 역할을 통하여 다시 한번 '국민의 희망'으로 자리매김할 수 있을지 지금 우리는 그 기로에 서 있다.

로버트 루이스목사(미국 펠로십바이블교회)가 쓴 『교회 밖으로 나온 교회』의 추천사의 일부를 인용하며 마무리한다.

지금 놀라운 일이 벌어지고 있다. 복음주의교회는 긴 수면 후 전과 다른 방향에서 깨어나고 있다. 나는 이것을 복음을 증명할 수 있는 방향이라고 부른다. 우리 교회가 다른 몇 교회와 함께 지역공립학교 개혁을 위해 연합했을 때, 이런 방향을 확실히 깨닫게 되었다. 교사나 학교당국이 우리에게

도와달라고 요청한 적이 없는데 우리가 도움을 주겠다고 제안하자 그들은 그것을 새삼스러운 일로 받아들였다. 그러나 교회의 자원봉사자 수천 명이 학교에 몰려와 운동장을 보수하고, 입구에 조경을 하고, 카펫을 깔고, 학교에 꼭 필요했던 사물함을 만들어주고 복도와 교실에 페인트칠을 하면서 특별한 일이 벌어졌다. …… 나는 그때 그 자리에서 아직도 세상은 복음을 향해 귀가 열려 있고 복음에 눈이 감겨 있지 않다는 사실과 복음은 진리이며, 증명할 수 있다는 점을 확신했다.

6

마을과 함께하는 부천 새롬교회

– 지역아동센터, 가족도서관, 가정지원센터 등 운영

CBS TV보도부 곽영식 기자

부천지역의 한 작은 교회가 어린이와 어르신들을 위한 지역아동센터를 비롯해 가족 도서관과 가정지원센터 등을 운영하며 마을과 하나가 되고 있다.

여름방학을 맞은 어린이들이 오전부터 지역아동센터에 나와 선생님의 지도 아래 공부에 열중하고 있다. 이곳은 부천 시 약대동에 있는 새롬교회가 운영하는 지역아동센터이다.

이 교회는 어린이 20여 명을 대상으로 매일 학습지도는 물론 바이올린 교실과 독서, 영어, 미술, 문화체험 교실 등을 운영하며 급식과 간식도 제공하고 있다.

부천 새롬교회 지역아동센터 염인선 교사는 "편부나 편모 슬하에서 자라는 아이들이 많기 때문에 늘 엄마와 같은 따뜻한 마음으로 아이들을 대하고 가르치고 있다"고 말했다.

특히 부모가 맞벌이를 하거나 할머니와 사는 어린이들은 하루 종일 선생님의 따뜻한 보살핌 속에 공부를 하고 친구들과 놀이도 하며 즐거운 시간을 보내고 있다.

초등학교 4학년 강윤정 양은 "선생님이 친절하고. 바이올린을 배우게 돼서 좋고 독서 프로그램과 만들기도 좋다"고 말했으며 5학년 이지우 군은 "선생님이 공부할 때 모르는 것을 가르쳐주고 수학도 재미있고 친구들과 사이좋게 놀 수 있게 돼 좋다"며 밝은 웃음을 지었다.

또 1만 2000여 권을 갖춘 신나는가족도서관을 운영하며 도서 대출과 열람은 물론 독서교실과 환경수업, 어린이 기자단, 부모 아카데미 등도 운영하고 방학기간에는 마을학교도 열고 있다.

새롬교회는 아울러 가정지원센터를 설치하고 혼자 사는 어르신 20여 가정에 매주 2차례 도시락을 만들어 배달하고 매주 금요일 점심식사도 대접하고 있다.

또 어르신들의 건강과 문해를 위해 체조교실과 한글교실도 운영해 가정지원센터가 어르신들의 사랑방 역할을 하고 있다.

부천 새롬교회 이원돈 목사는 "특별히 미래교회는 마을과 함께 하는 교회, 마을의 교인들이 되어야 하고, 또 목사는 목회자는 마을의 목사가 되는 것이 참으로 중요하다"며 마을과 함께 하는 사역의 중요성을 강조했다.

이처럼 마을과 하나 되는 사역에 앞장서는 부천 새롬교회처럼 더 많은 교회가 마을을 섬기는 선교에 힘을 쏟아 지역사회와 소통하길 기대한다.

마을이 꿈을 꾸면 도시가 춤을 춘다

2011년 6월 4일 초판 1쇄 인쇄
2011년 6월 10일 초판 1쇄 발행

지은이 | 이원돈
펴낸이 | 김영호
펴낸곳 | 도서출판 동연
편 집 | 조영균 디자인 | 이선희 관 리 | 이영주
본문디자인 | 이춘희
등 록 | 제1-1383호(1992. 6. 12)
주 소 | 서울시 마포구 망원동 472-11
전 화 | (02)335-2630
전 송 | (02)335-2640
이메일 | ymedia@paran.com
누리집 | www.y-media.co.kr

ISBN 978-89-6447-149-4 03200